HANS POLLMANN

Repräsentation und Organschaft

Schriften zum Öffentlichen Recht

Band 89

Repräsentation und Organschaft

Eine Untersuchung zur verfassungsrechtlichen Stellung des Bundesrates der Bundesrepublik Deutschland

Von

Dr. Hans Pollmann

DUNCKER & HUMBLOT / BERLIN

Gedruckt 1969 bei Alb. Sayffaerth, Berlin 61
Printed in Germany
D 6

Meinen Eltern

Inhaltsverzeichnis

Abkürzungsverzeichnis

AcP	= Archiv für die civilistische Praxis
AfRuWPh	= Archiv für Rechts- und Wirtschaftsphilosophie
BK	= Bonner Kommentar
AÖR	= Archiv des Öffentlichen Rechts
ARSP	= Archiv für Rechts- und Sozialphilosophie
aRV	= Alte Reichsverfassung (v. 16. 4. 1871)
BRD	= Bundesrepublik Deutschland
BReg	= Bundesregierung
BVerfG	= Bundesverfassungsgericht
BVerfGG	= Bundesverfassungsgerichtsgesetz
DogmJ	= Iherings Jahrbücher für die Dogmatik des bürgerlichen Rechts
DÖV	= Die Öffentliche Verwaltung
DV	= Deutsche Verwaltung
DVBl	= Deutsches Verwaltungsblatt
GeschO BR	= Geschäftsordnung des Bundesrates
GeschO BT	= Geschäftsordnung des Bundestages
GeschO LReg	= Geschäftsordnung der Landesregierung
GG	= Grundgesetz
GO NRW	= Gemeindeordnung für Nordrhein-Westfalen
HdbDStR	= Handbuch des Deutschen Staatsrechts
HWBdRwiss	= Handwörterbuch der Rechtswissenschaft
HWBSoz	= Handwörterbuch der Soziologie
HWBdStwiss	= Handwörterbuch der Staatswissenschaften
JböR	= Jahrbuch für öffentliches Recht
Jus	= Juristische Schulung
LReg	= Landesregierung
NJW	= Neue Juristische Wochenschrift
R	= Repräsentation
Rdn	= Randnummer
VVdStRL	= Veröffentlichungen der Vereinigung der Deutschen Staatsrechtslehrer
WBDStVR	= Wörterbuch des Deutschen Staats- und Verwaltungsrechts
WBDVR	= Wörterbuch des Deutschen Verwaltungsrechts
WBSoz	= Wörterbuch der Soziologie
WRV	= Weimarer Reichsverfassung
ZfB	= Zeitschrift für Beamtenrecht
ZföffR	= Zeitschrift für öffentliches Recht
ZfP	= Zeitschrift für Politik
ZgesHR	= Zeitschrift für das gesamte Handelsrecht
ZgesStW	= Zeitschrift für die gesamte Staatsrechtswissenschaft

Einleitung

I. Der Begriff des Repräsentativorgans wird seit der Französischen Revolution von 1789 in der Staatsrechtslehre traditionellerweise dem Parlament[1] vorbehalten. Seitdem sich nämlich das französische Volk in dieser Revolution eine eigene Vertretung erkämpft hatte, wird ausschließlich dieses Gremium als Repräsentant des Volkes betrachtet. Diese Entwicklung spiegeln sämtliche kontinentaleuropäischen Verfassungen dadurch wider, daß sie sich zu dem Dogma bekennen, die Abgeordneten seien Vertreter des ganzen Volkes und an Aufträge und Weisungen nicht gebunden[2].

An diesem Verständnis der Repräsentation, das gleichsam als geheiligtes Erbe von Verfassung zu Verfassung weitergegeben wurde, hat auch die Staatsrechtslehre zum Grundgesetz festgehalten. Allein[3] der Bundestag wird als Repräsentant des Volkes und — unter dem Gesichtspunkt staatlicher Funktionswahrnehmung — als Repräsentativorgan[4] charakterisiert. Diese Einordnung beruht aber weniger auf soziologischer und normativer Erkenntnis als auf Historie und Gewohnheit. So wird — soweit erkennbar — nirgends zu begründen versucht, warum allein das Parlament, insbesondere der Bundestag, nicht aber die übrigen obersten Staatsorgane Repräsentativorgane seien.

Diese Situation gibt zu der Überlegung Anlaß, ob nicht der Repräsentation eine allgemeinere Bedeutung zukommt, d. h. ob es berechtigt ist, allein den Bundestag als Repräsentativorgan zu bezeichnen und anderen

---

[1] Unter der Staatsrechtslehre zum Grundgesetz vgl. etwa: *v. Mangoldt*, Das Bonner Grundgesetz, Art. 38, 2a; *v. Mangoldt-Klein*, Das Bonner Grundgesetz, Art. 38, S. 870; *Maunz*, Deutsches Staatsrecht, S. 294; ders., in: Maunz-Dürig, Grundgesetz, Art. 38, Rdnr. 1; *Koellreutter*, Deutsches Staatsrecht, S. 183; *Dennewitz-Schneider*, BK, Art. 38, II, 1; *Hamann*, Das Grundgesetz, vor Art. 38; *Feldmann-Geisel*, Verfassungsrecht, S. 128.

Unter der Staatsrechtslehre zur WRV vgl. etwa: *Anschütz*, Die Verfassung des Deutschen Reiches, S. 177, 180; *Stier-Somlo*, Der Reichstag, S. 382; *Meissner*, Das Staatsrecht des Reichs und seiner Länder, S. 53; vgl. auch *Poetzsch-Heffter*, Handkomm. zur Reichsverfassung, S. 161; *C. Schmitt*, Verfassungslehre, S. 296; vgl. ferner S. 152, Anm. 6.

[2] Vgl. S. 16 und daselbst Anm. 12 sowie *Rieker*, Die rechtliche Natur der modernen Volksvertretung, S. 9.

[3] Eine Ausnahme hiervon machen die wenigen auf S. 103, Anm. 3 und 5 aufgeführten Autoren.

[4] Vgl. S. 9, Anm. 1.

Staatsorganen, darunter insbesondere dem Bundesrat, diese Bezeichnung vorzuenthalten. Stellt nämlich die Repräsentation nicht nur ein historisches Merkwort für eine althergebrachte Institution, sondern eine allgemeine Form der Vertretung[5] dar, so ist nicht einzusehen, warum gerade und ausschließlich das Parlament Repräsentativorgan sein soll. Diese Reservierung des Begriffs Repräsentativorgan für eine einzelne staatsrechtliche Institution einerseits und die offenbar begründete Annahme andererseits, daß der Repräsentation innerhalb einer jeden Gruppe und damit dem Repräsentativorgan in einer jeden staatlich organisierten Gruppe eine umfassendere Aufgabe zufällt, als lediglich zur Erfassung eines zur Institution gewordenen historischen Ergebnisses, der Französischen Revolution, zu dienen, entbinden von weiteren Rechtfertigungen des Versuches, den Fragen repräsentativer Organschaft gerade im Bereich oberster staatlicher Willensbildung nachzugehen. Wenn hierbei gerade der Bundesrat in den Mittelpunkt der Erörterungen gestellt wird, so hat das seinen Grund nicht nur darin, daß er dem klassischen Repräsentativorgan unmittelbar zur Seite gestellt ist, sondern vor allem auch darin, daß seine exekutive Struktur und seine auf der Grundlage der Botenschaft ausgeübte Legislativfunktion zugleich die Beantwortung der Frage erzwingt, inwieweit die Regierungen und alle diejenigen Funktionseinheiten als Repräsentativorgane anzusehen sind, die — wie z. B. die Gesandten, Botschafter und Staatsoberhäupter — bereits vorformulierten Willen nur noch an besonders prominenter Stelle übermitteln.

II. Dem Eintritt in die sachlichen Erörterungen seien einige Hinweise auf Gegenstand und Methode der Arbeit vorausgeschickt.

1. Der Problemkreis, der durch Repräsentation und Organschaft angesprochen wird, hat die Staatsrechtslehre mit sehr unterschiedlicher Intensität in seinen Bann gezogen. Abgesehen von den kurzen Untersuchungen G. Jellineks[6] und Leibholz'[7] wurde — soweit erkennbar — der Begriff des Repräsentativorgans als einheitliche Erscheinung, d. h. in seiner wechselseitigen Bezogenheit von sozialer Repräsentation und rechtlicher Organschaft noch gar nicht gewürdigt. Es muß daher, um über den Gesamtbegriff Aufschluß zu gewinnen, auf die allgemeinen Untersuchungen zur Repräsentation und Organschaft zurückgegriffen werden.

Hier aber ist das Bild, das sich dem Suchenden bietet, nicht anders. Umfassendere Untersuchungen zur Repräsentation finden sich seit den richtungweisenden Arbeiten Carl Schmitts in den zwanziger Jahren nur bei Hans J. Wolff[8] und Krüger[9]. Zwar hat demgegenüber der Organbegriff

---

[5] Vgl. den Repräsentationsbegriff *Wolffs*, S. 34 ff.
[6] *G. Jellinek*, Staatslehre, S. 566 ff.
[7] *Leibholz*, Wesen, S. 124 ff.
[8] Theorie der Vertretung, aus dem Jahre 1934.
[9] Staatslehre, aus dem Jahre 1964.

bereits seit Mitte des 19. Jahrhunderts im Mittelpunkt staatstheoretischer Bemühungen gestanden. Seit dem beginnenden 20. Jahrhundert aber hat die wissenschaftliche Diskussion um den Organbegriff stagniert.

Eine kritische Würdigung der grundlegenden Untersuchungen dieses Zeitalters zur Repräsentation und Organschaft baut daher am zweckmäßigsten auf einer der eigenen Begriffserarbeitung vorangestellten begriffsgeschichtlichen Darstellung auf. Da nämlich „jede systematische Untersuchung darauf angewiesen ist, sich des geschichtlichen Horizontes bewußt zu werden, indem sie darin steht, und der aus der Tradition stammenden Perspektiven, durch die ihre Tragweite begrenzt ist“[10], da also gleichsam die Geschichtlichkeit die Grundstruktur menschlichen Daseins und Denkens überhaupt ist, ist auch „die Trennung von historischer und systematischer Betrachtungsweise in der Philosophie (und genauso in der Rechtswissenschaft) damit im Prinzip aufgehoben“[11]. Man kann daher sagen, daß sich das Dogma ohne seine Geschichte gar nicht verstehen läßt. Der Hauptwert solchen begriffsgeschichtlichen Vorgehens liegt demnach in der Vergegenwärtigung und Ausscheidung geschichtlich überwundener Lösungsversuche und damit in einer Annäherung an das richtige Ergebnis. Da überdies das Gebäude, worauf beide für die Staatssozial- und Staatsrechtslehre so grundlegenden Begriffe heute noch fußen, in den Jahren zwischen 1870 und 1930, also unter der Monarchie und der noch unter ihren Auswirkungen stehenden Weimarer Republik errichtet worden ist, bedarf es einer Rückbesinnung auf die methodischen und sachlichen Grundlagen jener Art Repräsentation und Organschaft. Die typischen Eigenheiten der verschiedenen Ausgestaltungen, die beide Begriffe in jener Epoche erfahren haben, müssen in die Erinnerung zurückgerufen, inzwischen verschüttete Argumentationen neu aufgearbeitet werden. Eine ausschließlich soziologische und rechtstheoretische Erörterung, die das vor ca. einem halben Jahrhundert Erarbeitete verständlicherweise nur im Hinblick auf einige Thesen berücksichtigen kann, ist hierzu nicht in der Lage.

Diesem soziologischen und rechtstheoretischen folgt ein zweiter dogmatischer Teil, der der höchstumstrittenen Frage nachgehen wird, ob neben verwandten staatsrechtlichen Funktionseinheiten insbesondere der Bundesrat ein Repräsentativorgan darstellt. Der Untersuchung der Frage, ob und ggf. wen der Bundesrat repräsentiert, schließt sich eine Erörterung seiner organisationsrechtlichen Stellung an. Dabei kommt der Analyse der organisatorischen Struktur der Bundesratsmitglieder (Organe oder Organteile) zentrale Bedeutung zu.

---

[10] *Landgrebe*, Philosophie der Gegenwart, S. 98.

[11] *Landgrebe*, a.a.O., S. 98.

2. Dieser Gegenstand der Arbeit erfordert eine differenzierte Methode. Der erste Teil der Untersuchung, in dem der Begriff des Repräsentativorgans erarbeitet werden soll, trägt einen soziologischen und rechtstheoretischen Charakter.

Gegenstand der rechtstheoretischen Abhandlung über den Organbegriff ist nicht ein konkreter positiver Rechtsstoff, sondern ein bestimmter Teil der rechtlich normierten Wirklichkeit schlechthin. Nicht die die staatlichen Funktionseinheiten fixierenden Normen, sondern die Struktur jener Einheiten in logischer, rechtlicher und soziologischer Hinsicht ist für die Rechtstheorie in diesem Zusammenhang von Interesse[12]. Ihr Anliegen besteht darin, die zahllosen Einzelerfahrungen, hier die staatsrechtlich normierten Funktionseinheiten, so zusammenzufassen und systematisch denkbar zu machen, daß sie als Ableitung eines Obersatzes, eben der Theorie, erscheinen. Bei der Durchführung dieser systematisierenden Funktion ist die Theorie frei auf ihren Gegenstand bezogen und keiner verbindlichen Regelung unterworfen. Ausschließlich dem von ihr selbst gesetzten Zweck gehorchend, sucht sie das Besondere mit dem Allgemeinen zu verbinden und mit „einem bewußten Minimum an rationaler Bestimmtheit ein Maximum an Sein zu repräsentieren“[13].

Ohne näher in die immer stärker sich belebende Methodenfrage einzutreten, sei doch darauf hingewiesen, daß zwar der Organ-, nicht aber der Repräsentationsbegriff mit Hilfe rechtstheoretischer Erwägungen erkannt werden kann. Die Repräsentation ist eine Erscheinung der sozialen Wirklichkeit und kann als solche nicht juristisch-geisteswissenschaftlich, sondern — wie Hermann Heller überzeugend dargelegt hat[14] — nur empirisch-soziologisch erforscht werden. Während die juristisch-geisteswissenschaftliche Methode aus der komplexen, aus Geist und Akt, aus Sinn und Handlung einheitlich aufeinander bezogenen Wirklichkeit im Wege isolierender Abstraktion ein Merkmal, in der Regel das geistig-unsubstanzielle, herauslöst und verabsolutiert, und folgerichtig die Gruppe und den Staat als Geist, Idee, Normordnung, Abstraktion oder gar Fiktion begreift[15], ihn folglich nur mit einem Teil der Wirklichkeit identifiziert, verfährt die soziologische Methode in einem umfassenderen Sinne wirklichkeitsbezogen. Sie erkennt keinen vom Menschen losgelösten, gesellschaftstranszendenten objektiven Geist an, sondern nur eine aus Geist und Akt

---

[12] Vgl. hierzu und zum folgenden *Viehweg*, Über den Zusammenhang zwischen Rechtsphilosophie, Rechtstheorie und Rechtsdogmatik, S. 203 ff., 208; ders., Zwei Rechtsdogmatiken, S. 106 ff.

[13] *Hartmann*, Grundzüge einer Metaphysik der Erkenntnis, S. 299.

[14] *Heller*, Allg. Staatslehre, S. 37 ff.; *Badura*, Methoden, S. 190 ff.

[15] So ist insbesondere die ältere juristisch-geisteswissenschaftliche Richtung verfahren, wie namentlich *Gerber*, *Laband*, *Georg Jellinek*, *Kelsen*, *Anschütz* und *Thoma*; vgl. hierzu die Begriffsgeschichte zum Organbegriff, S. 73 ff., teilweise abweichend jedoch *G. Jellinek*, vgl. S. 79.

bestehende Sozialform, einen einheitlichen Wirkzusammenhang. Bei der Untersuchung dieser Formen ist die Soziologie an bereits verbindlich Vorgegebenes gebunden. Die Rechtstheorie hingegen ist nur immanenten Denkgesetzen sowie dem eigenen Ziel und Zweck unterworfen. Während jene eine bereits vorgegebene, in der sozialen Wirklichkeit bereits enthaltene Ordnung nur noch zu beschreiben hat, bemüht sich diese darum, die zahllosen, den verschiedensten Zwecken und Gesetzlichkeiten gehorchenden Fakten (hier: Funktionseinheiten) gerade *in* eine Ordnung zu bringen, d. h. sie in einer Theorie zusammenzufassen. Kurzum: Jene findet Ordnung vor, diese schafft sie erst.

Im Gegensatz zum ersten verfolgt der zweite Teil ein rechtsdogmatisches Anliegen. Während die Rechtstheorie bei ihren Forschungen keinerlei Bindungen als den denkgesetzlichen und denjenigen, die ihr der Gegenstand der Untersuchung selbst auferlegt, unterliegt, ist die Rechtsdogmatik[16] — ähnlich wie die soziologische Methode — an bereits verbindlich Vorgegebenes gebunden. Ihre Aufgabe ist es, die mit Autorität ausgestalteten Normen auszuschöpfen und die in ihnen enthaltenen programmatischen Anordnungen im Sinne des zum Ausdruck gebrachten politischen Willens und normativen Inhalts zuendezudenken. Die Rechtsdogmatik hat also nichts Neues hinzuzufügen, sondern bereits Vorhandenes zu verstehen.

Erst auf dieser Grundlage kann alsdann geprüft werden, inwieweit die nunmehr erkannte normative Regelung insbesondere des Bundesrates den rechtstheoretisch und auch soziologisch erarbeiteten Kriterien entspricht.

---

[16] *Thul*, Die Denkform der Rechtsdogmatik, S. 241 ff., bes. 242, 244, 245, 247.

Erster Teil

Der Begriff des Repräsentativorgans

Erstes Kapitel

Das Wesen der Repräsentation

A. Begriffsgeschichte

I. Die Entwicklung des Repräsentationsbegriffs von der Französischen Revolution bis zum Beginn des 20. Jahrhunderts (Juristische Theorie)

Der Begriff der Repräsentation geht, wie er heute in der Sozialwissenschaft verwandt wird, ideengeschichtlich auf die Französische Revolution und die sie vorbereitende aufklärerische Epoche sowie auf die englische Parlamentsgeschichte zurück[1]. Die Französische Revolution bezeichnet

---

[1] *Tatarin-Tarnheyden*, Die Rechtsstellung der Abgeordneten, S. 417. Diesen ideengeschichtlichen Ansatzpunkt der R. hat man noch weiter zurückzuverlegen versucht. So sieht *Hintze* (Repräsentativverf., S. 130 ff., 134, 135) in den ständischen Kollegien des Mittelalters und der Folgezeit (a. A. *Loewenstein*, Verfassungslehre, S. 35), den römischen Provinziallandtagen sowie in den christlichen Synodalversammlungen die eigentlichen Vorläufer moderner R. Daß diese Institutionen mit den heute üblichen Volksvertretungen eine zusammenhängende geschichtliche Entwicklungsreihe bilden, ist sicherlich richtig. Jene Betrachtungsweise birgt jedoch die Gefahr in sich, alte, zwar der Form nach mit unseren modernen parlamentarischen und sonstigen Repräsentativeinrichtungen identische, materiell aber von ihnen verschiedene Gebilde mit neuzeitlichen Begriffsinhalten, die damals noch gar nicht mitgedacht wurden, erfassen zu wollen (vgl. hierzu *Otto Brunner*, Land und Herrschaft, S. 421, 402, 387, 161. Zum Problem der zeitgebundenen Fragestellung in der verfassungsgeschichtlichen Forschung vgl. auch *Böckenförde*, Die deutsche verfassungsgeschichtliche Forschung im 19. Jahrhundert, S. 18 ff.). Insoweit weist Otto Brunner mit Recht darauf hin, daß der Vertretungsbegriff der R. auf die Landstände überhaupt nicht anwendbar sei. Denn nach ständischer Auffassung „vertreten die Stände nicht das Land, sondern sie sind es" (*O. Brunner*, a.a.O., S. 423). Ferner wird neuerdings die These ins Spiel gebracht, der Repräsentationsbegriff entstamme der englischen Rechtssprache des Mittelalters (*Mitteis*, Der Staat des hohen Mittelalters, S. 10; ders., Die Rechtsidee in der Geschichte, S. 642. Weitere Hinweise zur Geschichte der R. finden sich bei *Loewenstein*, Verfassungslehre, S. 34—39; *Scheuner*, Das repräsentative Prinzip, S. 222 ff.; *Huber*, Deutsche Verfassungsgeschichte, Bd. I, S. 304 ff.). Daß die

auch heute noch den bestimmenden Ausgangspunkt der modernen Welt und damit auch der sie beschreibenden Grundbegriffe[2]. Hierzu rechnet als politischer Begriff vor allem die Repräsentation als das für das neue Verfassungsleben charakteristische Prinzip. Die Auffindung und Einführung dieses Grundsatzes kennzeichnet den „revolutionären Versuch, den Staat bewußt aus dem Gesetz der menschlichen Vernunft zu *gestalten*"[3]. Die Repräsentation ist nicht mehr nur Ausdruck eines aufklärerischen Prinzips, sondern bezeichnet den Durchbruch moderner Rationalität in breitere Schichten der Gesellschaft, ins Politische und Institutionelle[4]. Hinausgehend über die revolutionäre Forderung eines Rousseau soll nach den Vorstellungen der Französischen Nationalversammlung nicht mehr der von jenem gepriesene, verschwimmende und schwer faßbare volonté genérale[5], sondern der rationale und qualifizierte Wille eines relativ kleinen Gremiums die Geschicke der Nation bestimmen, d. h. sie repräsentieren. Hier zeichnet sich bereits die im Verlauf des 19. Jahrhunderts völlig verlorengegangene Erkenntnis ab, daß die Repräsentation einer Verfeinerung des Gruppenwillens zu dienen bestimmt ist[6]. Daß es zur Durchführung dieses Läuterungsprozesses einer Lösung von dem an ständischen Vorstellungen orientierten, der Repräsentation widerstreitenden imperativen Mandat bedurfte, daß letztlich nur der völlig frei dezidierende Abgeordnete seinen besseren Willen zur Geltung bringen und so die Interessen der *ganzen*[7] Nation wahrnehmen konnte, hatte sich mit fortschrei-

---

Idee der R. entwicklungsgeschichtlich auf das Mittelalter zurückführe, hatte fast 100 Jahre zuvor auch schon *O. v. Gierke* (Althusius, S. 211) dargetan, gleichzeitig aber zutreffend hinzugefügt, daß für die R. noch kein eigener Begriffsinhalt zur Verfügung gestanden habe, man sie vielmehr bis in das 19. Jahrhundert mit der Stellvertretung der romanistisch-kanonistischen Korporationslehre identifiziert habe (*Gierke*, a.a.O., S. 211, 221, 224, 225). So wertvoll all diese Hinweise auch sein mögen, so bieten doch die historischen und soziologischen Forschungen insgesamt ein noch so unvollkommenes Bild, daß aus ihnen Schlüsse auf den Inhalt der R. als einer soziologischen Kategorie nicht gezogen werden können.

[2] Davon geht die derzeitige historische Forschung ganz allgemein aus; vgl. z. B. *Herzfeld*, Die Moderne Welt, 1789—1945, I. Teil, Die Epoche der Bürgerlichen Nationalstaaten, 1789—1890, S. 1; *Golo Mann*, Einleitung zur Prophyläen Weltgeschichte, 8. Bd., S. 19.

[3] *Herzfeld*, a.a.O., S. 1.

[4] *Golo Mann*, a.a.O., S. 19.

[5] *Rousseau*, Du Contrat Social, Tome Troisième, S. 318, 319, 320/321; vgl. auch *Redslob*, Die Staatstheorie der Französischen Nationalversammlung von 1789, S. 105/106.

[6] Dieser Gedanke kommt vor allem im System des Abbé Siéyès deutlich zum Ausdruck, vgl. hierzu *Loewenstein*, Volk und Parlament, S. 205 ff., 208; aber auch bei *Montesquieu* (zit. nach *Redslob*, a.a.O., S. 114, Anm. 2), wenn dieser sagt: „Le grand avantage des représentants, c'est qu'ils sont capables de discuter les affaires. Le peuple n'y est point du tout propre, ce qui forme un des grands inconvénients de la democratie."

[7] Daß nur immer eine Gruppe in ihrer Totalität repräsentiert werden kann, hatte man bereits in der Französischen Nationalversammlung ganz deutlich

tender Beratung immer mehr in der Französischen Nationalversammlung durchgesetzt[8].

Das erkannt zu haben, ist vor allem das Verdienst des Abbé Siéyès. In seinem ethisch fundierten und von allen historischen und empirisch-politischen Zufälligkeiten entkleideten reinen Repräsentativsystem[9] gibt er bewußt die von Rousseau vertretene Priorität des Gemeinwillens auf und setzt an seine Stelle den brauchbareren Repräsentantenwillen[10], der kraft einer Fiktion[11] als Gemeinwille gilt. Diese Konzeption haben die französische Verfassung von 1791[12] und von hier aus über die Constitution belge vom 4. Februar 1831 (A. 32) fast alle Repräsentativverfassungen des Kontinents übernommen.

Die Repräsentationsidee der Französischen Nationalversammlung, die auch in Carl Schmitts Arbeiten zur Repräsentation fast eineinhalb Jahrhunderte später noch zu erkennen ist, und deren Niederschlag in den französischen Revolutionsverfassungen sind nicht ohne Auswirkung auf Deutschland geblieben. In dem Kampf um eine nationale Volksrepräsentation, der alle deutschen Bundesstaaten in der ersten Hälfte des 19. Jahrhunderts erschütterte, standen sich Konservative und Liberale gegenüber[13]. Beide unterschieden sorgfältig zwischen der alten ständischen und der neuen Repräsentativverfassung[14]. Jene sahen die neuen Verfassungsideen als Entartung wohlgegliederter Daseinsordnung an[15], diese als Aus-

erkannt, vgl. etwa Siéyès (zit. nach *Loewenstein*, a.a.O., S. 201, Anm. 67): „Le deputé d'un bailliage est immédiatement choisi par son bailliage, mais médiatement il est élu par la totalité des bailliages. Voilà pourquoi tout député est représentant de la nation entière."

[8] Die Entwicklung der diesbez. Diskussion in der Franz. Nationalvers. schildert treffend *Loewenstein*, a.a.O., S. 191 ff. und *Redslob*, a.a.O., S. 105 ff.

[9] *Loewenstein*, a.a.O., S. 205 ff.

[10] *Siéyès*, zit. nach *Loewenstein*, a.a.O., S. 207, Anm. 96.

[11] *Siéyès*, zit. nach *Loewenstein*, a.a.O., S. 208 und daselbst Anm. 98.

[12] Franz. Verf. von 1791 (Art. 7, titre III, chap. 1, sect. III): „Les représentants nommés dans les départements ne seront pas représentants d'un département particulier, mais de la nation entière, et il ne pourra leur être donnér aucun mandat."

[13] Vgl. zum vormärzlichen Repräsentationsbegriff *Huber*, Deutsche Verfassungsgeschichte seit 1789, Bd. I, S. 290 ff., 314 ff.; *E. Gerber*, Begriff, S. 17 ff., 22 ff.; *Reuß*, Zur Geschichte der Repräsentativverfassung in Deutschland, S. 1 ff.

[14] Vgl. S. 16, Anm. 13.

[15] Das illustriert eindrucksvoll die Reaktion von Marwitz als des Führers der kurmärkischen Stände auf das Ansinnen Hardenbergs, sie bei der Schaffung einer neuen Repräsentativverfassung zu übergehen: „Die Qualität der Landstandschaft ist uns angeboren, so gut wie unser Familienname, und wir können also eigentlich ebenso wenig angeben, wodurch wir Stände sind, als wodurch wir unseren angeborenen Namen führen. Deswegen können wir uns auch ebenso wenig anders nennen als ‚Stände', als wir einen anderen Familiennamen annehmen dürfen. Die Landstandschaft haftet am Grundbesitz, und alle Besitzer sind unsere Mitstände" (*Huber*, a.a.O., S. 298).

druck der allen Menschen angeborenen Rechtsgleichheit. Obwohl demnach die sachliche Verschiedenheit dieser Verfassungstypen, insbesondere aber ihre unterschiedliche Auswirkung auf die Autorität der bisherigen Regierungen — eine durch das gesamte Volk legitimierte „Vertretung“ mußte schwerer wiegen als die bisher übliche ständische Interessenvertretung — beiden Parteien allenthalben klar war, zog man doch daraus keine Konsequenzen für die rechtliche Konstruktion und soziale Deutung der Repräsentation. So wurden beide Vertretungsformen, die alte ständische Interessenvertretung und die neue Volksrepräsentation, bis auf wenige Ausnahmen[16] fast das ganze 19. Jahrhundert hindurch dem Begriff der Stellvertretung untergeordnet[17]. Das verwundert um so mehr, als die Besonderheit des Repräsentationsbegriffs und seine Abgrenzung gegenüber der Stellvertretung (Unabhängigkeit des Repräsentanten, Darstellung der gesamten Nation, Verfeinerung des Volkswillens) von den Theoretikern der Französischen Nationalversammlung bereits weitgehend herausgearbeitet und erkannt worden war[18].

Diese ausschließlich rechtliche Deutung eines ursprünglich der politisch-sozialen Sphäre angehörenden Begriffes wurde auch unter dem Einfluß des historisch-organischen Denkens fortgesetzt. In ihrem Bestreben, den Indi-

---

[16] Das Verdienst, die die Repräsentation gegenüber der Stellvertretung auszeichnenden und in der französischen Revolution bereits weitgehend herausgearbeiteten Besonderheiten wieder hervorgehoben zu haben, gebührt vor allem *Bluntschli*, Allgemeines Staatsrecht, II. Teil, S. 49 ff. und in abgeschwächterem Maße *Maurenbrecher*, Grundsätze des heutigen deutschen Staatsrechts, S. 61/62.

[17] Von den namhaftesten Autoren, die die Repräsentation mit der Stellvertretung identifizierten, seien (chronologisch) genannt: *Haller*, Handbuch der allg. Staatenkunde, S. 229; *Klüber*, Öffentliches Recht des Teutschen Bundes und der Bundesstaaten, 1. Abtheilung, S. 439 ff.; der technisch-formale Gehalt des Repräsentationsbegriffs kommt besonders deutlich in der Definition von *Schmalz* (zit. nach *E. Gerber*, a.a.O., S. 36, Anm. 2) zum Ausdruck: „Repräsentieren“ bedeutet ihm „die Rechte einer physischen oder moralischen Person auszuüben, wenn sie solche auszuüben verhindert ist“. *Jordan*, Versuche über allgemeines Staatsrecht, S. 468; *Heinrich-A. Zachariä*, Deutsches Staats- und Bundesrecht, 1. Theil, S. 95/96; ders., Vierzig Bücher vom Staate, 15.—19. Buch, dritter Theil, Verfassungslehre, S. 227, 208; *Rotteck*, Ideen über Landstände, S. 7: „In Privatverhältnissen ..., auch in der Sphäre des positiven öffentlichen Rechts, wird durch bloße Verpflichtung (Auftrag oder Vollmacht) oder auch durch gesetzliche Dichtung der repräsentative Charakter erteilt und somit äußerlich rechtsgültig. So mag ... der Ausschuß der Nation ... auch deren wahrer und natürlicher Stellvertreter heißen.“ *Rotteck-Welcker*, Staatslexikon, 1. Bd., „Abgeordnete“, S. 106.

Aus der 2. Hälfte des 19. Jahrhunderts seien genannt: „*Frantz*, Die Naturlehre des Staates, S. 281 ff.; *Mohl*, Staatsrecht, Völkerrecht und Politik, 1. Bd., S. 8.

Aus den ersten Jahrzehnten des 20. Jahrhunderts: *Mayer*, Deutsches Verwaltungsrecht (1924), S. 368 ff., 371 und daselbst Anm. 5; *Smend*, Verfassung und Verfassungsrecht, S. 94, 138; *Tatarin-Tarnheyden*, a.a.O., S. 414. Darauf, daß R. bis zu Gierke als Stellvertretung gedeutet wurde, verweist auch *Gierke* selbst (Althusius, S. 211, 213, 224).

[18] *C. Schmitt*, Verfassungslehre, S. 213.

vidualismus des Naturrechts und dessen formal-rationalistische Gesellschaftsauffassung zu überwinden[19], ging die von Gierke angeführte historische Rechtsschule soweit, zugunsten einer allumfassend, harmonisch-organologischen und ganzheitlichen Staatsauffassung alle für den Staat tätigen Personen, insbesondere auch die Volksrepräsentanten[20], einheitlich als Organe[21] zu bezeichnen und dadurch alle Unterschiede zwischen den Teilen einerseits und den Teilen und dem Ganzen anderseits zu verdecken. Eine Staatstheorie, der es wesentlich darauf ankam, die organisch-mystische Verbundenheit des Ganzen mit seinen Teilen herauszuarbeiten und zu begründen, mußte die an dem rationalen Gedankengut der Französischen Revolution orientierte Repräsentationsidee zwangsläufig verkennen oder zumindest doch vernachlässigen.

War die organische Staatslehre ihrer organologischen Prämissen zufolge gar nicht erst mit dem Problem der Repräsentation in Berührung gekommen, so wurde es von der in der Mitte des 19. Jahrhunderts aufkommenden, jene ablösenden konstruktiv-rationalen Staatsauffassung bewußt gemieden. Diese Richtung, die sich nun von den spekulativ-organologischen Kategorien und mystisch-metaphysischen Hypostasierungen ab- und dem empirischen Denken zuwandte[22], sah das Wesen allen Rechts in nur abstrakten und gedachten Beziehungen. Ihrem Bemühen, ihr Rechtssystem von Relationsbegriffen von allen außerrechtlichen Elementen zu reinigen, mußte folgerichtig auch die Repräsentation zum Opfer fallen. Da es ausschließlich darauf ankam, die für das Ganze Funktionen versehende Volksvertretung und die alles umfassende Staatsperson gedanklich in Beziehung zu setzen, konnte das Parlament auch nur Organ, und zwar Organ eines Organs, d. h. sekundäres Organ des primären Organs „Volk" und nichts außerdem mehr sein[23]. Diese Repräsentation und Organschaft identifizierende Auffassung, die um die Jahrhundertwende weithin herrschend war[24], wurde dann von Kelsen aufgenommen und seinem von jedem sozialen Substrat losgelösten formalen Rechtssystem

[19] *Wolf*, Große Rechtsdenker, S. 684 f., 688 f.; *Häfelin*, Die Rechtspersönlichkeit des Staates, S. 114.

[20] So bezeichnet z. B. *Gierke* (Das Deutsche Genossenschaftsrecht, I. Bd., S. 829) das Parlament als das „die Vielheit gegen die Einheit vertretende, überwachende Organ".

[21] Vgl. hierzu S. 67 ff.

[22] Vgl. S. 73; *Häfelin*, a.a.O., S. 124 ff.

[23] „Dieser Gedanke der Repräsentation ist ein rein juristischer. Die ihm zugrundeliegenden realen Vorgänge werden vermittelst der hier zur Anwendung kommenden technischen Begriffe nach keiner Richtung hin in ihrer psychologischen und sozialen Eigenart erkannt" (*G. Jellinek*, Staatslehre, S. 566).

[24] Vgl. etwa: *Haenel* (zit. nach *Rieker*, Die rechtliche Natur der modernen Volksvertretung, S. 39); *Laband*, Das Staatsrecht des deutschen Reiches, S. 272/273; *Rieker*, a.a.O., S. 40/41, soweit es sich um Repräsentation in einer Republik handelt. *Loewenstein*, Volk und Parlament, S. 197, 201. Ferner *Malberg*, Contribution, II, S. 229.

eingefügt. Damit hatte sich der lebensvolle und bedeutungsschwere, politisch-soziale Repräsentationsbegriff der Französischen Revolution in einen abstrakten Rechtsbegriff verwandelt.

II. Carl Schmitt (Politische Theorie)

Eine Neubelebung und Neuorientierung erfährt die wissenschaftliche Auseinandersetzung mit der Repräsentation durch Carl Schmitt[25]. Ihm gebührt das Verdienst, sie von der einseitig juristischen Interpretation befreit und einen ersten Schritt in die Richtung getan zu haben, deren Weiterverfolgung allen aufgegeben sein wird, die die Repräsentation als eine soziologische Kategorie der Gruppe zu erkennen bemüht sind.

Im Gegensatz zur Auffassung des 19. Jahrhunderts, für die die Repräsentation mehr ein Kunstgriff zur Lösung eines technischen Vertretungsproblems war, faßt Schmitt sie erstmals als eine ontologische Kategorie auf[26]. „Repräsentation ist kein normativer Vorgang, kein Verfahren und keine Prozedur, sondern etwas Existentielles[27]." Schmitts Bestreben richtet sich darauf, das Seiende der Repräsentation überhaupt zu erfassen. Nicht auf bloß formalen und gedachten Zurechnungsbeziehungen, sondern auf dem besonderen Sein des Repräsentanten, des Repräsentierten sowie den zwischen ihnen bestehenden Beziehungen in ihrer politischen und sozialen Bedeutung liegt das Gewicht. „Repräsentieren heißt ein unsichtbares Sein durch ein öffentlich anwesendes Sein sichtbar machen und vergegenwärtigen[28]." Es wird also etwas Unsichtbares, aber dennoch real Vorhandenes, nämlich die politisch-ideelle Volksgemeinschaft, durch den Repräsentanten sichtbar gemacht. Das oder der Repräsentierte existiert also gewissermaßen zweimal: einmal in der Präsenz (unsichtbar) und zum anderen in der Repräsentation (sichtbar). Die Tatsache, daß das Volk oder die Gruppe erst in ihren Repräsentanten zur sichtbaren Einheit gelangt, beruht auf einer besonderen Werthaftigkeit des Repräsentierten[29]. Hierunter sind jedoch keine irgendwie vorgegebenen, im Volke schlummernden absoluten Werte zu verstehen[30], sondern Erscheinungen viel faßbare-

[25] Zu C. Schmitt: *Voegelin*, Die Verfassungslehre von C. Schmitt, S. 89 ff.; *Kraft-Fuchs*, Prinzipielle Bemerkungen zu Carl Schmitts Verfassungslehre, S. 511 ff.; *Lohmann*, Carl Schmitts Verfassungslehre, S. 433 ff.; *Wohlgemuth*, Das Wesen des Politischen, S. 57 ff.; *Schneider*, Ausnahmezustand und Norm; *Fijalkowsky*, Die Wendung zum Führerstaat, Ideologische Komponenten in der polit. Philosophie Carl Schmitts; *Kaufmann*, Carl Schmitt und seine Schule, S. 375 ff.; *Tommissen*, Versuch einer Carl Schmitt-Bibliographie.

[26] *Krüger*, Staatslehre, S. 235.

[27] *Schmitt*, Verfassungslehre, S. 209; *E. Gerber*, Der staatstheoretische Begriff der Repräsentation, S. 9.

[28] *Schmitt*, a.a.O., S. 209.

[29] *Schmitt*, a.a.O., S. 210; ders., Römischer Katholizismus, S. 29/30.

[30] Wie es etwa die romantische Staatslehre *(Bähr, Beseler, Gierke)*, die den Staat als sittlichen Organismus begriff, und *Hegel* (Philosophie des Geistes und

rer Natur, nämlich Werte im Sinne von etwas Prominentem und der Mehrheit der Gruppenangehörigen gegenüber besonders Hervorgehobenem.

Diese Denaturierung des Wertbegriffs beruht auf Schmitts am absoluten und konstitutionellen Staat orientierten Vorstellung, daß nur diejenigen Personen, die sich in einem unüberbrückbaren Seinsabstand zur Masse des Volkes befinden, repräsentiert werden können. Als repräsentationsfähige Einheiten sieht er daher insbesondere das gebildete und liberale Bürgertum[31] des 19. Jahrhunderts, den Monarchen und die Gottheit[32] an. Die große Masse eines demokratisch organisierten Volkes selbst sei dagegen keiner Repräsentation mehr fähig. Die Abgeordneten, die ihr in einer alles egalisierenden *Homogenität* verbunden seien, fänden etwas der Repräsentation Wertes, jene „gesteigerte Art Sein"[33] gar nicht mehr vor. Sie repräsentierten nicht mehr, sondern verträten nur noch die privaten Interessen einzelner Gruppen[34] und hätten daher auch nicht mehr am hohen Werte teil, den jene wahre Repräsentation dem Repräsentanten verleihe[35].

Mit dieser Differenzierung zwischen werter und unwerter Sphäre, zwischen Prominent-Bedeutsamem und Minderwertigem ist auch schon die Abgrenzung zu vornehmlich zivilrechtlichen Instituten wie Geschäftsbesorgung, Auftrag und Stellvertretung aufgezeigt. Während Repräsen-

der Rechtsphilosophie, S. 355, 363), der die bürgerliche Gesellschaft und damit den Staat als „die selbstbewußte sittliche Substanz" auffaßte, annahmen. Vgl. zum Begriff der romantischen Staatslehre: *Heller*, Allg. Staatslehre, S. 161 und *Häfelin*, Rechtspersönlichkeit, S. 105 ff., 106.

[31] *Schmitt*, Verfassungslehre, S. 310/311.

[32] Am eindringlichsten hat Carl Schmitt diesen Repräsentationsgedanken, der, wie sich leicht erkennen läßt, stark an den Wertvorstellungen und der wohlgegliederten Wertordnung des absoluten Staates und des liberalen Bürgertums des 19. Jahrhunderts orientiert ist (*Schmitt*, Verfassungslehre, S. 307 ff.; *Kraft-Fuchs*, a.a.O., S. 521/522, 519 Anm. 2; *Voegelin*, a.a.O., S. 89 ff., insbes. S. 100), in seiner Schrift über „Römischer Katholizismus und politische Form" gedeutet. Hierin legt er dar, daß neben dem englischen Oberhaus, dem preußischen Generalstab und der französischen Akademie die katholische Kirche das letzte vereinsamte, aber eindrucksvollste Beispiel wahrer Repräsentation sei. „Sie (die Kirche) repräsentiert die civitas humana, sie stellt in jedem Augenblick den geschichtlichen Zusammenhang mit der Menschwerdung und dem Kreuzopfer Christi dar, sie repräsentiert Christus selbst, persönlich, den in geschichtlicher Wirklichkeit Mensch gewordenen Gott" (Römischer Katholizismus, S. 26). Diese Beispiele zeigen, wie stark Schmitt den Begriff der R. an Institutionen zu entwickeln versucht, die im wesentlichen im 18. und 19. sowie in den vorhergehenden Jahrhunderten geprägt worden sind. Vgl. insoweit auch *Voegelin*, a.a.O., S. 100.

[33] *Schmitt*, Verfassungslehre, S. 210.

[34] *Schmitt*, a.a.O., S. 319.

[35] Diese einseitige Ausrichtung der R. an der absoluten und konstitutionellen Monarchie sowie an Institutionen früherer Jahrhunderte war wohl auch darauf angelegt, den von Schmitt als Inbegriff des Chaos begriffenen Weimarer Staat zu diskreditieren. Vgl. hierzu *Radbruch*, Parteienstaat und Volksgemeinschaft, S, 97; *Kaufmann*, a.a.O., S. 377.

tation jene spezifische „Wert- oder Prominentenöffentlichkeit" des 18. und 19. Jahrhunderts voraussetzt, d. h. weder im Geheimen noch in der Sphäre des Privaten denkbar ist[36], können Stellvertretung und andere mehr dem Zivilrecht angehörende Institute auch „unter vier Augen"[37] verwirklicht werden. So hat das — heute als typischer und bedeutendster Repräsentant angesehene — Parlament „nur solange repräsentativen Charakter, als man glaubt, daß seine eigentliche Tätigkeit in der Öffentlichkeit liege"[38], eine Qualifikation, die C. Schmitt mit Rücksicht auf die immer sich steigernde Verbundenheit der Abgeordneten mit einzelnen Untergruppen des Volkes sowie auf die daraus resultierende, sich nicht mehr in jener besonderen Öffentlichkeit vollziehende Interessen(stell)vertretung[39] dem Parlament glaubt absprechen zu müssen. Demgegenüber haben der Monarch und das Honoratiorenparlament noch wirklich repräsentativen Charakter. Denn beide repräsentieren Werthaft-Ideelles, jener das Volk als politische Einheit[40], das „gegenüber einer irgendwie zusammenlebenden Menschengruppe eine höhere und gesteigerte, intensivere Art Sein hat"[41], dieses Bildung und Besitz der ganzen Nation[42].

Für Schmitt stellt sich demnach Repräsentation als eine auf den Staat des 18. und 19. Jahrhunderts beschränkte Erscheinung dar, da in der parlamentarischen Massendemokratie, wie bereits ausgeführt, nur noch Interessen vertreten, nicht aber mehr das Volk als politische Einheit repräsentiert wird. Auf der anderen Seite führt Schmitt aber selbst aus, daß es sich bei der Repräsentation um ein politisches, d. h. den Charakter eines Staates kennzeichnendes Formprinzip schlechthin handelt[43]. Um diesen Widerspruch kritisch zu würdigen und damit die entscheidend wichtige Frage zu beantworten, ob Repräsentation nach der Darstellung Schmitts eine als Charakteristikum vergangener Jahrhunderte lediglich zeitbe-

---

[36] *Schmitt*, Verfassungslehre, S. 208.

[37] *Schmitt*, a.a.O., S. 208.

[38] *Schmitt*, a.a.O., S. 319.

[39] Wie S. 21, Anm. 38.

[40] *Schmitt*, a.a.O., S. 288.

[41] *Schmitt*, a.a.O., S. 210.

[42] *Schmitt*, a.a.O., S. 310/311. Insoweit handelt es sich um eine Konzeption, die Unabhängigkeit als Merkmal der Repräsentanten ihrer Natur nach erfordert. Denn die sich dem Repräsentanten gleichsam mitteilende Würde des Repräsentierten (*Schmitt*, Röm. Katholizismus, S. 29/30: „Die R. gibt der Person des Repräsentanten eine eigene Würde, weil der Repräsentant eines hohen Wertes nicht wertlos sein kann.") würde durch eine Bindung an Weisungen Dritter zunichte gemacht. Diese Begründung ist zwar nirgends bei Schmitt ausdrücklich zu finden — er ersetzt sie durch umfangreiche Hinweise auf die Verfassungsgeschichte der Französ. Revolution von 1789 (*Schmitt*, Verf. Lehre, S. 213) —, muß aber aus seinen Ausführungen über die Wertsphäre, innerhalb deren sich die R. vollzieht, entnommen werden (*Schmitt*, a.a.O., S. 212/213; ders., Röm, Katholizismus, S. 29).

[43] *Schmitt*, Verfassungslehre, S. 204/205.

dingte Erscheinung oder ein zeitlos gültiges Gestaltungsprinzip des Staates schlechthin darstellt, wird es sich nicht vermeiden lassen, näher auf die ideologischen Grundlagen seiner Begriffsbildung einzugehen.

Carl Schmitt entwickelt den Begriff der Repräsentation in antithetischer Gegenüberstellung zum Prinzip der Identität[44]. Unter einem Identitätsstaat versteht Schmitt ein Gemeinwesen, das schon „in seiner unmittelbaren Gegebenheit politisch aktionsfähig ist, (das) als realgegenwärtige Größe in seiner unmittelbaren Identität mit sich selbst eine politische Einheit“[45] darstellt. Ein Repräsentationsstaat ist dagegen dort gegeben, wo das Volk nicht bereits in realer Identität anwesend ist, sondern den Zustand politischer Einheit erst vermittels regierender Menschen erreicht[46]. Seinen klassischen Niederschlag hat dieses Formprinzip im absoluten Staat des 18. Jahrhunderts gefunden, in dem die noch nicht vorhandene politische Einheit durch den Repräsentanten, also den Fürsten, erst hergestellt und insoweit repräsentiert wird[47]. Im Identitätsstaat hingegen, der nach Carl Schmitt ausschließlich in der Demokratie verwirklicht sein soll, ist die politische Einheit bereits bewirkt. Das Volk ist als „realgegenwärtige Größe in seiner unmittelbaren Identität mit sich selbst (bereits) eine politische Einheit“[48]. Integrierende Repräsentation zur politischen Einheit muß demnach undenkbar sein.

Dieser Schlußfolgerung wird jedoch der Boden entzogen, wenn Identität und Repräsentation keine — wie Schmitt aber behauptet — entgegengesetzten Formprinzipien darstellen, sondern dasselbe Problem politischer Gegebenheitsweise schlechthin beinhalten[49], d. h. in jedem Staat anzutreffen sind. Die politische Einheit ist niemals von Natur aus vorhanden. Sie muß immer erst integriert, also durch menschliche Entscheidung geschaffen werden[50]. Das setzt aber Repräsentation voraus, gleichgültig, ob es sich um Autokratie oder Demokratie handelt[51]. Andererseits ist aber auch die Identität ein ganz allgemeines, alle organisierten Gruppen kennzeichnendes Phänomen[52]. Es gibt keinen Staat, in dem nicht das Volk als

---

[44] *Schmitt*, a.a.O., S. 204 ff.; *Fijalkowsky*, a.a.O., S. 174 ff.

[45] *Schmitt*, a.a.O., S. 204 ff.; *Fijalkowsky*, a.a.O., S. 174 ff.

[46] Wie S. 22, Anm. 45.

[47] Wie S. 22, Anm. 45.

[48] Wie S. 22, Anm. 45.

[49] So *Voegelin*, a.a.O., S. 100.

[50] *Schmitt*, a.a.O., S. 207.

[51] Das gesteht denn auch Schmitt in Widerspruch zu seiner Behauptung, nur im 18. und 19. Jahrhundert hätte repräsentiert werden können, selbst zu, wenn er sagt (a.a.O., S. 207): „Es gibt also keinen Staat ohne Repräsentation, weil es keinen Staat ohne Staatsform gibt und zur Form wesentlich Darstellung der politischen Einheit gehört.“

[52] *Kraft-Fuchs*, a.a.O., S. 517, bezeichnet die Identität als ein rein logisches Prinzip.

politische Einheit, als realgegenwärtige Größe wirklich vorhanden wäre. Denn wo auch immer Menschen zusammenleben, bilden sie ein einheitliches Wirk- und Ordnungsgefüge[53], das gar nicht anders als „realgegenwärtig"[54] und mit sich selbst identisch sein kann, auch wenn es außerdem noch repräsentiert wird.

Wenn damit auch Identität und Repräsentation in jeder Staatsform vorkommen, ein sachlicher, d. h. auf die Staatsform zurückführbarer Unterschied zwischen beiden Begriffen also nicht besteht, so beinhalten doch beide Prinzipien zwei grundverschiedene Beziehungen zwischen Herrschern und Beherrschten. Jede Demokratie zeichnet sich nach C. Schmitt durch eine Homogenität[55], d. h. „substanzielle Gleichartigkeit"[56], zwischen Regierten und Regierenden aus. Dadurch, daß das Volk „kraft eigenen politischen Bewußtseins und nationalen Willens die Fähigkeit hat, Freund und Feind zu unterscheiden"[57] und den Zustand politischer Einheit selbst herzustellen und aufrechtzuerhalten, hat es einen solch starken Bewußtseinsgrad erreicht, daß nicht nur die Regierenden[58], sondern auch die Regierten an der Würde und Hoheit des zu seiner politischen Einheit gelangten Volkes teilhaben[59], so daß zwischen Herrschern und Beherrschten keine qualitative Verschiedenheit, kein qualitativer Seinsabstand mehr besteht[60], die Regierenden mithin „ihrer Substanz nach in der demokratischen Gleichheit und Homogenität verbleiben"[61].

Im Staat des Repräsentationssystems hingegen ist das Volk noch nicht zu eigenem Selbstbewußtsein gelangt. Es ist noch nicht pouvoir constituant wie das Volk des Identitätsstaates[62]. Es ist noch nicht selbstgegenwärtig. An der „höheren, gesteigerteren und intensiveren Art Sein"[63], in dem sich das Volk in jenem Zustand politischer Einheit befindet, haben daher nicht alle, sondern nur die Regierenden, insbesondere der Monarch und das Honoratiorenparlament, teil[64]. „Größe, Hoheit, Majestät, Ruhm, Würde und Ehre"[65] besitzen nur die Repräsentanten, die sich dadurch als qualitativ bessere Oberschicht vom normalen, noch nicht integrierten Volk abheben[66].

---

[53] *Heller*, a.a.O., S. 231.
[54] *Schmitt*, a.a.O., S. 210.
[55] *Schmitt*, a.a.O., S. 235.
[56] *Schmitt*, a.a.O., S. 235.
[57] *Schmitt*, a.a.O., S. 214.
[58] *Schmitt*, Röm. Katholizismus, S. 29/30.
[59] *Schmitt*, Verfassungslehre, S. 235.
[60] *Schmitt*, a.a.O., S. 235.
[61] *Schmitt*, a.a.O., S. 235.
[62] *Schmitt*, a.a.O., S. 205; *Schneider*, a.a.O., S. 74/75.
[63] *Schmitt*, a.a.O., S. 210.
[64] *Schmitt*, a.a.O., S. 282 ff., 236, 237; vgl. auch *Fijalkowsky*, a.a.O., S. 176.
[65] *Schmitt*, a.a.O., S. 210.
[66] *Schmitt*, a.a.O., S. 282; *Voegelin*, a.a.O., S. 103.

Hinter der zunächst behaupteten polaren Gegensätzlichkeit beider Begriffe stehen also — wie zuvor gezeigt — weder objektiv verifizierbare Formprinzipien noch deuten jene Termini einen Unterschied in der Machtvollkommenheit der jeweils Regierenden an. Denn die Verschiedenheit von Regierenden und Regierten, der Abstand ihrer Machtvollkommenheiten kann in der Demokratie, wie C. Schmitt selbst zugibt[67], „sogar im Vergleich zu anderen Staatsformen in der Sache ungeheuer verstärkt und gesteigert werden, sofern nur die Personen, die regieren und befehlen, in der substanziellen Gleichartigkeit des Volkes verbleiben". Schmitt bedient sich der Begriffe Repräsentation und Identität vielmehr nur zur *politisch-ideologischen* Deutung der absoluten und konstitutionellen Monarchie sowie der Demokratie. Dennoch geht er — allerdings zu Unrecht, wie die vorstehende Kritik ergeben hat — davon aus, mit dieser ideologisch gefärbten Beweisführung dargetan zu haben, daß Repräsentation nur eine Erscheinung vergangener Jahrhunderte gewesen sei und im modernen demokratischen Parteienstaat keinen Platz mehr habe.

Trotz dieser ideologisch begründeten Beschränkung des Repräsentationsgedankens auf ein bestimmtes Zeitalter sind aber die Gesamtauffassung, die die Repräsentation erstmals als eine Erscheinung der Gruppe erfaßt, sowie die meisten Begriffsmerkmale (Öffentlichkeit, Unabhängigkeit, Bestimmung des Repräsentierten) so treffend an der Wirklichkeit orientiert, daß sie diese in einer bis heute nicht übertroffenen Weise beschreiben.Wenn sich der Schmittsche Repräsentationsbegriff auch als erklärungskräftige Hypothese zur Unterscheidung von Staatsformen als ungeeignet erweist, so kennzeichnet er doch in vorzüglicher Weise einen jenseits aller juristischen Technik liegenden und bis damals kaum erkannten, typischen Gemeinschaftvorgang.

III. Die Repräsentation als Gegenstand soziologischer Bemühungen (allgemein sozialwissenschaftliche Theorie)

Die von C. Schmitt erarbeitete Methode einer einseitig politischen Deutung der Repräsentation ist im wesentlichen bis heute weiter verfolgt worden[68]. Nur ganz vereinzelt ist man bemüht gewesen, die Repräsenta-

[67] *Schmitt*, a.a.O., S. 236.

[68] Das zeigen aufs deutlichste die Definitionen der nachstehend aufgeführten Autoren: *Glum*, Der deutsche und französische Reichswirtschaftsrat, S. 26, sieht das Wesen der R. darin, „daß ein zwar vorhandenes, aber für die Menschen nicht konkret sichtbares Sein gegenwärtig gemacht wird". Nach *Tatarin-Tarnheyden*, Die Rechtsstellung der Abgeordneten, S. 414, ist R. in einem Vorgang zu erblicken, „kraft dessen ein nicht als soziale Einheit unmittelbar Wahrnehmbares durch ein anderes soziales Substrat als Einheit gegenwärtig gemacht wird". Für *Triepel*, Delegation und Mandat, S. 129, bedeutet R. „die Darstellung eines schwer erkennbaren Seins durch eine leichter faßbare Wirklichkeit". *Draht*, Die Entwicklung der Volksrepräsentation, S. 24, hält R. dort für

tion zum Gegenstand allgemein sozialwissenschaftlicher Untersuchungen zu machen, um sie dadurch von ihren historisch bedingten Zufälligkeiten zu befreien.

Einen ersten Schritt in diese Richtung hat Leibholz[69] getan. Obwohl seine materiellen Erkenntnisse mit denjenigen C. Schmitts grundsätzlich übereinstimmen und insoweit keine eigene Darstellung mehr erfordern, bedarf es doch einer Auseinandersetzung mit seiner Methode. Denn gerade

---

gegeben, „wo sich Sein und Wirken von selbst als repräsentativ für die ganze Gruppe erweisen, also als repräsentativ auch von den anderen Gruppenangehörigen anerkannt werden". Vgl. auch *Kaiser*, Die Repräsentation organisierter Interessen, S. 355 ff., und ders., Die Dialektik der Repräsentation, S. 71 ff. Nach *Huber*, Die Selbstverwaltung der Wirtschaft, S. 49, bezeichnet die R. „die Vergegenwärtigung eines nicht von selbst gegenwärtigen Seins, die Darstellung eines nicht von selbst dastehenden Gebildes". *Scheuner*, Das repräsentative Prinzip in der modernen Demokratie, S. 227, versteht unter „Repräsentation im weiteren Sinne die Vergegenwärtigung einer Person, Gruppe oder Idee durch eine Person ... oder ein Symbol", unter „Repräsentation im spezifischen Bereich des öffentlichen Lebens von Kirche und Staat die Darstellung einer Personenmehrheit oder einer korporativen Einheit durch eine Person oder eine Personengruppe (Versammlung) mit verbindender Wirkung". *Landshut*, Der politische Begriff der Repräsentation, S. 175 ff.; *Beyme*, Der Begriff der Repräsentativverfassung, S. 145 ff.

In dieselbe Richtung weist auch die ausländische Lehre, vgl. etwa *Tütsch*, Die Repräsentation in der Demokratie, S. 16/17, „Repräsentation ist aber primär ein psychologischer und soziologischer Tatbestand, dessen Wesen aus einer positivrechtlichen Festsetzung nicht abgeleitet werden kann". Ferner *Burdeau*, Traité de science politique, Bd. IV, S. 266, weist zunächst darauf hin, daß die R. nicht mit der zivilistischen Stellvertretung identifiziert werden dürfe, da sie dort „aucune des conditions" antreffe „qui la rendent praticable". Er meint, daß die Juristen, die die R. als Stellvertretung deuteten, „ont voulu être simples, ils ont envisagé un rapport juridique là ou il s'agit de ressemblances provoquées par une infinité de connexions de tous ordres (a.a.O., S. 267). Um klar zu sein, hätten sie „retenu une relation de causalité là ou il y a un phénomène de concomittance" (a.a.O., S. 267). Statt dessen betrachtet er wie C. Schmitt, E. Gerber, Leibholz und Wolff die R. als etwas vornehmlich Statisches und Tatsächliches. „Dans ces conditions la représentation est un état, ce n'est pas un mouvement." Da die R. nicht als Bewegung anzusehen sei, gebe es auch nicht „à considerer isolément deux poles, le pole A et le pole B, entre lesquels s'opérait le mystérieux transfert de volonté" (a.a.O., S. 268).

Eine an die technisch formale Deutung der R. erinnernde Auffassung vertritt dagegen *Fraenkel*, Die repräsentative und plebiszitäre Komponente, S. 5: „Repräsentation ist die rechtlich autorisierte Ausübung von Herrschaftsfunktionen durch verfassungsmäßig bestellte, im Namen des Volkes, jedoch ohne dessen Auftrag handelnde Organe eines Staates oder eines sonstigen Trägers öffentlicher Gewalt, die ihre Autorität mittelbar oder unmittelbar vom Volk ableiten und mit dem Anspruch legitimieren, dem Gesamtinteresse des Volkes zu dienen und dergestalt dessen wahren Willen zu vollziehen. Ebenso *Friedrich*, Constitutional Government and Democracy, S. 260, der sich die technisch formale Ansicht Robert von Mohls zu eigen macht: „We find that the scape of political representation can well be indicated by adopting Robert von Mohls unpretentious definition: Representation is the process through which the influence which the entire citizenry or a part of them have upon governmental action is, with their expressed approval, exercised on their behalf by a smaller number among them, with binding effect upon those represented." Ähnlich *Stier-Somlo*, Der Reichstag, S. 383.

[69] *Leibholz*, Das Wesen der Repräsentation.

seine methodischen Einsichten sind es, durch die Leibholz den sozialen Kern, die den Begriff der Repräsentation zwingend konstituierenden Merkmale ohne Bezugnahme auf historische Ereignisse erkennen zu können glaubt.

Während C. Schmitt seinen Repräsentationsbegriff induktiv aus der Erfahrung, d. h. durch Analyse geschichtlicher Epochen gewonnen hat, bedient sich Leibholz der von E. Husserl inaugurierten phänomenologischen Methode. Mit ihrer Hilfe glaubt er, das Wesen der Repräsentation als „einer im Sein verwurzelten empirischen Gestalt ... durch eine auf sie gerichtete material-intuitive Schauung in synoptischer Analyse evident machen"[70] zu können. Nur auf diese Weise könne sie „der ihr historisch anhaftenden Zufälligkeiten entkleidet und in ihrer außerhistorischen Wesensnotwendigkeit"[71] erwiesen werden.

Nimmt man jedoch die den einzelnen Kriterien gewidmeten Kapitel näher in Augenschein, so ergibt sich, daß seine Untersuchungen zwar nicht wie diejenigen C. Schmitts ausdrücklich an bestimmten verfassungsgeschichtlichen Epochen ausgerichtet, ein außerordentlich umfangreiches Material von rechtsvergleichenden Fakten und Ideologien aber Begründungen ersetzen sollen[72]. Zur Veranschaulichung sei stellvertretend auf die zur Rechtsstellung der Repräsentanten, insbesondere aber zum entscheidend wichtigen Merkmal ihrer Unabhängigkeit sowie auf die zur Abgrenzung der Repräsentation von der Stellvertretung gemachten Bemerkungen hingewiesen. Hiernach sind beide Institute dadurch voneinander unterschieden, daß sich Repräsentation in einer von Leibholz zwar nicht begründeten, aber mit einer stattlichen Anzahl von Zitaten belegten ideellen Wertsphäre[73] vollziehe, jene aber dieses ideellen Wertakzents entbehre. Unter Berufung auf C. Schmitt und wiederum unter Verzicht auf eigene Darlegungen folgert Leibholz aus dieser wertbehafteten Stellung der Repräsentanten weiter, daß sie unabhängig sein müßten. Denn eine Weisungsabhängigkeit gegenüber dritten Personen zerstöre ihren personalen Wert[74].

Diese von Leibholz in Form schlichter Behauptungen durchgeführte „Wesensschau", die noch durch weitere Beispiele belegt werden könnte[75], zeigt bereits, daß sich die von ihm gefundenen Begriffsmerkmale nicht —

---

[70] *Leibholz*, a.a.O., S. 18/19.

[71] *Leibholz*, a.a.O., S. 18/19.

[72] Vgl. hierzu die Besprechung *Wolffs* von *Leibholz'*, Das Wesen, in: AfRuWPh, Bd. 24 (1930/31), S. 394, 395, 397. Ferner *Köttgens* Besprechung in: AöR, Bd. 58 (1930), S. 290 ff. sowie diejenige von *Evers* in: ZfP, Bd. VIII, n. F. (1961), S. 78 ff.

[73] *Leibholz*, a.a.O., S. 32.

[74] *Leibholz*, a.a.O., S. 73.

[75] Wie Anm. 3, erster Satz.

wie im methodischen Vorspann angekündigt — logisch zwingend aus einem der Repräsentation immanenten Prinzip ableiten lassen. Sie werden von Leibholz vielmehr unter Bezugnahme auf die wohlgegliederte Daseinsordnung des 18., 19. und beginnenden 20. Jahrhunderts sowie auf Grund zahlreicher Hinweise auf verfassungsrechtliche Regelungen sowie auf die deutsche und ausländische Rechts- und Soziallehre einfach als zum Begriff der Repräsentation gehörig betrachtet[76].

In diesem auf C. Schmitt zurückgreifenden Verfahren, durch das sich Leibholz denkbar weit von seiner zunächst zugrunde gelegten phänomenologischen Methode entfernt hat, liegt das Surrogat für soziologische Begründungen.

Wie schon C. Schmitt, so hatte also auch Leibholz — wenn auch nicht so offen ausgesprochen — die Historie trotz seines methodologisch gegensätzlichen Ausgangspunktes zum Maßstab seiner Erkenntnisse gemacht. Diese Tradition setzt E. Gerber[77] fort. Unter starker Anlehnung an die Methode C. Schmitts und unter Ignorierung des von Leibholz verfolgten, aber nicht erreichten Zieles, allgemeingültige Wesenserkenntnisse zu gewinnen, erarbeitet auch er sich die einzelnen Begriffsmerkmale nicht durch Analyse der Wirklichkeit schlechthin, sondern vornehmlich durch eine Betrachtung der absoluten und konstitutionellen Monarchie[78]. Aus der Tatsache, daß sich alles politisch Bedeutsame und damit auch die während der ersten Hälfte des 19. Jahrhunderts als Korrektiv monarchischer Souveränität und Allmacht heiß umkämpfte Repräsentation des Volkes (Honoratiorenparlament) in einer Sphäre bewegte, die der Masse des Volkes noch viel weniger zugänglich war, als es heute der Fall ist, glaubt Gerber schließen zu dürfen, daß sich alle Repräsentation in einer spezifischen Wertsphäre[79] vollziehe. Weil ferner beispielsweise die Mitglieder des frühkonstitutionellen Parlaments im Gegensatz zur ständischen Versammlung als unabhängig stimmende Abgeordnete gedacht waren, muß — so folgert Gerber — auch die Unabhängigkeit zu den das Wesen des Repräsentationsbegriffs konstituierenden Merkmalen gehören[80], — eine Schlußfolgerung, die mehr vom Zufälligen und Besonderen als vom Typischen ausgeht[81]. Insgesamt zeigt diese Art von Beweisführung, wie in der

---

[76] Besonders illustrativ sind insoweit die einschlägigen Ausführungen *Leibholz'*, a.a.O., S. 72—74. Der von Leibholz befolgten phänomenologischen Methode stehen zu Recht kritisch oder gar ablehnend gegenüber vor allem: *Evers*, a.a.O., S. 81; *Wolff*, a.a.O., S. 397; *Wohlgemuth*, Das Wesen des Politischen, S. 33.

[77] *E. Gerber*, Der staatstheoretische Begriff der Repräsentation in Deutschland zwischen Wiener Kongreß und Märzrevolution.

[78] *E. Gerber*, a.a.O., S. 6—12, 22, 23, 37.

[79] *E. Gerber*, a.a.O., S. 7 ff.

[80] *E. Gerber*, a.a.O., S. 27.

[81] Desgl. *Wolff*, a.a.O., S. 393; ders., Organschaft II, S. 29/30.

Repräsentationstheorie unter dem Eindruck ganz bestimmter Spannungen der Gegensatz: Ständische und Repräsentativverfassung sowie die diese im 19. Jahrhundert auszeichnenden Umstände (Wertsphäre, Unabhängigkeit), die zeitgebunden und längst überholt sind, verabsolutiert wurden[82]. Es wird aber auch deutlich, wie wenig man über die grundlegenden Einsichten C. Schmitts hinausgekommen war.

Das Unzulängliche dieser ausschließlich an politischen Institutionen orientierten Methode herausgestellt zu haben, ist das Verdienst Wolffs. Um die Repräsentation als eine soziale Grunderscheinung der Gruppe erfassen zu können, unternimmt er es erstmals, sie in einer von der spezifisch staatspolitischen Problematik unabhängigen Weise anzugehen und das dabei zugrunde gelegte empirische Material nicht nur der Staatsrechtsgeschichte der letzten zwei Jahrhunderte zu entnehmen, sondern dabei auf die christlichen, allgemein transzendentalen und magischen Vorstellungen überhaupt zurückzugreifen[83].

Wolff argumentiert etwa folgendermaßen: In all diesen Zeitaltern gibt es menschliche Vertretungsformen, die ihren Geltungsgrund sämtlich in der Verbundenheit des Vertreters mit dem Vertretenen haben[84]. Diese Gemeinschaftsverbundenheit des Vertreters mit der Gruppe ist Ausfluß seiner Gruppenzugehörigkeit. Da das Verhalten eines jeden Gruppengliedes als bezeichnend für die Gruppe selbst gilt, werden die Handlungen des einzelnen der Gemeinschaft zugerechnet. Es wird von jenen auf diese geschlossen oder gar die Gruppe selbst für deren Handlungen verantwortlich gemacht[85]. Denn die Gruppe gestaltet die Persönlichkeit jedes einzelnen in sie eintretenden Mitgliedes und prägt ihr den Stempel der Gruppeneigentümlichkeit auf[86].

Die sich aus solcher Verbundenheit mit der Gruppe legitimierenden Vertreter sind — so folgert Wolff weiter — Repräsentanten, sei es von Ideen (genuine Repräsentation), von Kollektivwesen (mediatisierte Repräsentation) oder von Interessen oder Eigenschaften (vulgarisierte Repräsentation)[87]. Sie sind Teilhaber eines ausschließlich sozialen Prozesses[88] und stellen kein eigenes Rechtsinstitut dar. Doch unterliegt ihre Tätigkeit insoweit der Normativierung, als es dem Gesetzgeber freistehe, die kraft sozialer Gegebenheit erfolgende Zurechnung durch Rechtssatz zu institutionalisieren[89].

---

[82] Desgl. *Scheuner*, Das repräsentative Prinzip, S. 227.
[83] *Wolff*, a.a.O., S. 26 ff., 29 ff.
[84] *Wolff*, a.a.O., S. 37, 29 ff.
[85] *Wolff*, a.a.O., S. 37/38.
[86] *Wolff*, a.a.O., S. 38.
[87] *Wolff*, a.a.O., S. 45 ff.
[88] *Wolff*, a.a.O., S. 344.
[89] *Wolff*, a.a.O., S. 344. Vgl. auch die Ausführungen zum Begriff der juristischen Repräsentation (a.a.O., S. 314, 316, 317, 318 und insbes. 334).

Sowohl Wolff[90] als auch C. Schmitt, Leibholz und Gerber haben die Repräsentation als *statischen* Begriff gesehen. Während jener mehr ihren Geltungsgrund, die zwischen Repräsentant und Repräsentiertem bestehende Gemeinschaftsverbundenheit betont hat, haben diese vor allem die Eigenschaften (Werthaftigkeit, Unabhängigkeit usw.) der an der Repräsentation beteiligten Personen beschrieben. Insgesamt wurde die Repräsentation als Seins- und nicht als Handlungsbegriff definiert.

Dieser mehr statischen Interpretation begegnet Rudolf Smend mit seiner ausschließlich dynamischen Deutung. Da der Staat nicht ein in sich ruhendes Ganzes sei, das einzelne Lebensäußerungen von sich ausgehen lasse, sondern überhaupt nur in diesen Lebensäußerungen, in einem Prozeß beständiger Erneuerung und dauernden Neuerlebtwerdens existieren könne[91], bedürfe er der Integration. Träger dieses integrativen Prozesses seien vor allem die Repräsentanten. Ihre Tätigkeit bezwecke die Integration des Staatsvolkes[92] und sei unter einem dreifachen Aspekt: der persönlichen, funktionellen und sachlichen Integration zu begreifen[93].

Das Neue dieser die Repräsentation vom Zweck her verstehenden Auffassung besteht darin, daß sie der Repräsentation eine Wirkung zuordnet, die für den Bestand einer *jeden* Gemeinschaft unverzichtbar ist. Genau wie Wolff ist es auch Smend gelungen, die Repräsentation auf Erscheinungen (Gemeinschaftsverbundenheit, Integration) zurückzuführen, die nicht nur ganz bestimmten Zeitaltern anhaften, sondern in jeder Gruppe anzutreffen, also zeitlos schlechthin sind. Wenig fruchtbar wirkt sich jedoch für das Verständnis der Repräsentation die Tatsache aus, daß Smend sie nicht als umfassenden Gemeinschaftsvorgang begreift, sondern nur deren letztes Ergebnis, eben die Integration, hervorhebt. Insgesamt aber hat Smend einen Weg aufgezeigt, der einen Ansatz zur Deutung der Repräsentation als einer Kategorie der Gruppe enthält — eine Betrachtungsweise, an die in jüngster Zeit vor allem die Untersuchungen Krügers[94] anknüpfen.

B. Allgemein sozialwissenschaftlicher Begriff

1. Die Begriffsgeschichte hat deutlich werden lassen, daß man dem Wesen der Repräsentation um so besser auf die Spur kommt, je stärker man ihren sozialen Aspekt berücksichtigt. Solange man sie als nomativen Rechtsbegriff, als technischen Kunstgriff zur Lösung eines Vertretungs-

[90] *Wolff*, a.a.O., S. 75, weist darauf hin, daß die „Repräsentation trotz aller Dynamik etwas Existenzielles hat, d. h. in die Welt des Seins, nicht die des Handelns" gehört.

[91] *Smend*, Verfassung und Verfassungsrecht, S. 18.

[92] *Smend*, a.a.O., S. 93/94.

[93] *Smend*, a.a.O., S. 25 ff., 32 ff., 45 ff.

[94] *Krüger*, Allgemeine Staatslehre, S. 232 ff.

problems begreift, muß ihr tieferer Sinn verborgen bleiben. Das veranschaulicht die Interpretation, die die Repräsentation im 19. Jahrhundert erfahren hat. Indem man den Monarchen, die Regierung und das Parlament als Stellvertreter deutete, hatte man zwar eine normative Erklärung für die Rechtsverbindlichkeit ihrer rechtsfolgebegründenden Handlungen gefunden. Indes war man außerstande, die sozialen Vorgänge, die dieser rechtsordnungsgemäßen Zurechnung zugrunde liegen, sowie die notwendige und für jede Gruppe typische Beziehung zwischen jenen obersten Handlungsträgern und dem Volke zu erfassen. Indem man die komplexe Struktur zwischen Monarch bzw. Parlament und Volk unter ausschließlich nomativen Gesichtspunkten betrachtete, verschloß man sich der Einsicht, daß mit dem Begriff der Repräsentation ja gerade jene von allen anderen Vertretungsverhältnissen grundsätzlich unterschiedene Relation zwischen der Gruppe und ihren obersten Vertretern gekennzeichnet werden sollte. Dadurch, daß man dieses charakteristische Verhältnis der Gruppe zu ihren „Führern" der relativ willkürlich festlegbaren und abänderbaren normlogischen Verknüpfung zwischen zwei Rechtssubjekten unterwarf, begab man sich von vornherein der Aussicht, der entscheidenden, weil gegenüber anderen Vertretern individualisierenden, hinter der Norm liegenden Sozialität habhaft zu werden. Um diesen auch heute noch in Soziologie und Jurisprudenz vernachlässigten sozialen Bereich der repräsentativen Vertretungsform, der — wie die Begriffsgeschichte ergeben hat — nicht normativ erkannt, sondern nur empirisch-soziologisch erforscht werden kann[95], zu beschreiben, bedarf es eines Rückgriffs auf die soziologische Kategorie der Gruppe selbst — dies um so mehr, als die Repräsentation wie viele in das Recht übernommene Begriffe — vergleiche etwa Demokratie, Souveränität[96] und Würde[97] — ein seinsmäßig gebundenes und ideenbezogenes Institut[98] bezeichnet, das weder in einer Rechtsnorm definierbar noch auf Grund schlichter Erfahrung[99] zugänglich ist.

---

[95] Ebenso die h. M.: *C. Schmitt*, Verfassungslehre, S. 208 ff.; ders., Röm. Katholizismus, S. 29; ders., Die geistesgeschichtliche Lage des heutigen Parlamentarismus, S. 41 ff.; *Tatarin-Tarnheyden*, Die Rechtsstellung der Abgeordneten, S. 414; *E. Kaufmann*, Zur Problematik des Volkswillens, S. 275 ff.; *Wolff*, Organschaft II, S. 16 ff.; *Drath*, Die Entwicklung der Volksrepräsentation, S. 13; *Burdeau*, Traité de science politique, Bd. IV, S. 267; *Scheuner*, Das repräsentative Prinzip, S. 227 ff.; *Vonderbeck*, Der Bundesrat, S. 24 ff.; *Krüger*, Allgemeine Staatslehre, S. 236 ff. Für einen reinen Rechtsbegriff halten die Repräsentation dagegen: *Stier-Somlo*, Der Reichstag, S. 384; *Laun*, Allgemeine Staatslehre, S. 81/82; ähnlich *Fraenkel*, Die repräsentative und plebiszitäre Komponente, S. 42 Anm. 52.

[96] Vgl. *Scupin*, Der Begriff der Souveränität, S. 1, der ebenfalls die Souveränität für einen empirisch-außerrechtlichen Begriff hält.

[97] Treffend weisen *v. Mangoldt-Klein*, Grundgesetz, Art. 1, S. 148 darauf hin, daß sich der Begriff der Würde des Menschen rechtlicher Bestimmtheit und Bestimmbarkeit entziehe.

[98] Mit Recht weist daher *Leibholz* (Zur Begriffsbildung im öffentlichen Recht, S. 276) darauf hin, daß „verfassungsrechtlich relevante Phänomene, wie z. B.

Einen ersten Schritt in diese Richtung hatte zwar schon C. Schmitt getan; doch da er das seinen Untersuchungen zugrunde gelegte empirische Material ausschließlich der politischen Wirklichkeit des 18. und 19. Jahrhunderts entnahm, vermochte sein Repräsentationsbegriff auch nur die *politischen* Institutionen (insbesondere Monarch und Honoratiorenparlament) jener Epoche zu erklären. Obwohl Wolff diese einseitig politische sowie zeitbedingte und daher kasuistische Interpretation der Repräsentation durch die Einführung des Merkmals der Gemeinschaftsverbundenheit auf eine zeitlosere und umfassendere Grundlage gestellt hat, vermag seine Konzeption, wie die nachstehende Untersuchung ergeben wird, doch nur einen Teil der Wirklichkeit zu deuten. Es ist daher nach anderen Ansatzpunkten zu suchen, die den komplexeren Prozeß zwischen Repräsentant und Gruppe zu erklären imstande sind.

2. Obwohl das Wort Repräsentation seinem unpräzisen Sprachgebrauch[100] zufolge farblos und mehrdeutig geworden ist, erscheint es sinn-

---

das Eigentum, die Ehe, der Staat, die Demokratie, die Souveränität, der Parlamentarismus, die Repräsentation, die Verfassung, die Regierung keine bloßen Begriffe" seien. Sie seien vielmehr „vorgegebene Wesenheiten, die Charakter und Sinn jeder Verfassung, soweit diese auf sie Bezug" nehme, entsprechend mitbestimme. Sie gehörten „überwiegend zu den fundamentalen Ordnungsprinzipien des gesellschaftlichen Lebens. Soweit diese Wesenheiten sich in Begriffen" ausprägten, könne „man sie als apriorische Rechtsbegriffe bezeichnen". In dieselbe Richtung weist *E. Kaufmann*, Juristische Relationsbegriffe, S. 270, wenn er sagt: „Bei dem Gegensatz der Methoden handelt es sich nicht, wie Anschütz meint, um den Gegensatz von rechtlicher und politischer Betrachtung, sondern um einen methodischen Gegensatz *innerhalb* der rechtlichen Betrachtung. Wir lehnen ab die bloße Betrachtung des Rechts, wie sie sich aus den formulierten technischen Rechtssätzen mit ihren juristischen Relationsbegriffen ergibt; und wir gehen davon aus, daß hinter jedem Komplex von technischen Rechtssätzen mit ihren juristischen Relationsbegriffen ein juristischer Dingbegriff, das Rechtsinstitut, steht, und daß dieses nur verstanden werden kann aus seinem ethischen Gehalt; daß auch die technischen Rechtssätze letztlich juristisch nur interpretiert werden können durch eine Besinnung auf diesen ethischen Gehalt, auf ihr objektives Ethos. Die sogenannte rein juristische Methode steht in Gefahr, mit ihrer Beschränkung auf die technischen Rechtssätze und ihrem bewußten Ausschalten des Gerechtigkeitsgehalts, des ethischen Gehalts dieser Sätze, auch das eigentliche Rechtliche aus der sog. wahrhaft juristischen Betrachtung der Dinge zu vertreiben. So liegt in unserer Methode kein Heraustreten aus der juristischen Betrachtung, kein Hinübergleiten in eine nicht mehr juristische, sondern politische Betrachtung, sondern im Gegenteil die erneute Selbstbesinnung auf das eigentlich Rechtliche am Recht, welches nur in einem objektiven Ethos gesehen werden kann." Desgl. *Tütsch*, a.a.O., S. 17.

99 Desgl. *Engisch*, Einführung, S. 110.

100 Vgl. hierzu *J. u. W. Grimm*, Deutsches Wörterbuch, 7. Bd., S. 2070/71 und ferner *Mackensen*, Deutsches Wörterbuch, S. 754, wonach Repräsentieren bedeuten kann: wieder gegenwärtig machen, würdig vertreten, standesgemäß auftreten. Vor allem *Wehrle-Eggers*, Deutscher Wortschatz, S. 261, 662, weisen auf die vielfältige Bedeutung des Wortes Repräsentant hin: Vertrauensmann, Beauftragter, Bevollmächtigter, Funktionär, Agent, Handelsvertreter, Reisender, Geschäftsführer u.a.m.

voll, die ersten Hinweise auf seine Bedeutung dem sprachlichen Sinn des Wortes selbst zu entnehmen[101].

Dem ursprünglichen lateinischen Wortsinne nach bedeutet Repräsentation „wieder gegenwärtig machen"[102]. Das kann ein Zweifaches bedeuten: Entweder wird etwas bereits Gegenwärtiges noch einmal gegenwärtig gemacht, so daß es gewissermaßen zweimal existiert, oder es wird etwas nicht oder jedenfalls nicht im Augenblick Gegenwärtiges „wieder" gegenwärtig gemacht. Der ersten Auslegungsmöglichkeit folgen Leibholz[103] und Gerber[104], indem sie behaupten, daß etwas, nämlich die tatsächlich existierende politische Einheit als Ganzes, „als abwesend lediglich vorausgesetzt und doch gleichzeitig anwesend gemacht"[105] werde. Die zweite Alternative verficht Wolff[106]. Er weist mit Recht darauf hin, daß im Wort representare nicht gesagt sei, ob es dasselbe Etwas sei, das abwesend und zugleich präsent sei, oder ob nicht vielmehr das Etwas A durch das Etwas B präsent gemacht werde. In der Tat sagt hierüber der Wortlaut nichts aus. Damit bleibt aber schon die allgemeinste Frage, ob nämlich die Repräsentation auf Identität oder Duplizität beruht, in der Schwebe. Die Wortinterpretation erweist sich damit als unergiebig.

Um so aufschlußreicher erscheint es, sich die Methoden derjenigen Autoren zu vergegenwärtigen, die dem Repräsentationsbegriff seine bis heute gültige Gestalt verliehen haben. Dadurch erweist sich einerseits die Unhaltbarkeit der bisher verfolgten Verfahren. Andererseits tritt die eigene Methode um so deutlicher heraus. Wie in einem anderen Zusammenhang schon angedeutet, haben C. Schmitt und Gerber, letztlich aber auch Leibholz den Begriff der Repräsentation dadurch gewonnen, daß sie bestimmte politische Institutionen betrachteten[107], aus der Gesamtheit der

---

[101] „Denn da die Wahrheit, der Begriff und die Reflexion, kurz, das den Erscheinungen abgewandte Denken sich nicht unmittelbar ausspricht, so kann es nur mittelbar, also wiederum als Erscheinung und auf dem Umweg des sprachlichen Denkens sich mitteilen" (*Vossler*, Geist und Kultur in der Sprache, S. 220 ff., insbes. 221/222). Vgl. auch *Hatz*, Rechtssprache und juristischer Begriff, S. 63/64.

[102] *Mackensen*, a.a.O., S. 754.

[103] *Leibholz*, Das Wesen, S. 26.

[104] *E. Gerber*, Der staatstheoretische Begriff, S. 5: „Jemand, der nicht zugegen, nicht auf der Stelle anwesend ist, zeitlich oder räumlich nicht, wird wieder, d. h. noch einmal präsent gemacht, so daß er gewissermaßen zweimal existiert, einmal in der Präsenz und einmal in der Repräsentation."

[105] *Leibholz*, a.a.O., S. 26.

[106] *Wolff*, Organschaft II, S. 24; desgl. *Vonderbeck*, Der Bundesrat, S. 26.

[107] Ganz so verfährt auch die angelsächsische, sehr empirisch und pragmatisch orientierte political science, vgl. etwa: *MacIver*, Regierung im Kräftefeld der Gesellschaft, S. 200 ff., 177/78; *Gilbert*, Operative Doctrines of Representation, S. 604 ff., der übrigens einen ausgezeichneten Überblick über die verschiedenen Repräsentationstheorien in der amerikanischen political science gibt. Vgl. auch zum Begriff der political science: *Badura*, Methoden der neueren Allgemeinen Staatslehre, S. 220 ff.

beobachteten Merkmale einige (z. B. die Werthaftigkeit und Unabhängigkeit) herauslösten, sie isoliert nebeneinanderstellten und als das Wesen der Repräsentation selbst ausgaben. Ihr Repräsentationsbegriff war das Ergebnis isolierender Abstraktion[108] der politischen Zustände eines bestimmten Zeitalters. Der Nachteil dieser Methode liegt — wie die Begriffsgeschichte gezeigt hat — darin, daß man einen Begriff erhält, der mehr am Zufälligen und Besonderen als am Typischen orientiert ist. Dieser Unzulänglichkeit entgeht Wolff dadurch, daß er idealtypisch[109] verfährt. Im Gegensatz zu jenen Autoren löst er aus dem seinen Untersuchungen zugrunde gelegten empirischen Material keine Einzelmerkmale isolierend heraus, sondern versucht, charakteristische Züge eines Ganzen, nämlich die die Gemeinschaftsverbundenheit (oder Homogenität) konstituierenden Merkmale so miteinander zu verbinden, daß ein sinnvoller Zusammenhang zwischen ihnen entsteht[110]. Der Idealtypus ist also inhaltlich reicher als jener abstrakte Begriff. Während dieser mit der Erfüllung aller seiner abstrakten Merkmale steht und fällt, ist jener elastischer. Das zeigt sich z. B. darin, daß der Repräsentationsbegriff von Schmitt und Leibholz Unabhängigkeit, Werthaftigkeit und Öffentlichkeit zwingend erfordert, während der Repräsentant nach Wolff, ohne damit seinen repräsentativen Status einzubüßen, auch in relativ gebundener Weise Interessen vertreten darf, sofern ihn nur mit dem repräsentierten Gemeinwesen jene alle Repräsentation auszeichnende Homogenität verbindet[111]. Dem idealtypischen Repräsentationsbegriff unterfallen also auch noch Gestaltungen, die vom Typus mehr oder weniger stark abweichen[112]. Trotz der Breite dieser Begriffsbildung, durch die Wolff ein für alle Repräsentation typisches und daher allgemeingültiges Merkmal herausgestellt hat, umfaßt seine Konzeption, wie noch zu zeigen sein wird, doch nur einen Teil der repräsentativen Wirklichkeit.

Um stattdessen die Repräsentation als Ganzes und in ihrer für jede Gruppe existenznotwendigen Gesamtfunktion zu erfassen, ist *teleologisch*

---

[108] Vgl. zum abstrakten Begriff: *Larenz*, Methodenlehre, S. 322 ff.

[109] Daß Wolff selbst seinen Repräsentationsbegriff als Idealtypus auffaßt, geht aus mehreren Stellen hervor, vgl. insbesondere *Wolff*, a.a.O., S. 39 und 65.

[110] Vgl. zum Idealtypus *Larenz*, a.a.O., S. 333 ff., 337 ff., 340; ferner *Drath*, Die Entwicklung der Volksrepräsentation, S. 16.

[111] *Wolff*, a.a.O., S. 65.

[112] Zutreffend weist insoweit *Larenz*, a.a.O., S. 336, 337 darauf hin, daß sich der empirische Typus insoweit von der Realität entfernen kann, „als er die in der Realität nur in Mischungen auftretenden, in ihr daher nur angedeuteten reinen Typen ... gedanklich aussondert, um sich daran — als an konstruierten Modellen — gewisse für sie, typische Abläufe zu verdeutlichen und die in der Realität angetroffenen Mischformen durch Vergleich mit den reinen Typen als Grenzfällen besser zu verstehen." Abgelehnt wird die idealtypische Begriffsbildung von *Heller*, Staatslehre, S. 61/62, mit der Begründung, daß sie die objektive Wirklichkeitsstruktur des Staates niemals zu erkennen vermöge, sondern unter Staat notwendig nur eine subjektive gedankliche Synthese verstehe, die der Erkennende willkürlich vornehme.

zu verfahren: Nur eine Analyse ihres *Zweckes* vermag über Sinn und Wesen repräsentativen Seins und Handelns Aufschluß zu geben. Wenn nämlich alle menschliche Tätigkeit zweckorientiert[113] ist und wir daher „den Zweck als den Motor aller menschlichen Sozialbezüge bezeichnen dürfen“[114], so muß auch repräsentatives Handeln irgendein Ziel[115] verfolgen. Während jedoch das Einzelindividuum nur seine eigenen Bedürfnisse zu befriedigen sucht, ist der Repräsentant bemüht, die innerhalb einer Gruppe verfolgten Ziele und Bestrebungen zu bündeln und zu koordinieren.

Wie sehr es einer solchen Ausrichtung und Integration (Smend) menschlicher Sozialbezüge bedarf, zeigt bereits ein Blick auf die Struktur der Gruppe. Sie stellt nämlich keinen total homogenen und in sich geschlossenen Körper, sondern ein durch vielfältiges Zweckstreben gekennzeichnetes Gebilde dar. Die Tatsache, daß alle Gruppenglieder planvoll nach Bedürfnisbefriedigung streben und dabei zusammen- und anderen entgegenwirken, bestimmt den Inhalt eines jeden Sozialgebildes. Diese mit- und gegeneinander verlaufende Zweckverfolgung läßt ein „Gefüge wechselseitigen Zweckstrebens“[116] und — von den jeweiligen Gruppengliedern losgelöst — ein „objektives Zweckgebilde“[117] erkennen.

In dieser Zweckstruktur zeigt sich ein aktuelles Begehren und Wünschen, in denen der Gruppen- oder Volkswille erkennbar wird. Er beharrt im Wandel der Individuen. Wenn er auch nicht zu jenem romantisch verklärten, unveränderlichen Volkswillen im Sinne des „Volkslebens“ der Romantik und der Volksgeistlehre Hegels substantialisiert werden darf[118], so erscheint er doch als etwas durchaus Reales. Geformt durch langes und enges Zusammenleben, durch gemeinsame Sprache[119] und Kultur sowie durch hervorragende gemeinschaftsverbindende Ereignisse — große siegreiche Kriege, Revolutionen usw. — stellt er eine Wirklichkeit[120] dar, die zwar nicht dinghaft-real, aber erfahrbar ist[121]. Seine Wirklichkeit besteht

---

[113] Davon, daß menschliches Handeln losgelöst von Ziel und Zweck nicht gedacht werden könne, gehen auch aus: *Henkel*, Rechtsphilosophie, S. 180; *Litt*, Individuum und Gesellschaft, S. 84; *Leibholz*, Das Wesen, S. 39; *Welzel*, Strafrecht, S. 26.

[114] *Henkel*, Rechtsphilosophie, S. 226.

[115] Daß aller Repräsentation eine starke Finalität eignet, erhellt schon daraus, daß sie aufs engste mit jeder Zwecke verwirklichenden staatlichen und Gruppenorganisation, die übrigens ein Zweckbegriff reinsten Wassers ist (vgl. *Kelsen*, Hauptprobleme, S. 85; ferner *Wolff*, Verwaltungsrecht II, S. 35; *Smend*, a.a.O., S. 32) verbunden ist.

[116] *Henkel*, Rechtsphilosophie, S. 226.

[117] *Henkel*, a.a.O., S. 226; vgl. auch S. 34 Anm. 115.

[118] Desgl. *Heller*, Staatslehre, S. 162; *MacIver*, Regierung, S. 201.

[119] Desgl. *Henkel*, a.a.O., S. 24.

[120] Ebenso *Henkel*, a.a.O., S. 23/24; *Bernsdorf*, „Gruppe“, S. 196 ff.

[121] *Bernsdorf*, a.a.O., S. 198.

in seiner Wirksamkeit. Obwohl die Willensbezüge einer Gruppe in aller Regel keine Einheit darstellen, sondern einen Pluralismus politischer und sonstiger Willensrichtungen erkennen lassen, bildet sich doch über dieser Vielheit ein Minimum an Gemeinsamem, an gemeinsamem Wissen, geistigen Tendenzen und Willensinhalten aus[122]. Anderseits wirkt dieser Pluralismus doch so stark, daß ein einheitlicher Wille, ohne der Wirklichkeit Gewalt anzutun, nicht unterstellt werden darf. Entsprechend jenem „Gefüge wechselseitigen Zweckstrebens" muß er als so wenig zentriert und ausgerichtet angesehen werden, daß von einem Willen in menschlich-psychologischem Sinne auch nicht entfernt die Rede sein kann. Der Volkswille ist seinem Wesen nach diffus und unformiert[123]. Er bezeichnet lediglich ein denk- und sprachökonomisches Mittel zur Bezeichnung eines höchst komplexen Sachverhaltes.

Diese Fülle menschlicher Zwecke und Willen bedarf daher der Ordnung und einheitlichen Ausrichtung, der planvollen und systematischen Verwirklichung. Es bedarf der Konzipierung eines Organisationszieles, d. h. dessen, „was tatsächlich als Leitbild der Entscheidungen dient, die das Geschehen, die Tätigkeiten und Prozesse in der Organisation auf einen spezifischen Zweck orientierten"[124]. Diese Aufgabe obliegt den Repräsentanten. Sie gewährleisten die Aufstellung eines Ziel- und Orientierungspunktes, an dem alle für den Staat tätigen Funktionssubjekte ihr Handeln ausrichten können und müssen. Damit garantieren sie aber gleichzeitig und vor allem, daß *überhaupt* gehandelt wird[125]. Zwar können kleine und äußerst homogene Gruppen auch selbst handelnd in die Erscheinung treten[126]. Von solchen Ausnahmen abgesehen, bedarf es aber regelmäßig bestimmter Personen, die als Initiatoren jeglicher zielgerichteter Gruppenaktivität allererst gewährleisten, daß überhaupt ein effektiver und qualifizierter Wille gebildet wird[127]. Repräsentation ist daher in erster Linie Bewegungsbewirkung[128], d. h. ein sozialer Vorgang zur Bildung eines

---

[122] *Henkel*, a.a.O., S. 23.

[123] Desgl. *Kaufmann*, Volkswille, S. 275.

[124] *Mayntz*, Soziologie der Organisation, S. 58.

[125] Desgl. *Krüger*, Staatslehre, S. 254; gegenüber diesem umfassenden Gemeinschaftszweck sahen *Gerber* (Staatstheoretischer Begriff, S. 5) und *Leibholz* (Wesen, S. 39/40) den einzigen Zweck der R. in der Darstellung des Repräsentierten gegenüber einem Adressaten.

[126] Z. B. die schweizerischen Landsgemeinden. Genau genommen kann eine Gruppe in ihrer Gesamtheit nie handelnd in die Erscheinung treten. Regelmäßig sind es nur die Aktivbürger, die für die Gruppe handeln. Ein Minimum an Repräsentation ist also nicht hinwegzudenken.

[127] Vgl. vor allem *Geiger*, Führen und Folgen; ders., „Führung", S. 136 ff.; ferner *Dahms*, Über die Führung; *Bernsdorf*, „Führer", S. 142 ff.; *Hofstätter*, Gruppendynamik, S. 134 ff.

[128] Ebenso für das Problem der Führung, die ja oft zugleich Repräsentation ist, *Dahms*, Führung, S. 40. Ähnlich *Smend*, Verfassung und Verfassungsrecht, S. 26, der ebenfalls Repräsentation mit Führung identifiziert; er weist darauf

Gruppenwillens, ein Handlungsprinzip der Gruppe. Sie beinhaltet primär nicht — wie es die politische Theorie annahm — die statische Darstellung eines unsichtbaren Seins, sondern erfüllt eine für jede Gruppe unverzichtbare dynamische[129] Funktion.

In diesem einseitig dynamischen Einwirken erschöpft sich jedoch die Repräsentation nicht. Ihre Grundlage ist darüberhinaus ständige Wechselwirkung[130]. Wie der Repräsentant für die Gruppe handelt und dadurch auf sie Einfluß nimmt, so wirkt diese auf jenen zurück. Das geschieht auf zweierlei Art und Weise. Einmal wird jeder Repräsentant von der Gruppe, die ihn herausgestellt, d. h. sein Verhalten als für sich selbst repräsentativ anerkannt[131] hat, geformt[132]. Er erhält von ihr „seine Wissensinhalte und Denkmodelle, seine Wertüberzeugungen und Handlungsmuster"[133]. Neben dieser *ursprünglichen* Prägung durch die Gemeinschaft unterliegt er ihrem Einfluß vor allem aber auch noch dann, wenn er bereits als Repräsentant für sie tätig ist. Da es nicht mehr angeht, die Gruppe — wie es noch die Massenpsychologie eines Ortega[134] getan hatte — als eine in Affekthandlung beharrende suggestible Herde zu sehen, die von ihren Führern beliebig gelenkt und in Bewegung gesetzt wird, kann dieser Einfluß nicht hoch genug eingeschätzt werden. Anderseits dürfen aber auch die Möglichkeiten initiierender Repräsentation nicht überschätzt werden. Denn der Einfluß des Repräsentanten auf die Gruppe ist insofern begrenzt, als er eine gewisse Grundstimmung im Kollektiv schon vorfindet, gegen die er — jedenfalls über einen längeren Zeitraum — nicht zu bestehen vermöchte[135].

---

hin, daß es im Bereich der Bildung und Normierung von kulturellem Gemeinwillen ein geistiges Leben ohne Führung nicht gebe.

[129] Dieser Deutung kommen relativ nahe: *Smend*, a.a.O., S. 32 ff.; *Glum*, Reichswirtschaftsrat, S. 27; *Krüger*, Staatslehre, S. 238 ff.; *Kaufmann*, Volkswille, S. 276; *Hartley*, zit. nach *Dahms*, Führung, S. 39.

[130] Das nimmt z. B. *Guilleaume*, Regierungslehre, S. 185, für die Regierung an, die — wie noch zu zeigen sein wird — eine der typischsten Repräsentanten überhaupt ist.

[131] Die für die R. notwendige Anerkennung durch die Gruppe läßt sich bereits aus dem Begriff der R. als eines dialektischen Vorganges herleiten. Mißbilligt nämlich die Gruppe ihren Führer, anerkennt sie ihn nicht mehr als Repräsentanten, so ist entweder der Führer gezwungen, sein Amt niederzulegen oder die Gruppe wird „zum Schweigen gebracht". In beiden Fällen kann von einem polaren Spannungsverhältnis, mithin von R. nicht mehr die Rede sein.

Dafür, daß ein bestimmtes Verhalten erst durch das Einverständnis der Gruppe repräsentativen Charakter erhält, treten auch ein: *Wolff*, Organschaft II, S. 82 ff.; *Tütsch*, Repräsentation, S. 29 ff.; *Vonderbeck*, Der Bundesrat, S. 30.

[132] *Vierkandt*, „Gruppe", S. 241; *Litt*, Individuum und Gemeinschaft, S. 54/55.

[133] *Bernsdorf*, „Gruppe", S. 196.

[134] *Ortega y Gasset*, Aufstand der Massen, S. 72 f., 82 ff.; *Colm*, „Masse", S. 353 ff.; *Geiger*, „Führung", S. 138.

[135] Insoweit besonders instruktiv die empirischen Untersuchungen von *Hofstätter*, Gruppendynamik, S. 134 ff.; ferner *Geiger*, „Führung", S. 138 und ders., Führen und Folgen, S. 24.

Diese Grundstimmung und allgemeinsten Anschauungen, die als öffentliche Meinung[136] bezeichnet zu werden pflegen, wirken beständig auf die Repräsentanten ein. Wenn es ihnen auch versagt ist, diese unmittelbar zu beeinflussen, sie also gleichsam zu ausführenden Organen ihrer selbst zu degradieren, so sind sie doch der unentbehrliche Gesprächspartner jeglicher Gruppenrepräsentation. Ihre vornehmste Aufgabe besteht darin, „einen — und zwar den wichtigsten — Gegenpol zu bilden, von dem sich absetzend die fortgeschrittenen Elemente des Repräsentativvorganges“[137], also auch die ihn beschließenden, an der Spitze des Gemeinwesens stehenden Repräsentanten, sich vergüten und aufbereiten. Zwischen Repräsentant und Gruppe besteht also ein polares Verhältnis, in dem die Aktivität des Repräsentanten und die relative Passivität der Gruppe in Form der öffentlichen Meinung ständig aufeinander einwirken[138] und damit — ähnlich dem Prinzip der parlamentarischen Diskussion, jedoch infolge der größeren Trägheit dieses Prozesses in nur wesentlich abgeschwächterem Maße — Schritt für Schritt sich der richtigen Entscheidung nähern[139].

3. Repräsentation erschöpft sich aber nicht in polarer Wechselwirkung. Sie gewährleistet nicht nur, daß überhaupt, sondern auch, daß — und hierin besteht ihr zweiter Wesenszug — besser[140] gehandelt wird. Sie be-

---

[136] Die Erörterung der Frage, inwieweit es heute überhaupt noch eine öffentliche Meinung im Sinne der klassischen Auffassung des 19. Jahrhunderts gibt, würde den Rahmen dieser Arbeit sprengen. Festgestellt sei jedoch, daß sich eine Tendenz abzeichnet, wonach die Massenkommunikationsmittel — Presse, Film, Rundfunk, Fernsehen — nicht mehr — und das beruht nicht zuletzt auf der immer steigenden Monopolisierung und Kommerzialisierung der Presse — die Rolle eines Katalysators, d. h. eines Förderers und Vermittlers beim Austausch von Meinungen, spielen, sondern, daß sie die öffentliche Meinung machen, sie den Bürgern gleichsam konsumfertig liefern. Vgl. zu alledem *Krüger*, Staatslehre, S. 447 ff.; ferner *Habermas*, Strukturwandel der Öffentlichkeit, S. 256 ff.

[137] *Krüger*, Staatslehre, S. 454.

[138] Ebenso *Bernsdorf*, „Führer“, S. 146; ferner *Stobrawa*, Polarität und Dialektik, S. 42; *Krüger*, Staatslehre, S. 253; vgl. auch *Leibholz*, Wesen, S. 166: „Der politische Repräsentant ist zum mindesten der Idee nach eine besonders qualifizierte Persönlichkeit, Führer im eigentlichen Sinne des Wortes, der nicht nur eine — heute meist inhaltlich begrenzte — Staatstätigkeit technisch zu erfüllen, sondern sich auch als Führer der von ihm Geführten zu bewähren und selbst seinerseits belebend auf die Gemeinschaft zurückzuwirken hat.“ *Smend*, Verfassung und Verfassungsrecht, S. 27; *Stammer*, Herrschaftsordnung und Gesellschaftsstruktur, S. 270.

[139] *Krüger*, a.a.O., S. 454.

[140] Daß aller R. eine bessernde Funktion innewohnt ist bisher noch außer von *Krüger* (a.a.O., S. 234 ff.) in keinem einheitlichen Repräsentationssystem erarbeitet worden. Dennoch lassen sich — zeitlich schon weit vor Krüger — kurze, aber treffende Hinweise finden. So erinnert *Burdeau*, Traité de science politique, Bd. IV, S. 245, daran, daß dieses Konzept bessernder R. schon den Vätern der Französischen Revolution eine Selbstverständlichkeit gewesen sei: „Les hommes de la constituante n'etaient ni les rêveurs ni les utopiques que l'on dit. Ils savaient bien de quoi est faite la volonté brute du peuple ... Elevés

zeichnet einen innerhalb der Gruppe sich vollziehenden Prozeß zur Schöpfung eines möglichst qualifizierten und effektiven Willens. Zur Verwirklichung dieses Zieles führt aber nicht nur die vorstehend gekennzeichnete polare Beziehung zwischen Repräsentant und Gruppe. Sie wird vielmehr durch einen umfassenden Vergütungs- und Aufbereitungsvorgang ergänzt und intensiviert, der bereits auf der untersten Stufe, der von der Gruppe ausgehenden öffentlichen Meinung[141] einsetzt und von hier aus beginnend einen immer differenzierteren Auslese- und Siebungsprozeß in Gang setzt. Diese Wirkung rührt zunächst einmal daher, daß derjenige, dessen Meinung für die Öffentlichkeit bestimmt ist, auf Konzeption und Inhalt seiner Aussage besondere Sorgfalt verwendet[142]. Der andere wichtige Grund für die im Rahmen des Öffentlichen stattfindende Aufbesserung der Meinungen liegt nach der treffenden Feststellung von Rudolf Smend im Dynamisch-Dialektischen[143], d. h. einem Prozeß, in dem im Prinzip und nach den Gesetzen der Wahrscheinlichkeit jede Meinung auf eine ihr entgegengesetzte trifft, Gegensätze und Meinungen so lange aufeinanderprallen, sich gegenseitig aufheben und ergänzen, bis sich schließlich am Ende die richtigere und bessere Ansicht, d. h. das für die Gruppe optimal Erreichbare herauskristallisiert.

Der im Bereich der öffentlichen Meinung schon schwach angedeutete Aufbereitungs- und daher Repräsentationsvorgang wird durch einen umfassenden Ausleseprozeß bei der weiteren Ermittlung[144] von Repräsentanten fortgesetzt. Wie in allen zweckintentionalen Verbänden, so hat sich auch im modernen Staat als der größten und wichtigsten Gruppe ein Auslese- und Filterverfahren herausgebildet, durch das in sich von unten nach oben verjüngenden Kreisen potentielle Repräsentanten ausgesiebt werden[145]. Der erste — wenn auch noch schwach entwickelte — Verbesserungsvorgang kommt bereits in der Dualität Volk-Aktivbürgerschaft zum

---

dans la culte de la raison, confiants dans la vertu des lumières ils ne pouvaient reconnaître comme volonté souveraine qu'une volonté *réfléchie, ponderée* et *unifiée:* celle — là dont l'assemblée des représentants devait être l'organe." Ebenso *Taine* im Jahre 1899, zit. nach *Krüger*, Staatslehre, S. 238, Anm. 25; ferner der ehemalige Bundesjustizminister Dr. *Dehler*, zit. nach *Süsterhenn*, Senats- oder Bundesratssystem, S. 88. Vgl. auch die Hinweise *Leibholz'* auf die Auslesefunktion der R. (Wesen, S. 166 ff.) sowie *Ellwein*, Regierungssystem, S. 63.

[141] Zum Begriff der öffentlichen Meinung: *Habermas*, a.a.O., S. 256 ff.; *Lenz*, Werden und Wesen der öffentlichen Meinung, insbesondere S. 30 ff., 83 ff., 218 ff.; *Kaiser*, Die Repräsentation organisierter Interessen, S. 218 ff.; *Krüger*, a.a.O., S. 439 ff.

[142] *Krüger*, a.a.O., S. 444/445.

[143] *Smend*, Verfassung und Verfassungsrecht, S. 39; *Krüger*, a.a.O., S. 445.

[144] Vgl. hierzu: *Bernsdorf*, „Führer", S. 145; *Geiger*, Führen und Folgen, S. 43/44; ders., „Führung", S. 140; *Duverger*, Die politischen Parteien, S. 151 ff.; *Krüger*, a.a.O., S. 238 ff., besonders 249.

[145] Wie S. 38, Anm. 144.

Ausdruck. Wie das Volk im Gegensatz zur Menge[146], so müssen auch die aktiven Bürger im Vergleich zum Volk als qualifiziertere, wirksamere und integriertere Schicht verstanden werden. Treffend weist C. Schmitt in diesem Zusammenhang darauf hin, daß auf der Ebene der Aktivbürgerschaft nicht der einzelne Bürger „in seiner natürlichen Gegebenheit als Einzelmensch, sondern als Staatsbürger, als citoyen anwesend“[147] sei, der nicht seine Privatinteressen, sondern das allgemeine Beste zu fördern berufen sei. Wenn auch diese Vorstellung, die für den citoyen wie für den Abgeordneten[148] gleichermaßen gilt, bei weitem nicht immer der Wirklichkeit entspricht und insoweit im Bereich des Moralisierens und Wunschdenkens verbleibt[149], so trifft sie doch in prinzipieller Weise das Wesen des Repräsentationsvorganges als eines Vergütungsprozesses, der im Bericht des Individuums dadurch gekennzeichnet ist, daß der einzelne, sei er citoyen, Abgeordneter oder Kabinettsmitglied, sein besseres Ich, sein Gewissen, wie sich Art. 38 I, 2 GG ausdrückt, bildlich gesprochen aus sich heraussetzt, es sich gegenüberstellt und sich daran mißt[150].

Dieses an der Basis bereits ansetzende Ausleseverfahren setzt sich nach oben verjüngend in immer sich steigernder[151], aber prinzipiell gleicher Weise fort. Stellte die Gruppe oder das Volk den citoyen, den Wähler aus sich heraus, so nehmen von hier aus, einander erzeugend, Abgeordnete, Parteien, Parteivorstände und Fraktionen sowie Regierungen ihren Ursprung[152]. Die im Rahmen dieses Verfahrens gesiebten Repräsentanten zeichnen sich gegenüber den passiven Gruppengliedern durch bestimmte intellektuelle und charakterliche Qualifikationen aus, die dem Repräsentanten von Natur aus eigen sind und ihn befähigen, sich überhaupt um eine politische Führungsposition zu bemühen und sie zu erlangen[153]. Sie entstammen politischen Einflußgruppen, die „sich aus den breiten Schichten der Gesellschaft und ihren größeren und kleineren Gruppen auf dem Wege der Delegation oder Konkurrenz herauslösen, um in der sozialen

---

[146] *Krüger*, a.a.O., S. 247, weist treffend darauf hin, daß nicht eigentlich erst der citoyen, sondern bereits das Volk im Gegensatz zur Menge eine durchaus repräsentative Erscheinung sei. „Nicht schon die bloße Mehrzahl der Menschen begründet den Tatbestand ‚Volk‘. Erst die Selbstsetzung und Selbstordnung vielmehr macht aus der Menge ein Volk, und nur einem solchen Volk darf man die Eigenschaften und Fähigkeiten zusprechen, die eine staatliche Stellung und Wirksamkeit, insbesondere aber eine Demokratie und das Selbstbestimmungsrecht zu rechtfertigen vermögen.“

[147] *C. Schmitt*, Verfassungslehre, S. 206/207. In diesem Sinne auch *Krüger*, a.a.O., S. 248, wenn er sagt, daß zwar jeder Mensch seinen eigenen Interessen unterworfen sei, sich aber um des gemeinen Besten willen von seinen Determiniertheiten zu lösen habe.

[148] Vgl. Art. 38 I, 2 GG, Art. 21 WRV und Art. 29 aRV.

[149] Desgl. *Drath*, Volksrepräsentation, S. 4.

[150] Desgl. *Krüger*, a.a.O., S. 240/41.

[151] *Geiger*, „Führung“, S. 140; *Krüger*, a.a.O., S. 241.

[152] *Michels*, Soziologie, S. 53; *Krüger*, a.a.O., S. 241.

[153] *Michels*, a.a.O., S. 76 ff.

oder politischen Organisation des Systems eine bestimmte *Funktion* zu übernehmen"[154]. Sie sind Funktions- und keine Werteliten[155].

Die bessernde Funktion der Repräsentation zeigt sich daher eigentlich in dreifacher Hinsicht: einmal werden die vom Volk herausgestellten Repräsentanten laufend mit dem Volkswillen konfrontiert und dadurch ständig gezwungen, ihren eigenen Willen zu überprüfen und ihn gegebenenfalls zu revidieren. Zum anderen stehen die einzelnen Schichten der Repräsentanten in einem polaren und daher bessernden Verhältnis untereinander. Durch diese institutionalisierte Siebung wird schließlich eine *Handlungselite* ermittelt, die durch eine — jedenfalls idealtypisch gesehen — von unten nach oben sich steigernde Loslösung des einzelnen von seinen eigenen Determiniertheiten — einseitiger Interessenwahrnehmung, Neigungen, Stimmungen und anderen unsachlichen Erwägungen — unter gleichzeitig sich intensivierender Ausrichtung auf das gemeine Beste gekennzeichnet ist.

4. Der repräsentative Willensbildungsprozeß läßt sich als dialektischer Vorgang begreifen[156]. Nicht der Volkswille, der Wille vieler oder aller, sondern seine Negation, der Wille einzelner soll für die Geschicke einer

---

[154] *Stammer*, Das Eliteproblem in der Demokratie, S. 9.

[155] Zum Begriff der Funktionselite vgl. *Stammer*, a.a.O., S. 513 ff.; ferner *von der Heydte-Sacherl*, Soziologie der deutschen Parteien, S. 280 ff.; *Mannheim*, Mensch und Gesellschaft im Zeitalter des Umbaus, S. 101 ff. Scharf zu unterscheiden vom Elitebegriff im Sinne von Funktionswahrnehmung ist die Elite als Wertbegriff, die vertreten wird von den Elitetheoretikern wie etwa: *Mosca*, Die herrschende Klasse, S. 53 ff.; *Michels*, Parteiwesen, S. 125 ff.; *Sorel*, *Pareto* und *Ortega y Gasset*, Aufstand der Massen, S. 14, 18, 47. Hierher gehören vor allem auch die Theoretiker des klassischen politischen Repräsentationsgedankens der Französischen Revolution wie auch C. Schmitt, Leibholz und Gerber. — Hervorstechendstes Merkmal des Elite-Funktionsbegriffs sind nicht irgendwelche vorgegebene oder allgemein anerkannte Werte, sondern der Einwirkungswille der Repräsentanten auf den Staat als solcher. Repräsentanten erhalten ihren Charakter als Elite allein durch ihre Stellung, die sie im staatlichen und gesellschaftlichen Bereich innehaben sowie durch die Funktion, die sie ausüben.

[156] Desgl. *Kaiser*, Die Dialektik der Repräsentation, S. 72, der diesen Gedanken jedoch nur andeutet und nicht so umfassend sieht wie *Krüger*, a.a.O., S. 240/241. Krüger begreift zwar R. als dialektischen Prozeß, doch sieht er die Synthese nicht — wie es konsequent wäre — in der repräsentativen Entscheidung, sondern unzutreffend in Amt und Gesetz (S. 242).

Rein in der Sphäre des Gedanklichen sehen die Dialektik: *C. Schmitt*, Verfassungslehre, S. 209/210, dem sich *Leibholz*, Das Wesen, S. 26, anschließt. Vgl. ferner *Vonderbeck*, Der Bundesrat, S. 26.

Demgegenüber soll der Begriff der Dialektik hier in einem mehr tatsächlichen, d. h. in jenem Sine verstanden werden, in dem ihn Marx und der dialektische Materialismus verwandt hat. Hiernach sind die „dialektischen Widersprüche" nicht wie noch bei Hegel im Sinne von logischen, also rein denkgesetzlichen Widersprüchen zu verstehen, sondern im Sinne eines Kampfes von in der Wirklichkeit existierenden Gegensätzen (vgl. hierzu die Ausführungen bei *Wetter*, Sowjetideologie heute 1, Dialektischer historischer Materialismus, S. 116 ff., 119).

Gruppe maßgebend sein[157]. Die Tatsache, daß dem diffusen Volks- ein qualifizierter Repräsentantenwille gegenübersteht, erzeugt Widerspruch. Dieser treibt; wo er aktiv in die Erscheinung tritt, bewegen sich die Dinge[158]. Volks- und Repräsentantenwille befinden sich in ständigem Dialog untereinander. Das bedeutet einerseits: polarer Gegensatz und Spannung, andererseits aber auch, wie es Wolff so treffend beschrieben hat, gemeinschaftliche Verbundenheit. Repräsentation zeichnet sich daher weder durch absolute Zweiheit, wie es Leibholz annahm, noch, wie es die Organtheorie vertrat, durch Einheit aus, sondern durch eine infolge wechselseitigen Aufeinanderangewiesenseins relativierte Zweiheit.

Ein weiteres Charakteristikum dieser Beziehung besteht darin, daß jeder Schritt des dreiphasigen dialektischen Vorganges den jeweils vorhergehenden aufhebt[159] und ihm gegenüber der vollkommenere ist[160]. Diese Stufenfolge kennzeichnet nicht nur die dialektische Formel als solche, sondern auch, wie eingangs gezeigt, den Repräsentantenwillen, der sich — ganz im Einklang mit dieser Formel — gegenüber dem Volkswillen als der bessere und vollkommenere, weil rationalere und reflektiertere darstellt. Beide, Volks- und Repräsentantenwille, verharren jedoch nicht in wechselseitiger Polarität, sondern suchen sich, ganz der ihr eigenen teleologischen Tendenz[161] folgend, in einer höheren Einheit, der repräsentativen Entscheidung, aufzuheben. In dieser Synthese, die — wenn auch nicht als solche erkannt — in zahllosen Variationen beschrieben worden ist[162], sind Volks- und Repräsentantenwille aufgehoben, und zwar in jenem dreifachen anschaulichen Sinne, den dieses Wort in der deutschen Sprache hat: einmal aufgehoben im Sinne von „beseitigt", zum zweiten aufgehoben im Sinne von „bewahrt", also demnach nicht zum Verschwin-

---

[157] Ähnlich *Kaiser*, a.a.O., S. 72.

[158] *Heiß*, Wesen und Formen der Dialektik, S. 147 ff.; *Cohn*, Theorie der Dialektik, S. 120; *Stobrawa*, Polarität und Dialektik, S. 44.

[159] Ebenso *Heiß*, a.a.O., S. 151/52; *Cohn*, a.a.O., S. 120/121, 220 ff.; ferner *Wetter*, a.a.O., S. 117/118.

[160] Desgl. *Cohn*, a.a.O., S. 227/228; *Heiß*, a.a.O., S. 154.

[161] Ebenso *Stobrawa*, a.a.O., S. 44; *Heiß*, a.a.O., S. 157; *Cohn*, a.a.O., S. 120; *Krüger*, a.a.O., S. 238 ff.

[162] So meinte z. B. *v. Gierke* (Das Deutsche Genossenschaftsrecht, Bd. II, S. 414), daß erst die Repräsentation „die Entfaltung der Gesamtheit zur vollen Persönlichkeit bewirke" und den wahren Willen des Volkes verkörpere. Andere, z. B. *Polverel* (zit. nach *Kaiser*, a.a.O., S. 72) sehen treffend als die Synthese an die Entscheidung des Repräsentanten, die mit dem allgemeinen Besten identisch sei: „La volonté des représentants sera la volonté générale de la nation." Vgl. ferner die umfangreichen Literaturangaben bei *Leibholz*, Wesen, S. 58 Anm. 1—4, und S. 59 Anm. 1—5, S. 60 Anm. 1; ferner treffend *Carré de Malberg*, Contribution, Bd. II, S. 228, der den Widerstreit zwischen Repräsentanten und Volkswillen kennzeichnet und das Ergebnis als die volonté générale, das gemeine Beste, bezeichnet. Im Gegensatz hierzu sieht *Krüger* (vgl. S. 55, Anm. 1) die Synthese nicht in der repräsentativen Entscheidung, sondern in Amt und Gesetz verwirklicht.

den gebracht, sondern in einer höheren Einheit lebendig erhalten; zum dritten aufgehoben im Sinne von „hinaufgehoben", nämlich auf eine höhere Ebene, auf der beide nicht mehr als sich ausschließende Gegensätze erscheinen[163].

Der Deutung der Repräsentation als eines dialektischen Prozesses gegenüber ließe sich einwenden, sie sei allzu schematisch-konstruktiv und vergewaltige daher die Wirklichkeit. Zwar liegt, was schwach ist an dieser dialektischen Formel, auf der Hand. „Sie ist schematisch und knapp, mager und dürr. Es ist begreiflich, wenn man sie als dialektische ‚Mühle' (Erdmann) oder gar als ‚Pfiffige Methode des Dreivierteltaktes' (Glumpowicz), nach der die Weltgeschichte tanzen muß, gekennzeichnet hat[164]." Doch ist es das Wesen einer jeden Formel, etwas schematisch auszudrükken. Auch der Idealtypus simplifiziert und übertreibt so stark, daß er mit der Wirklichkeit, die zu erkennen er ja berufen ist, nur noch wenig gemein hat, dafür aber ein um so erkenntniskräftigeres Bild abgibt[165]. Genau so verhält es sich mit der Dialektik. Wenn sie einerseits auch stark formalisiert, so ist andererseits nicht zu leugnen, daß sie bestimmte Bereiche der Wirklichkeit aufzuschließen, verständlich zu machen und anschaulich darzustellen zumindest behilflich ist[166].

5. Ist einmal erkannt, daß die Struktur der Repräsentation als dialektischer Prozeß zu begreifen ist, so lassen sich hieraus alle übrigen Begriffsmerkmale ohne weiteres ableiten. Vor allem wird deutlich, wieso aller Repräsentation (relative) Zweiheit immanent sein muß. Besteht nämlich das Wesen der Repräsentation darin, daß eine hiernach strebende Gruppe eines oder mehrere ihrer Glieder aus sich heraussetzt, sie sich gleichsam als Pol gegenüberstellt, um durch ständigen Dialog zu einer Bewältigung ihres Daseins zu gelangen, so folgt daraus zwingend, daß das Grundverhältnis von Repräsentant und Repräsentiertem nur als das Mit- und Gegeneinander zweier Prinzipien, mithin als Zweiheit gedeutet werden kann. Demgegenüber glaubten Leibholz und alle, die sich nach ihm eingehender mit der Repräsentation beschäftigten, die Duplizität daraus herleiten zu können, daß im repräsentativen Prozeß unsichtbare Personeneinheiten noch einmal in der Realität produziert würden[167]. Da auch

[163] „Dies war ja der große Gedanke Hegels, die verschiedenen gegensätzlichen Entwicklungsstadien als Strukturbestandteile und Schichten des letzten Zustandes zu betrachten." (So *Stobrawa*, a.a.O., S. 33 und vor allem S. 30; *Heiß*, a.a.O., S. 154; *Cohn*, a.a.O., S. 246).

[164] *Heiß*, a.a.O., S. 154/155.

[165] *Drath*, a.a.O., S. 16.

[166] Desgl. *Heiß*, a.a.O., S. 152.

[167] Die ganze Begründung, die *Leibholz* (Wesen, S. 28) der Annahme einer Duplizität zugrunde legt, ist diese: „Gehört zu jeder Repräsentation, daß es gerade das Repräsentierte ist, das noch einmal in der Realität produziert werden muß, so kann man personell gewendet auch sagen, daß dem Begriff der Repräsentation die Duplizität der personellen Existenz immanent ist." Zweiheit

bei den der Repräsentation verwandten Instituten, der Stellvertretung[168] und Organschaft[169], eine „Duplizität der personellen Existenz" gleichermaßen unterschieden werden kann, hätte diese für die Repräsentation einer besonderen Begründung bedurft. Überdies hätte insbesondere die These *personeller*[170] Duplizität erhärtet werden müssen. Denn es werden, wie zuvor dargelegt, nicht einzelne Personen[171], sondern immer nur Gruppenentitäten, das Volk oder irgendeine andere Gruppe in ihrer kulturell-geschichtlichen und geistigen Verbundenheit[172] repräsentiert.

Setzt Repräsentation als dialektischer Prozeß Zweiheit zwingend voraus, so impliziert diese Konzeption zugleich die Unabhängigkeit der Repräsentanten. Sie sind nicht deshalb keinerlei Weisungen unterworfen, weil eine Abhängigkeit von dritten Personen ihren personalen Wert aufheben[173], „der Repräsentant eines hohen Wertes (sonst) wertlos sein"[174]

---

wird ferner angenommen von *Carré de Malberg*, Contribution, Bd. II, S. 228; *Stier-Somlo*, a.a.O., S. 383; *Kaiser*, a.a.O., S. 72; *Vonderbeck*, Der Bundesrat, S. 27. Daß auch *Krüger*, a.a.O., S. 240/41, die Duplizität als Merkmal der R. betrachtet, folgt schon daraus, daß er das Amt, den Gipfel und das Ziel der R., als eine dem Staat gegenüber selbständige Größe auffaßt. Ferner *Tütsch*, Die Repräsentation in der Demokratie, S. 21, und *Schneider-Dennewitz*, BK, Art. 38 II, 1.

168 Bei der Stellvertretung ist die Duplizität personeller Existenz allgemein anerkannt (vgl. *Wolff*, Verwaltungsrecht I, S. 186); vgl. ferner etwa *Enneccerus-Nipperdey*, Allg. Teil d. bürgerl. Rechts, S. 1086/87.

169 Vgl. S. 126.

170 Es lassen sich insgesamt drei Auffassungen in bezug auf das Repräsentierte unterscheiden: 1. Während Leibholz und Gerber meinen, daß das Repräsentierte zweimal, in der Präsenz und Repräsentation existiert, 2. wird hier die Auffassung vertreten — der *Tatarin-Tarnheyden*, Rechtsstellung, S. 414; *Wolff*, Organschaft II, S. 24 und *Huber*, Selbstverwaltung, S. 49, sehr nahekommen —, daß durch die Repräsentation eine Umformung des Seins stattfindet, daß unkörperliches und unfaßbares in körperliches und faßbares Sein transformiert wird. 3. *Landshut* (Der politische Begriff der Repräsentation, S. 182) dagegen hält dafür, daß das Repräsentierte weder zweimal existiert noch umgeformt wird, sondern überhaupt nur ist, wenn und soweit repräsentiert wird.

171 *Leibholz*, a.a.O., S. 28; *Stier-Somlo*, a.a.O., S. 383, wie auch *Carré de Malberg*, a.a.O., II, S. 228, kann daher auch nicht gefolgt werden, wenn sie die Repräsentation von Personen für möglich halten.

172 Ebenso *Heller*, Staatslehre, S. 158 ff., 161/162; ferner *C. Schmitt*, Verfassungslehre, S. 212; *Wolff*, Organschaft II, S. 48 ff.; *Tütsch*, Repräsentation, S. 20; *Kaiser*, a.a.O., S. 72 ff.; *Burdeau*, a.a.O., S. 265 ff.; *Landshut*, a.a.O., S. 182: „Niemals können Personen repräsentiert werden, aber nur Personen können repräsentieren." *Krüger*, a.a.O., S. 247 ff. Die Repräsentation des Volkes als Ganzem darf jedoch nicht — wie es *Vonderbeck*, a.a.O., S. 26, tut — in der Weise übersteigert werden, daß man als das eigentlich Repräsentierte nur noch den Geist als solchen ansieht. Die begriffliche Trennung von Volk und dessen Geist, d. h. die Postulierung eines obj. gesellschaftstranszendenten Geistes, ist wirklichkeitswiss. unwahr und juristisch unnötig und unergiebig. Vgl. hierzu *Heller*, a.a.O., S. 162.

173 So aber *Leibholz*, Wesen, S. 73.

174 *C. Schmitt*, Röm. Katholizismus, S. 29.

würde, sondern weil eine von der Gruppe herausgestellte Person, die in ständigem Dialog mit ihr einen Willen konzipiert, als Willensbildnerin gar nicht anders als unabhängig vorgestellt werden kann. Denn ist sie abhängig, faßt nicht mehr sie die Entschlüsse und gewährleistet nicht mehr sie, daß überhaupt und besser gehandelt wird, sondern eine andere, eine unabhängige eben. Das wird vor allem dort deutlich, wo der von der Gruppe berufene Repräsentant, wie z. B. der Gemeinderat, seine repräsentative Funktion nicht mehr wahrnimmt, indem er sich gegenüber einer anderen Person, etwa dem Bürgermeister, in eine abhängige Stellung begibt und dieser — aus welchen Gründen auch immer — die eigentliche Bildung des Willens überläßt. In diesen Fällen wird der gekorene Repräsentant zum Willensvollstrecker des neuen De-Facto-Repräsentanten, der nunmehr die Funktion der Willensbildung, d. h. „die Erkenntnis der Lage und Aufgabe, das Wollen des Zieles und die Durchführung des gewollten und erkannten Zieles in der Wirklichkeit“[175] übernimmt. Immer also sind Repräsentanten Persönlichkeiten, die der Natur der Führungsfunktion wie vor allem der Repräsentation als dialektischem Prozeß zufolge ihrem Wesen nach nicht anders als unabhängig sein können.

Aus der dialektischen Deutung der Repräsentation ergibt sich auch die Abgrenzung von Repräsentation und Führertum. Beides sind keine Synonyme. Zwar ist der Repräsentant als Initiator jeglicher Gruppenaktivität immer auch zugleich Führer. Doch wird ein Führer nur dann zum Repräsentanten, wenn er sich durch jenes dialektische Verhältnis zur Gruppe auszeichnet, das allererst ein harmonisches Für- und Gegeneinander beider Handlungspole, des Repräsentanten und der Repräsentierten, gewährleistet. Der zum Diktator oder Tyrannen entartete Führer entbehrt dagegen der alle Repräsentation kennzeichnenden Homogenität mit der Gruppe. An die Stelle einer die Willensbildung befruchtenden Dialektik ist ein steriles Angst- und Untertanenverhältnis getreten. Der nicht repräsentative Führer hat die Gruppe fest im Griff. Sie ist ihm zum Werkzeug geworden. Jede ihrem Wesen nach Widerspruch erzeugende Dialektik ist erloschen. Anstatt den unformierten, diffusen Volkswillen noch einmal, aber qualifizierter in die Erscheinung treten zu lassen, ihn in einer höheren Einheit aufzuheben und ihn zu verkörpern, setzt er seinen Willen an die Stelle jenes nun nicht mehr existenten Volkswillens[176].

---

[175] *E. Kaufmann*, a.a.O., S. 276.

[176] Man (*C. Schmitt*, Verfassungslehre, S. 208; *Leibholz*, Wesen, S. 176 ff.; *E. Gerber*, Der staatstheoretische Begriff, S. 9 ff.; *Tütsch*, a.a.O., S. 121 ff.; *Kaiser*, Die Repräsentation organisierter Interessen, S. 355 ff.; *Vonderbeck*, a.a.O., S. 31 ff.; *Krüger*, a.a.O., S. 240 ff., 437 ff., bes. 447 ff.) pflegt bei der Erörterung der Repräsentation gewöhnlich darauf hinzuweisen, daß sie nur in der Sphäre des Öffentlichen gedeihen könne. So treffend diese Feststellung — jedenfalls in bezug auf die R. größerer demokratischer Gemeinschaften — auch ist, so wenig hält man es für nötig, sie zu begründen. (So setzt z. B. *C. Schmitt*, a.a.O., S. 208/209 an die Stelle einer Begründung zahlreiche Zitate aus der verfas-

Repräsentation ist also — insgesamt gesehen — primär nicht mehr Vergegenwärtigung eines unsichtbaren Seins oder gar Interessen(stell)vertretung, sondern eine für jede Gruppe existenznotwendige Methode zur Bildung eines autonomen Willens, die dadurch gekennzeichnet ist, daß sich in einem vielfältig gestaffelten Prozeß Personen aus der Gruppe herauslösen, untereinander und zur Gruppe selbst in ein dialektisches Verhältnis treten und dadurch den diffusen Volks- sowie den eigenen Willen verbessern.

Zweites Kapitel

Das Wesen der Organschaft und ihre Beziehung zur Repräsentation

Ziel der vorliegenden Teiluntersuchung ist es, den Begriff des Organs und sodann — auf der Grundlage des vorstehenden Repräsentationsbegriffs — denjenigen des Repräsentativorgans herauszuarbeiten. Dabei stößt man schon deshalb sofort auf Schwierigkeiten, weil in einem, dem Begriff des Repräsentativorgans, zwei völlig heterogene Elemente, nämlich ein soziales und ein rechtstechnisches aufeinander bezogen sind. Gerade auf dieses außergewöhnliche Zusammenspiel von sozialer Repräsentation und rechtlicher Organschaft ist es m. E. zurückzuführen, daß bis heute über den Begriff des Repräsentativorgangs auch nicht annähernd Einigkeit erzielt worden ist. Je nachdem, unter welchem Einfluß geistesgeschichtlicher Strömungen man dachte, wurde entweder mehr die soziale oder mehr die rechtliche Seite des Begriffs betont. Hatte man zur Zeit der Französischen Revolution insoweit noch keine Schwierigkeiten, als der Begriff des Organs in den Rechts- und Sozialwissenschaften systematisch noch nicht verwandt wurde, so erfuhr der Begriff des Repräsentativorgans

---

sungsrechtlichen Literatur sowie Beispiele aus der Verfassungsgeschichte. Ähnlich verfährt *Leibholz*, a.a.O., S. 176, der die Publizität der R. aus ihrer ideellen Wertbezogenheit herleitet. Das wäre allenfalls noch dann angängig, wenn er für seine These, R. sei nur in einer spezifischen Wertsphäre möglich, eine Begründung gegeben hätte. Eine solche fehlt jedoch. Vgl. *Leibholz*, a.a.O., S. 31/32; auch *E. Gerber*, a.a.O., S. 9 ff.) Sie folgt ohne weiteres aus dem Begriff der R. als einer in den ständigen Dialog zwischen Volk (Gruppe) und Repräsentanten eingespannten dialektischen Prozesses. Da Partner dieses Vorganges auf der einen Seite das in der öffentlichen Meinung sich zu Wort meldende Volk, auf der anderen Seite der Repräsentant ist, der dieser öffentlichen Meinung auch nur öffentlich Rede und Antwort zu stehen imstande ist, kann sich R. ihrem Wesen nach nicht im Geheimen und unter vier Augen — wie C. Schmitt treffend bemerkt hat (*C. Schmitt*, a.a.O., S. 208) — abspielen, sondern nur im Rahmen der Öffentlichkeit.

unter dem Einfluß der historischen Schule eine organologisch-mystische[1], die Wirklichkeit übersteigernde und unter der Vorherrschaft des Positivismus eine rechtstechnische, der Wirklichkeit abgewandte Ausgestaltung[2]. In Abkehr von diesen Methoden versuchte man sich dann in den 20er Jahren auf den sozialwissenschaftlichen Gehalt der Repräsentation zurückzubesinnen[3]. Dabei verfiel man jedoch gleich ins andere Extrem und glaubte, den rechtlichen Teil aus dem Begriff Repräsentativorgan gänzlich verbannen zu müssen. Das Wort Organ wurde als störend, als den wahren Gehalt der Repräsentation verdeckend empfunden[4]. Seitdem hat die wissenschaftliche Diskussion bis in die 50er Jahre hinein geruht[5]. Soweit man sich heute überhaupt mit Organisationsrecht einerseits und sozialwissenschaftlicher Analyse der Repräsentation andererseits befaßt, ist man zu einer technisch-formalen Deutung zurückgekehrt. Der Walter eines repräsentativen Organs wird als Inhaber doppelter Organschaft, mithin als reines Rechtsphänomen, charakterisiert[6].

Dieser Sachverhalt läßt es angezeigt erscheinen, den Organbegriff in seiner traditionellen Fassung — vor allem hinsichtlich seines Verhältnisses zur juristischen Person und, was hiermit eng zusammenhängt, seiner Vereinbarkeit mit der Repräsentation — einer genauen und daher notwendigerweise auf die Anfänge zurückgehenden Analyse zu unterziehen[7]. Da die Diskussion um den Organbegriff ungefähr ein Vierteljahrhundert lang geruht und nach dem zweiten Weltkrieg überhaupt nur sporadisch Beachtung gefunden hat[8], bedarf es einer Rückbesinnung auf seine sach-

---

[1] Der Begriff des Repräsentativorgans, den *Gierke* wiederholt verwendet (Privatrecht, Bd. I, S. 510/511), bedeutet ihm nicht mehr als Organ schlechthin, das lediglich die Besonderheit besitzt, daß es „die Vielheit gegen die Einheit" vertritt (Deutsches Genossenschaftsrecht, Bd. I, S. 829).

[2] Vgl. statt aller *G. Jellinek* (Allg. Staatslehre, S. 566, 585), der unter einem Repräsentativorgan das Verhältnis zwischen einem primären (Volk) und einem sekundären Organ (Parlament) versteht. Ähnlich *Kelsen* (Allg. Staatslehre, S. 310, 316), für den R. Organschaft schlechthin bedeutet und der folglich Repräsentationsorgane als Organe, also etwas ausschließlich Rechtliches, begreift.

[3] Vgl. S. 24 ff.

[4] So *C. Schmitt*, Verfassungslehre, S. 213; *Leibholz*, Wesen, S. 135.

[5] Nach dem zweiten Weltkrieg zuerst wieder sporadisch aufgegriffen hat das Problem *Nawiasky*, Allg. Staatslehre III (1956), S. 69—75 und vorher schon: Allg. Rechtslehre (1948), S. 188—191.

[6] *Laun*, Allg. Staatslehre, S. 82, bezeichnet den Walter eines repräsentativen Organs als Inhaber einer doppelten Organschaft. Ebenso *Küchenhoff*, Allg. Staatslehre, S. 118.

[7] Treffend weist insoweit auch *v. Oertzen* (Die Bedeutung C. F. v. Gerbers für die deutsche Staatsrechtslehre, S. 183) darauf hin, daß „jedes Bemühen um die Grundlagen der Staatsrechtslehre und der Staatslehre ganz allgemein vor der Notwendigkeit (steht), sich mit den überlieferten Begriffen, Denkweisen und Problemstellungen auseinanderzusetzen".

[8] 1929 erschien *Wolffs* Schrift: Organschaft und juristische Person und erst 1948 und dann 1956 griff *Nawiasky* (vgl. Anm. 3 auf S. 65) die Diskussion

lichen und methodischen Grundlagen. Inzwischen verschüttete Argumentationen und Ausgangspunkte müssen, um auf ihnen aufbauen zu können und den eigenen Ansatzpunkt klar hervortreten zu lassen, neu aufgearbeitet werden — ein Vorhaben, daß am zweckmäßigsten in Form einer insbesondere die Berührungspunkte zwischen Repräsentation und Organschaft herausschälenden genetischen Untersuchung verwirklicht werden kann. Diese Methode erweist sich um so unentbehrlicher, als — und das sei schon hier angemerkt — der vom Verfasser zu erarbeitende Organbegriff in wesentlicher Hinsicht von den bisher herrschenden, das Zusammenspiel von Repräsentation und Organschaft nicht befriedigend erklärenden Theorien abweichen wird und daher nur eine den eigenen Erörterungen vorangestellte Begriffsgeschichte diesen Unterschied klar vor Augen zu führen und die innere Notwendigkeit der hier vertretenen Auffassung zu erweisen vermag.

A. Begriffsgeschichte

Die Begriffsgeschichte soll den Organbegriff und insbesondere denjenigen Aspekt des Organs herausarbeiten, in dem sein Verhältnis zum Staat zum Ausdruck gelangt. Überdies steht das Organ nach weitaus herrschender Auffassung nicht individualistisch neben dem Staat, sondern bildet einen Teil desselben. Aus diesen Überlegungen heraus wird es sich daher im folgenden nicht vermeiden lassen, den Staatsbegriff der einzelnen Autoren insoweit darzustellen, als er bereits die Prämissen für die begriffliche Fassung des Organs enthält. Je nachdem, ob man zwischen Staat und Organ eine organische, eine konstruktiv-rationale oder eine Einheit kraft Zurechnung annimmt, wird sich eine mehr oder weniger starke Abhängigkeit des Organbegriffs vom Staatsbegriff ergeben.

I. Identitätstheorien

1. Die Lehre von der Organschaft unter dem Einfluß des historisch-organischen Denkens (Organische Theorien)

a) Otto v. Gierke

Aufbauend auf dem „Volksleben" der Romantik und der Volksgeistlehre Hegels begreift Gierke[9] den Staat als ein aus Gliedern und Organen

---

wieder auf. Ihm folgten *Forsthoff* (Lehrbuch des Verwaltungsrechts, 1. Aufl., 1950), *Küchenhoff* (Allgemeine Staatslehre, 1. Aufl., 1950, S. 69 ff.) und *Laun* (Allg. Staatslehre, 1961, S. 79 ff.), die allerdings — wie Nawiasky — den Organbegriff nur ganz am Rande behandelten.

[9] Zu *Gierke: E. Wolff*, Rechtsdenker, S. 663 ff.; *Häfelin*, Rechtspersönlichkeit, S. 113 ff.; *Badura*, Methoden, S. 117 ff.; *Böckenförde*, Die deutsche verfassungs-

zusammengesetztes Ganzes[10], als eine leiblich-geistige Lebenseinheit[11], als ein wollendes und denkendes geistiges Ich, als einen „geistig-sittlichen Gesellschaftsorganismus“[12]. Er bringt „als selbständiges Lebewesen über dem Einzeldasein“ das von der Summe aller Bürger unterschiedene „Gattungsdasein zur Entfaltung“[13]. Er bezeichnet einen mit eigenem Bewußtseinszentrum[14] ausgestalteten Organismus[15], der mit der organischen Verbundenheit aller Bürger oder dem Volk als der zur „Person gewordenen höchsten Allgemeinheit“[16] identisch ist.

Der so als willens- und handlungsfähig[17] vorgestellte Organismus ist, obwohl er der Welt des Geistig-Sittlichen angehört[18], für Gierke tatsächlich vorhanden. Er bezeichnet eine reale Einheit und nicht, wie die Anhänger der Fiktionstheorie meinen, ein bloßes Begriffswesen. Entsprechend ist auch der Wille des Organismus ein der Rechtsordnung gegenüber präexistentes Phänomen, das unabhängig von ihr da ist. Der Organismus ist etwas dem Recht Vorgegebenes und wird als ein angeblich aus der Geschichts- und Wirklichkeitsbetrachtung durch Abstraktion gewonnener Begriff[19] nur noch vom Recht anerkannt.

Aus diesem Organismusbegriff Gierkes ergibt sich sein Organbegriff zwangsläufig. Da der Staat zwar eine unsichtbare, aber dennoch reale Lebenseinheit darstellt, bedarf er zur Verwirklichung seiner Zwecke natürlicher Personen, der Organe, „in deren Wollen und Handeln sich

---

geschichtliche Forschung, S. 92 ff., 147 ff.; *Nawiasky*, Staatslehre I, S. 18; *Krüger*, Staatslehre, S. 149; *Kelsen*, Hauptprobleme, S. 164, 166, 453; ders., Staatslehre, S. 267; *G. Jellinek*, System, S. 12; *Preuss*, Stellvertretung oder Organschaft, S. 435.

[10] *Gierke*, Grundbegriffe, S. 175, 321, 269, 306.

[11] *Gierke*, zit. nach *E. Wolf*, Rechtsdenker, S. 691.

[12] *Gierke*, Labands Staatsrecht, S. 53.

[13] *Gierke*, zit. nach *Wolf*, a.a.O., S .691; vgl. auch *Gierke*, Deutsches Privatrecht, Bd. I, S. 468.

[14] Das darf jedoch nicht im Sinne eines naturwissenschaftlich-biologischen Organismus mißverstanden werden. „Richtig verstanden sagt der Vergleich (des Staates mit einem Organismus) nichts weiter aus, als daß wir in dem gesellschaftlichen Körper eine Lebenseinheit eines aus Teilen bestehenden Ganzen erkennen, wie wir sie außerdem nur bei den natürlichen Lebewesen wahrnehmen. Wir vergessen nicht, daß hier ein geistiger Zusammenhang stattfindet, der durch psychisch motiviertes Handeln hergestellt und gestaltet, betätigt und gelöst wird, daß hier das Reich der Naturwissenschaft endet und das Reich der Geisteswissenschaft beginnt. Allein wir betrachten das soziale Ganze gleich dem Einzelorganismus als ein Lebendiges und ordnen die Gemeinwesen zusammen mit dem Einzelwesen dem Gattungsbegriff des Lebewesens unter.“ (*Gierke*, Das Wesen der menschlichen Verbände, S. 18.)

[15] *Gierke*, Genossenschaftsrecht IV, S. 310; ders., Grundbegriffe, S. 267 ff., bes. 283.

[16] *Gierke*, a.a.O., II, S. 831.

[17] *Gierke*, Genossenschaftstheorie, S. 605 ff.

[18] Vgl. Anm. 3; ferner *Wolf*, a.a.O., S. 690.

[19] Vgl. zum konstruktiv-gedanklichen Prozeß zur Auffindung dieser Organismusvorstellung: *Gierke*, Grundbegriffe, S. 71, 72.

verfassungsmäßig die unsichtbare Lebenseinheit der Gesamtperson manifestiert"[20]. Wesentlich kommt es nach der Anschauung Gierkes also darauf an, daß alle Staatsorgane als Glieder des Ganzen, als dessen integrierende und organische, d. h. lebendig mit dem Ganzen verbundene Bestandteile gesehen werden, die „innerhalb ihrer verfassungsmäßigen Funktion die Gesamtperson juristisch so darstellen, wie das Auge im Sehen oder die Hand im Schreiben den Menschen vertritt"[21] und nicht als außerhalb des Ganzen stehende selbständige Individuen, die nach Art des Stellvertreters für das Ganze Funktionen wahrnehmen[22]. Es besteht also zwischen Staat und Organ eine spezifisch organische Einheit, so daß es der Vorstellung, die eine Handlung einer natürlichen Person der hinter ihr stehenden juristischen Person zurechnet, d. h. auf sie überträgt, gar nicht erst bedarf[23].

Diese Charakterisierung des Organs ergibt schon, daß es sich nicht um ein Rechtsinstitut ausschließlich normativen Charakters handeln kann, sondern um eine natürliche Person, um eine „Organ- oder Gliedpersönlichkeit"[24], die, da sie keine in sich abgeschlossene Existenz besitzt, sondern eben nur Teil einer Gesamtheit ist, nicht Voll-, sondern nur Teilpersönlichkeit hat, in dieser Eigenschaft aber dennoch nicht der Rechtssubjektivität entbehrt. Ihre Kompetenzen, die Gierke als subjektive Rechte[25] deutet, sind nicht eigentlich ihre „eigenen", sondern die des Staates, weil sie dem Ganzen zu dienen bestimmt sind. Es ist also die Verwendung des substantiellen Zweckmomentes, die den Organismus mit seinen Organen verbindet und — im Gegensatz zur positivistischen Auffassung[26] — dem Begriff sein Gepräge gibt. Beim Gierkeschen Organbegriff handelt es sich demnach um den an einer unbewußt übersteigerten[27] Wirklichkeit orientierten Zweck- und Rechtsbegriff einer natürlichen Person „als des zu einer bestimmten Lebensfunktion verfassungsmäßig berufenen Gliedes einer Gesamtpersönlichkeit"[28].

---

[20] *Gierke*, Labands Staatsrecht, S. 42.

[21] *Gierke*, a.a.O., S. 43.

[22] Denn, so führt *Gierke* (Grundbegriffe, S. 125) aus, die „Einheit des Ganzen selbst, die unteilbare, gemeinheitliche Person ist es, welche sich als Lebewesen im Recht betätigt, sobald das verfassungsmäßig dazu berufene Organ verfassungsmäßig funktioniert".

[23] Denn „durch das verfassungsmäßig wollende und handelnde Organ will und handelt das Gemeinwesen (selbst), so daß in dem hiermit fixierten Umfange das Wollen und das Handeln des sichtbaren Körperschaftsmitgliedes sich juristisch schlechthin mit dem Wollen und Handeln der unsichtbaren Körperschaftspersönlichkeit" deckt. (*Gierke*, Labands Staatsrecht, S. 43.)

[24] *Gierke*, a.a.O., S. 32, 37, 43, 47.

[25] *Gierke*, Genossenschaftstheorie, S. 685, 171.

[26] Vgl. hierzu *Kelsen*, Hauptprobleme, S. 456.

[27] Übersteigert erscheint die Wirklichkeit insoweit, als an die Stelle einer zwar im Rahmen von Abstimmungen willensfähigen, sonst aber handlungsunfähigen einheitlich verbundenen Gruppe ein lebendiger, dem Menschen verwandter Organismus gesetzt wird.

[28] *Gierke*, Grundbegriffe, S. 125.

b) Hugo Preuss

Die von Beseler und Bähr begründete und von Gierke auf ihren Höhepunkt geführte Organismustheorie wurde von Preuss[29] aufgenommen und fortentwickelt. Auch ihm ist der Staat ein Organismus[30], eine reale Person[31] und als solche „Ausgangspunkt und Centralbegriff"[32] allen Staatsrechts. Er ist als „Gesamtpersönlichkeit die organische Einheit seiner Gliedpersonen"[33], der Organe, die nicht individualistisch nebeneinander stehen, sondern „organisch in- und übereinander"[34] gefügt sind. Sie stellen keine abstrakten Institutionen, keine Kompetenzen dar, sondern Individuen und — da vom Recht mit eigener Willensmacht ausgestattet[35] — Personen, und zwar unselbständige, d. h. Organpersonen[36] und als solche — ohne daß damit nach Ansicht von Preuss der Staat in eine Summe unzusammenhängender Persönlichkeiten zerrissen wird — Träger subjiktiver Rechte[37]. Neben ihnen bleibt aber Subjekt dieser Rechte immer auch noch der Staat[38]. Denn beide, Gesamt- und Organpersonen bilden ein organisches Gefüge miteinander, so daß Subjekt ein und desselben Rechts immer beide zusammen sind, die Gesamtperson Staat als selbständiges und die Organperson als unselbständiges Rechtssubjekt, als „organischer Teil dieser staatlichen Rechte"[39].

Als das für die begriffliche Fassung des Organs und Repräsentativorgans wichtigste Ergebnis festzuhalten bleibt, daß die historische Rechtsschule die Kompetenzen der Organe als subjektive Rechte deutet, daher folgerichtig deren Personqualität unterstellt und zwischen Organ-Individuum und Staat eine Einheit spezifisch-organischer Natur annimmt.

---

[29] Zu *Preuss: Kelsen*, a.a.O., S. 695 ff.; *C. Schmitt*, Hugo Preuss, bes. S. 9 ff.; *Häfelin*, Rechtspersönlichkeit, S. 118 ff.

[30] *Preuss*, Gemeinde, Staat, Reich, S. 146, 162, 174.

[31] *Preuss*, a.a.O., S. 147.

[32] *Preuss*, a.a.O., S. 147.

[33] *Preuss*, Über Organpersönlichkeit, S. 108; ders., Gemeinde, Staat, Reich, S. 156.

[34] *Preuss*, a.a.O., S. 171; ders., Über Organpersönlichkeit, S. 128.

[35] *Preuss*, a.a.O., S. 109.

[36] *Preuss*, a.a.O., S. 137; zur Persondefinition: *Preuss*, Gemeinde, Staat, Reich, S. 160.

[37] *Preuss*, Über Organpersönlichkeit, S. 137; ders., Gemeinde, Staat, Reich, S. 152.

[38] *Preuss*, Über Organpersönlichkeit, S. 137.

[39] *Preuss*, a.a.O., S. 137. Denn „darin liegt der wesentliche Unterschied der organischen von allen anderen Personentheorien, daß letztere immer nur unzusammenhängende Personenmehrheiten begreifen können, weil sie, bewußt oder unbewußt, am Bilde des physischen Individuums haften, in der Vielheit doch immer nur das unverbundene Nebeneinander von Einheiten sehen. Während es für die organische Theorie nicht nur das Entweder-Oder der Individualeinheit und der unverbundenen Vielheit gibt, sondern daneben das Sowohl-Als auch der zur organischen Einheit verbundenen Vielheit". (*Preuss*, Stellvertretung oder Organschaft, S. 453.) Vgl. hierzu die ausführliche Kritik bei *Kelsen*, Hauptprobleme, S. 696 ff.

Setzt man diese Organkonzeption mit der heute noch herrschenden, auf C. Schmitt und Leibholz aufbauenden Lehre von der Repräsentation in Beziehung, so ergibt sich ein heterogener Repräsentationsbegriff, in dem sich zwei Unterbegriffe vereinen, von denen der eine, die Repräsentation, auf Zweiheit und der andere, die Organschaft, auf Einheit beruht.

2. Die Lehre von der Organschaft unter dem Einfluß des Positivismus (Konstruktiv-rationale Theorien)

Sein Gepräge empfängt der Staats- und Organbegriff in der zweiten Hälfte des 19. Jahrhunderts durch den juristischen Positivismus[40]. Gegenstand seiner Bemühungen ist weniger organisch Gewachsenes (Organismustheorie) als vielmehr die juristische Konstruktion. Unter Eliminierung aller romantischen Gedankenformen und unter Ausschluß der der Rechtswissenschaft verwandten Disziplinen der Rechtsphilosophie, Geschichte und Soziologie versucht man sich auf die empirisch erarbeiteten, sauber analysierbaren und klassifizierbaren Rechtstatbestände zu beschränken.

a) C. F. von Gerber

An diesem Wendepunkt von der „sach- und zweckbezogenen Methode“[41] der organischen Staatslehre zum Positivismus steht Gerber[42]. In ihm vollzieht sich der Umschwung vom Historismus zur juristischen Konstruktion[43], was sein dualistischer Staatsbegriff aufs deutlichste demonstriert. Einerseits verbindet er den Staat zwar noch mit organizistischen Gedanken, verwendet aber andererseits für seine juristische Erfassung eine rein rechtliche Methode[44]. So ist ihm der Staat bei „natürlicher Betrachtung“[45] ein Organismus[46], „d. h. eine Gliederung, welche jedem Theile seine eigenthümliche Stellung zur Mitwirkung für den Gesamtzweck anweist“[47]. In ihm kommt das Volk „als sittlich geeintes Ganzes zur Anerkennung“[48].

---

[40] Zu den zeitgeschichtlichen und philosophischen Grundlagen sowie zur Methodik des Rechtspositivismus vgl.: *Kaufmann*, Über den Begriff des Organismus, S. 60 ff.; *Häfelin*, Rechtspersönlichkeit, S. 124 ff.; *Böckenförde*, Gesetz und gesetzgebende Gewalt, S. 211 ff.; *Badura*, Methoden, S. 133 ff.

[41] *Böckenförde*, a.a.O., S. 126.

[42] Zu *Gerber*: *Stintzing-Landsberg*, Geschichte der Deutschen Rechtswissenschaft, III, 2, S. 825 ff.; *Kaufmann*, a.a.O., S. 60 ff.; *Kelsen*, Hauptprobleme, S. 451; *Böckenförde*, a.a.O., S. 206; *Häfelin*, a.a.O., S. 131 ff.; *v. Oertzen*, Die Bedeutung C. F. v. Gerbers für die deutsche Staatsrechtslehre.

[43] *Kaufmann*, a.a.O., S. 60.

[44] *Gerber*, Grundzüge eines Systems des deutschen Staatsrechts, S. 221, 224, 231.

[45] *Gerber*, a.a.O., S. 1.

[46] *Gerber*, a.a.O., S. 1.

[47] *Gerber*, a.a.O., S. 1.

[48] *Gerber*, a.a.O., S. 1.

Dieser induktiv-empirisch aus der Wirklichkeit gewonnene Staatsbegriff wird, juristisch betrachtet, zur Persönlichkeit[49]. Die Staatspersönlichkeit ist keine „fremde und willkürliche Zutat"[50], sondern ist lediglich Ausdruck dessen, „was bereits thatsächlich in der natürlichen Anlage des Staates"[51], des Volkes[52] nämlich, vorhanden ist. Um sich und ihre Zwecke zu verwirklichen, um rechtlich in die Erscheinung zu treten[53], verfügt sie über eine einheitliche Staatsgewalt[54], deren Träger die Organe[55] sind. Schon in der Vorstellung des Staates als eines Organismus liege der Gedanke, daß er über gewisse Organe verfügen müsse, um durch deren Handeln den Willen seiner Persönlichkeit verwirklichen zu können[56]. Der Organwille *ist* also nicht mehr in dem mystischen Sinne organischer Staatsauffassung gleich dem Willen des Organismus; er *gilt*[57] vielmehr nur noch als Staatswille, er wird als dessen Wille angesehen. Den inneren Grund für diese Willensübertragung enthält nun der abstrakte Rechtssatz und nicht mehr das organische Eingefügtsein in einen realen Organismus. Denn erst dadurch wird eine natürliche Organwalterhandlung „zu einer juristischen Tatsache (d. h. zum Organ- und damit zum Staatswillen), daß sie als die Anwendung eines Rechtssatzes und als die Wirkung eines Rechtsinstituts ... gedacht wird, in dem sie ihre begriffliche Heimat findet"[58].

Es steht also nicht mehr das natürliche Individuum als (Teil-) Rechtspersönlichkeit, sondern vielmehr als dessen *institutionalisierter* Wille im Vordergrund. Unter bewußter Zurückdrängung des außerrechtlichen psychischen Substrats wird das Organ von nun an als Rechtsinstitut gedacht, für dessen Charakterisierung es nicht mehr so sehr auf das Organisch- Lebendige der organischen Staatslehre als vielmehr auf einen gedachten Normenkomplex ankommt. Damit ist der Grundstein gelegt

---

[49] *Gerber*, a.a.O., S. 1/2, 219.

[50] *Gerber*, a.a.O., S. 219.

[51] *Gerber*, a.a.O., S. 219.

[52] *Gerber*, a.a.O., S. 219/220. In diesem Zusammenhange weist Gerber darauf hin (a.a.O., S. 218), „daß die sog. organische und die rechtliche Staatsauffassung sich zueinander verhalten wie zwei Betrachtungen desselben Gegenstandes von verschiedenen Standpunkten aus. Jene will das Naturleben, die Physiologie, diese den ethisch-juristischen Inhalt des Staats bestimmen".

[53] *Gerber*, a.a.O., S. 72.

[54] Die *Gerber* (a.a.O., S. 19) als „die Willensmacht eines persönlich gedachten sittlichen Organismus" begreift.

[55] Als welche *Gerber* (a.a.O., S. 73) in den monarchischen Staaten Deutschlands den Monarchen und die Stände ansieht. Die übrigen herkömmlich als Organe bezeichneten Funktionseinheiten sind ihm Staatsdiener, d. h. Gehilfen des Monarchen.

[56] *Gerber*, a.a.O., S. 72/73.

[57] *Gerber*, a.a.O., S. 73: „Sein (des Monarchen) Wille soll als allgemeiner Wille, als Wille des Staates *gelten*."

[58] *Gerber*, Über öffentliche Rechte, S. 56, N. 2.

für die später von Laband und vor allem G. Jellinek getroffene scharfe Unterscheidung zwischen dem Organ als Normenkomplex und seinem Walter.

b) Paul Laband

Die von Gerber nur teilweise befolgte konstruktiv-rationale Methode wird von Laband[59] uneingeschränkt[60] angewandt und mit unvergleichlicher Prägnanz und Klarheit durchgeführt[61]. Während Gerber Staat und Organ sowohl unter organischen als auch konstruktiv-rationalen Gesichtspunkten betrachtete, richtet Laband seine staatsrechtliche Begriffsbildung ausschließlich an dieser bis heute maßgeblichen Methode aus.

Im Gegensatz zur historischen Rechtsschule wird nun der Begriff der Rechtspersönlichkeit eines Verbandes nicht mehr induktiv-empirisch aus der Betrachtung der Wirklichkeit, sondern vermittels rein „logischer Denktätigkeit“[62] gewonnen. Als Resultat dieser Deduktion kann daher auch kein realer Organismus, sondern nur noch ein gedachter Relationsbegriff erscheinen: Rechtspersönlichkeit und Rechtsfähigkeit fallen zusammen[63]. Die Rechtsfähigkeit, die ehemals nur ein Attribut der Rechtspersönlichkeit war, macht nunmehr deren gesamtes Wesen aus.

Diesem Personbegriff unterfällt als öffentlich-rechtliche Korporation[64] auch der Staat. Er bezeichnet eine rechts- *und* willensfähige Einheit[65], die zum natürlichen Substrat das Volk[66] hat. Gleichwohl existiert der personifizierte Staat wie jeder Rechtsbegriff nur in der Welt der Vorstellungen[67]. Er ist im Wege „logischer Abstraktion“[68], d. h. dadurch, daß man seine Mitglieder hinwegdenkt[69], gewonnen und duldet als „Grund-

---

[59] Zu *Laband: Gierke,* Labands Staatsrecht; *Voegelin,* Reine Rechtslehre und Staatslehre, S. 100—102; *Kelsen,* Hauptprobleme, S. 452; *Häfelin,* a.a.O., S. 133 ff.

[60] *Laband,* Das Staatsrecht des Deutschen Reiches, I. Bd., S. IX.

[61] *Stintzing-Landsberg,* a.a.O., S. 833, bezeichnet Laband als den „geistigen Testamentsvollstrecker Gerbers“. Sein umfassendes und grundlegendes Werk „Das Statsrecht des Deutschen Reiches“ stehe in unmittelbarer historischer und dogmatischer Kontinuität mit Waitz und Gerber.

[62] *Laband,* a.a.O., S. 90.

[63] *Laband,* a.a.O., S. 90.

[64] *Laband,* a.a.O., S. 52; ders., Reichsstaatsrecht, S. 59.

[65] *Laband,* Staatsrecht, S. 53; Reichsstaatsrecht, S. 19.

[66] *Laband,* Staatsrecht, S. 90 ff.

[67] *Laband,* a.a.O., S. 89 Anm. 1.

[68] *Laband,* a.a.O., S. 90.

[69] Obwohl *Laband* behauptet, den Begriff der Rechtspersönlichkeit im Wege „logischer Abstraktion“ (a.a.O., S. 90) gewonnen zu haben, kann man diesen Gedankenprozeß richtigerweise nur als Fiktion kennzeichnen. Denn um die Gesamtperson zu konstruieren, denkt auch Laband sich die natürlichen Individuen hinweg und setzt an ihre Stelle eine einheitliche Person (so *Laband,*

einheit, innerhalb derer es keine Vielheit"[70] gibt, auch nicht die organologische Zerlegung der staatlichen Rechtspersönlichkeit in eine Vielzahl von wiederum mit eigener Persönlichkeit ausgestatteten Organpersonen[71].

Um daher die Einheit und Selbständigkeit der Rechtspersönlichkeit des Staates als absoluter Größe zu gewährleisten, werden die Organe nicht als Rechtssubjekte, sondern als Institutionen[72] aufgefaßt, die von natürlichen Personen verwaltet[73] werden und kraft „ihrer Kompetenz"[74] die einheitliche Staatsgewalt, deren ausschließliches[75] Subjekt der Staat selbst ist[76], lediglich betätigen[77]. Immer also bleibt die Organgewalt Staatsgewalt[78]. Im Verhältnis zum Staate hat das Organ „nur etwa die Bedeutung wie ein Rad oder eine Schraube an einer Maschine"[79]. Die Organe sind „nur Apparate des Staates, mittels deren er seine Staatsgewalt ausübt"[80]. Zwischen Organ und Staatsperson besteht aber keine mechanisch-tatsächliche, sondern eine nur begriffliche Einheit"[81]. Denn das Organ ist nichts Reales, sondern als ein „durch das öffentliche Recht begrenzter Kreis von staatlichen Geschäften"[82], als reiner Rechtsbegriff also, nur in einer „Welt von Vorstellungen"[83] existent.

---

zit. nach *Preuss*, Gemeinde, Staat, Reich, S. 168), d. h. er fingiert. Darüber, daß der von Laband als Abstraktion bezeichnete Prozeß nur als Fiktion angesehen werden kann, vgl. die überzeugenden Argumente von *Preuss*, a.a.O., S. 168 und ders., Über Organpersönlichkeit, S. 107 ff.; ders., Stellvertretung oder Organschaft, S. 448 ff.

[70] *Laband*, Beiträge zur Dogmatik der Handelsgesellschaften, S. 495.

[71] *Laband*, a.a.O., S. 89 Anm. 1.

[72] *Laband*, a.a.O., S. 89 Anm. 1. Vgl. auch S. 339, wo Laband zwar ausdrücklich lediglich die Ämter und Behörden als Institutionen bezeichnet, einige Seiten später (a.a.O., S. 342) aber die Behörden, die er als personifizierte Ämter ansieht (a.a.O., S. 339), mit den Organen identifiziert. Was Laband für die Ämter und Behörden ausführt, gilt also sinngemäß auch für die Organe. Auch bei den einzelnen Staatsorganen, so z. B. auch hinsichtlich des Bundesrates, unterscheidet *Laband* (Reichsstaatsrecht, S. 64) scharf zwischen den Bundesratsmitgliedern und dem Bundesrat als Kompetenzkomplex. Daß Laband die Organe nicht als natürliche Personen auffassen kann, sondern als Institutionen begreifen muß, erhellt auch schon daraus, daß für ihn alle Rechtsbegriffe jeden natürlichen Substrats entbehren, also reine Gedankendinge sind (*Laband*, Staatsrecht, S. 89 Anm. 1).

[73] *Laband*, Staatsrecht, S. 339.

[74] *Laband*, a.a.O., S. 339.

[75] Vgl. hierzu die organische Staatslehre (S. 67 ff.), die neben dem staatlichen Organismus auch noch die Organe als Subjekte der einheitlichen Staatsgewalt ansah.

[76] *Laband*, a.a.O., S. 339.

[77] *Laband*, a.a.O., S. 339.

[78] *Laband*, a.a.O., S. 339.

[79] *Laband*, a.a.O., S. 340.

[80] *Laband*, a.a.O., S. 339.

[81] *Laband*, a.a.O., S. 215.

[82] *Laband*, a.a.O., S. 338.

[83] *Laband*, a.a.O., S. 89 Anm. 1.

c) Georg Jellinek

Während Laband als Rechtsdogmatiker den Organbegriff nur beiläufig — anhand „der Darstellung eines konkreten positiven Rechts"[84] — behandelt hat, widmete ihm Jellinek[85] umfangreiche und bis heute richtungweisende rechtstheoretische Untersuchungen. Um seine außerordentlich fundierten, auch heute noch anerkannten Erkenntnisse bei der Erarbeitung eines eigenen Organbegriffs kritisch würdigen zu können, bedarf es neben der Darstellung seiner konstruktiven Ergebnisse insbesondere einer Aufzeichnung derjenigen Erörterungen, mittels deren er diese gewinnt und insbesondere die Einheit zwischen Staat und Organ begründet.

Jellinek unterscheidet einen juristischen und einen soziologischen Staatsbegriff. Während jener mit der Summe seiner Organe identisch ist[86], bezeichnet dieser eine Personenmehrheit auf territorialer Grundlage[87]. Dieser Begriff der Personenmehrheit ist induktiv aus der Erfahrung[88] gewonnen und wird erst im Wege einer sich im Bewußtsein vollziehenden teleologischen Synthese[89] zur Zweckeinheit[90]. Diese nur gedanklich existente, aber dennoch dem soziologischen Staatsbegriff zugerechnete Einheit[91] bedarf zur Verfolgung ihrer Interessen eines eigenen Willens[92]. Da aber aller Wille nur menschlicher Wille[93] sein kann, müssen die natürlichen Willensakte der Bürger (Organwalter), um als Verbandswille begriffen werden zu können, zu jenem abstrakten Gedankending „Personeneinheit" irgendwie in Beziehung gesetzt werden. Das kann nach Jellinek weder durch eine Fiktion noch im Wege normativer Zurechnung[94], sondern allein durch Abstraktion erreicht werden. Diese Kennzeichnung weist indes weniger auf ein vereinfachendes, weglassendes, in Wahrheit abstrahierendes als auf ein „praktisches Denken"[95] hin, worunter Jellinek ein teleologisches Denken[96] versteht, das nicht der Sollens-, sondern der

---

[84] *Laband*, a.a.O., S. 89 Anm. 1.

[85] Zu *Jellinek*: *Sander*, Staat und Recht, S. 662 ff.; *Zorn*, Die Entwicklung der Staatsrechtswissenschaft seit 1866, S. 75; *Wolff*, Organschaft I, S. 41 ff.; *Lenz*, Politisches Staatsrecht; *Kelsen*, Hauptprobleme, S. 452; *Häfelin*, Rechtspersönlichkeit, S. 136 ff. und die dort angegebene Literatur; *Badura*, Methoden, S. 205 ff.

[86] *Jellinek*, Staatslehre, S. 560; ders., System, S. 225.

[87] *Jellinek*, System, S. 21.

[88] *Jellinek*, Staatslehre, S. 36 ff., 140.

[89] *Jellinek*, System, S. 21 ff., 24; ders., Staatslehre, S. 170, 181.

[90] *Jellinek*, System, S. 26.

[91] Vgl. hierzu die scharfsinnige Kritik des Jellinekschen Staatsbegriffs bei *Wolff*, Organschaft I, S. 41 ff.

[92] *Jellinek*, System, S. 29.

[93] *Jellinek*, a.a.O., S. 29.

[94] *Jellinek*, a.a.O., S. 29/30.

[95] *Jellinek*, a.a.O., S. 29.

[96] *Jellinek*, a.a.O., S. 22, 23, 26.

Seinssphäre angehört[97] und kraft dessen sich irgendwelche Vielheiten, sofern sie nur unter einem ganz bestimmten Zweck erfaßt werden, als Einheiten darstellen[98]. Mit dieser Betrachtungsweise, die ihm denknotwendig[99] erscheint, faßt er aber nicht nur objektiv getrennte Personen zur Einheit zusammen, sondern bezieht auch die Vielzahl natürlicher (Organwalter-) Willensakte, weil sie ja alle durch *einen*, nämlich den Verbandszweck zusammengefaßt seien[100], auf die geeinte Vielheit[101]. Hierdurch wird das wollende Individuum zum „Willensorgan der Einheit"[102]. Es vertritt nun nicht mehr die Einheit als natürliches Individuum[103], sondern ist „die wollende Gemeinschaft selbst" und damit „integrierender *Bestandteil* der Einheit"[104]. Diese teleologische Willenseinheit wird, da von der Rechtsordnung mit eigenen Rechten und Pflichten ausgestattet, zur Staatsperson, der „wie allen Rechtsbegriffen in der Welt der Tatsachen nichts objektiv Wahrnehmbares entspricht"[105], „die überhaupt kein Sein, sondern eine Relation von einem Subjekt zu anderen und zur Rechtsordnung"[106] ist.

Der von Jellinek im Wege gedanklicher Synthese gewonnene Begriff des Organs bezeichnet — genau so wie sein Staatsbegriff — nichts Reales, sondern ein subjektives Phänomen, „das nur in unserer Vorstellung sich vollzieht, ohne daß ihm in der Welt des Seins oder des Geschehens etwas entspräche"[107]. Das Organ ist eine — nur im subjektiven Urteil des Erkennenden existente — Teilinstitution[108] der Gesamtinstitution Staat, die von einem Organwalter[109] getragen wird. Ihm obliegt die Versorgung dieser Kompetenzkomplexe mit menschlichem Willen, der, sobald er zuständigkeitsgemäß[110] ausgesprochen und dadurch auf die Erreichung

---

[97] Desgl. *Wolff*, a.a.O., S. 43.

[98] *Jellinek*, a.a.O., S. 22/23, 26.

[99] *Jellinek*, a.a.O., S. 30.

[100] *Jellinek*, a.a.O., S. 30.

[101] „Kraft der Synthese", mit der Jellinek Vielheiten von Individuen überall dort zusammenfaßt, wo diese durch einen Zweck geeint sind, „erlangen diese (die zahlreichen Willens-)Verhältnisse selbst eine doppelte Qualifikation. Die natürlichen, in den Individuen sich abspielenden Willensvorgänge werden nämlich von unserem *Denken* zugleich auf die Verbandseinheit selbst bezogen ... Ist die Synthese der menschlichen Vielheit zur Zweckeinheit logisch notwendig, so ist nicht minder die Beziehung des Organwillens auf die Verbandseinheit, die Zurechenbarkeit jenes zu dieser logisch geboten" (Staatslehre, S. 181).

[102] *Jellinek*, System, S. 30.

[103] Da sonst die einheitliche Staatspersönlichkeit zerrissen würde (*Jellinek*, System, S. 147, 224 ff.; ders., Staatslehre, S. 559 ff.).

[104] *Jellinek*, System, S. 30; ders., Staatslehre, S. 560.

[105] *Jellinek*, Staatslehre, S. 183; ders., System, S. 17.

[106] *Jellinek*, System, S. 28; ders., Staatslehre, S. 169/170.

[107] *Jellinek*, System, S. 21/22.

[108] *Jellinek*, Staatslehre, S. 560/561.

[109] *Jellinek*, a.a.O., S. 559/560; ders., System, S. 25, 30, 225, 239.

[110] *Jellinek*, Staatslehre, S. 560.

der Gemeinschaftszwecke ausgerichtet ist, kraft teleologischer Synthese als Organ- und damit zugleich als Staatswille[111] zu begreifen ist.

Obwohl damit die von Gierke begründete Auffassung einer zwischen Staatsperson und Organ bestehenden Einheit äußerlich beibehalten wird, hat sich der von Jellinek auf seine Höhe geführte Positivismus doch der Sache nach denkbar weit von ihr entfernt[112]. Hatte Gierke das Organ noch mit dem natürlichen Individuum identifiziert und einer höheren Einheit, dem Organismus, organisch eingefügt und dadurch den Staatswillen gefunden, so wird dieser gesamte Willensbildungsprozeß nun vom Menschen (Organwalter) gelöst und in die Sphäre des ausschließlich Gedanklichen transformiert: Der tatsächlich wollende Organismus wird durch einen nur gedachten Staats- und Organwillen ersetzt.

3. Die Lehre von der Organschaft in ihrer extrem positivistischen Ausgestaltung durch die Wiener Rechtsschule (Zurechnungstheorien)

Der Versuch Gerbers, Labands und Jellineks, ein System allgemeingültiger Rechtsbegriffe aufzustellen sowie ihr Streben nach reiner Rechtlichkeit findet in Kelsen, dem Begründer der Wiener Rechtsschule, seinen Höhepunkt. Seine Lehre zeichnet sich durch eine nie zuvor erreichte Eliminierung aller den Rechtsbegriffen immanenten tatsächlichen Substrate aus. Mit seiner an der neukantianischen Rechtsphilosophie orientierten, von aller „Metaphysik und Mystik"[113] befreiten Methode reiner Rechtlichkeit versucht er, das Recht von allen kausalgesetzlichen Tatsächlichkeiten zu lösen und es in seiner reinen Normativität zu erkennen. Diese Methodenreinheit führt Kelsen zu der Konsequenz, daß „die Erkenntnisrichtung den Erkenntnisgegenstand bestimmt, der Erkenntnisgegenstand aus seinem Ursprung logisch erzeugt wird, daß der Staat (und seine Organe), sofern sie Gegenstand juristischer Erkenntnis sind, nur Recht sein können, weil juristisch erkennen oder rechtlich begreifen nichts anderes bedeutet, als etwas als Recht begreifen"[114]. Diese Auflösung des Rechts in nur noch gedachte Beziehungen gibt insbesondere dem Verhältnis von Staat und Organ sein Gepräge.

a) Hans Kelsen

Der Organbegriff Kelsens[115] hängt aufs allerengste und in einem der organischen und anorganischen Staatslehre gegenüber noch verstärk-

---

[111] *Jellinek*, System, S. 30.

[112] Das stellt auch *Jellinek* selbst mit besonderem Nachdruck heraus (System, S. 37).

[113] *Kelsen*, Rechtslehre, S. 289.

[114] *Kelsen*, Hauptprobleme, S. XVII; ders., Souveränität, S. 12, 46 Anm. 1.

[115] Zu *Kelsen:* Häfelin, Rechtspersönlichkeit, S. 186; *Jerusalem*, Die Staatslehre Hans Kelsens, S. 668 ff.; *Voegelin*, Reine Rechtslehre und Staatslehre,

ten Maße mit seinem Staatsbegriff selbst zusammen. Sind doch die Staatsorgane nicht nur integrierende Bestandteile des Staates[116], sondern auch Erzeuger derjenigen Rechtsordnung[117], mit der der Staat identifiziert wird. Den Staatsorganen obliegt also eine Rechtserzeugungsfunktion. Sie sind damit Funktionsbegriffe. Dieser Umstand zwingt zu einer Vergegenwärtigung Kelsen'scher Rechtsfunktionen. Denn sie bestimmen Inhalt und Umfang des Organbegriffs.

Kelsen unterscheidet Rechtserzeugungs-, Rechtsanwendungs- und Rechtsbefolgungsfunktion. Was die Normschöpfung betrifft, so wird das Ergebnis dieses Prozesses, die staatliche Rechtsordnung, nach Kelsen nicht nur von den in der Verfassung bestimmten Gesetzgebungskörperschaften begründet, sondern sie erfolgt in einem stufenweise gestaffelten Prozeß, an dem als Funktionsvollzieher nicht nur die auch nach traditioneller Lehre als Gesetzgebungsorgane bezeichneten Kollegien wie die verfassungsgebende Versammlung und das Parlament beteiligt sind. Hinzu kommen vielmehr — und hierin besteht die Eigenart der Kelsen'schen Konzeption — nicht nur Rechtsprechung und Verwaltung[118], sondern auch „Privat"personen[119], die Verträge schließen, Klage erheben, Berufung und Beschwerde einlegen[120]. Alle diese Personen stehen in einem von unten nach oben sich verjüngenden Stufenbau, in einem Über- und Unterordnungsverhältnis[121]. An der Spitze steht die hypothetische, d. h. gedanklich vorausgesetzte, nicht positive Grundnorm. Hierauf beruht die Verfassung, die den einfachen Gesetzgeber ermächtigt. Die von diesem erlassenen Gesetze setzen wiederum den Rahmen für Rechtsprechung[122], Verwaltung[123] und die Verhaltensweisen der übrigen Rechtsunterworfenen, d. h. der Untertanen[124].

Jede in dieser Hierarchie stehende Person befindet sich in einem „vom Generellen und Abstrakten zum Individuellen"[125] verlaufenden „Durch-

---

S. 84; *Schornstein*, Organpersönlichkeit, S. 33 ff.; speziell zum Staatsbegriff überhaupt: *Lenz*, Politisches Staatsrecht, S. 22 ff.; *Sander*, Staat und Recht, S. 1114 ff.; *Somlo*, Juristische Grundlehre, S. 24—26; *Larenz*, Rechts- und Staatsphilosophie, S. 39 ff.; *Nawiasky*, Staatslehre I, S. 158 ff.; *Badura*, Methoden, S. 148.

[116] *Kelsen*, Rechtslehre, S. 289.

[117] *Kelsen*, a.a.O., S. 157, 296.

[118] *Kelsen*, Staatslehre, S. 236; ders., Rechtslehre, S. 267.

[119] In Anführungszeichen gesetzt, weil auf Grund der Kelsen'schen Rechtslehre ein Unterschied zwischen privatem und öffentlichem Recht nicht besteht (Staatslehre, S. 80 ff., 241).

[120] *Kelsen*, Rechtslehre, S. 157.

[121] *Kelsen*, Staatslehre, S. 262.

[122] *Kelsen*, Rechtslehre, S. 242.

[123] *Kelsen*, Rechtslehre, S. 240, 267.

[124] „Das Wort Untertanen ist hier lediglich als sehr praktische Sammelbezeichnung für alle Rechtssubjekte mit Ausnahme des Staates gebraucht (*Kelsen*, Hauptprobleme, S. 205).

gangsstadium"[126] ständiger Rechtserzeugung, die „mit der Errichtung der Verfassung beginnt, über Gesetzgebung und Gewohnheit zur richterlichen Entscheidung und von dieser zur Vollstreckung der Sanktion führt"[127]. Dieser Vorgang kontinuierlicher Rechtsschöpfung ist aber immer zugleich Rechtsanwendung. Denn in jedem neu gesetzten Rechtsakt liegt auch immer die Anwendung einer höheren Norm, die Umfang und Inhalt dieser neuen Norm bestimmt[128].

Von diesen beiden Funktionen ist die dritte und letzte, die Rechtsbefolgungsfunktion, zu unterscheiden. Während auf Grund der ersten beiden neue Rechtsnormen geschaffen werden, besteht die Rechtsbefolgung in einem Verhalten, an dessen Gegenteil die Rechtsordnung den Zwangsakt der Sanktion knüpft[129]. „Es ist vor allem das die Sanktion vermeidende Verhalten, die Erfüllung der durch die Sanktion konstituierten Rechtspflicht"[130], die von der Rechtsbefolgungsfunktion erfaßt wird.

Aus den so erkannten drei Rechtsfunktionen läßt sich der Organbegriff ableiten. Organ ist demnach jede „Funktionseinheit", die staatliche Ordnung schafft[131] und sie verwirklicht, d. h. ihre Normen anwendet[132], sowie jedes Individuum, das die durch die Rechtsordnung konstituierten Pflichten, an die Sanktionen geknüpft sind, befolgt[133]. Dieser Rechtsorganbegriff stellt, da er immer ein oder mehrere der drei Rechtsfunktionen beinhaltet, einen dynamischen Funktionsbegriff[134] dar. Er ist also an staatlichen Funktionen und nicht an der statischen Struktur staatlicher Aufgabenträger noch an natürlichen Personen orientiert. Im Gegensatz zur organischen Staatslehre, die beim Organ nur die natürliche Person im Auge hatte und zur anorganischen Lehre, insbesondere G. Jellinek, die eine Trennung zwischen dem Organträger und seinem normativen Zuständigkeitskomplex, dem Organ, vornahm, versteht Kelsen unter einem Organ nicht das eine der drei Rechtsfunktionen ausübende Subjekt, d. h. die sittliche Persönlichkeit, den Menschen, sondern einen stufenweise geregelten *Tatbestand*[135], ein von der Ordnung normiertes *Objekt* der Norm-

---

[125] *Kelsen*, Rechtslehre, S. 242.

[126] *Kelsen*, Rechtslehre, S. 242.

[127] *Kelsen*, Rechtslehre, S. 242.

[128] *Kelsen*, Rechtslehre, S. 240, 267.

[129] *Kelsen*, a.a.O., S. 242, 298.

[130] *Kelsen*, a.a.O., S. 242.

[131] „Staatsorgan im Sinne eines die staatliche Ordnung schaffenden Werkzeuges ist somit der durch die Norm höherer Stufe bestimmte Setzer der Norm niederer Stufe" (*Kelsen*, Staatslehre, S. 262).

[132] Die Rechtsanwendungs- kann mit der Rechtserzeugungsfunktion zusammenfallen, muß es aber nicht, was z. B. dann der Fall ist, wenn es sich um die Vollstreckung reiner Zwangsakte handelt (*Kelsen*, Rechtslehre, S. 240).

[133] *Kelsen*, Rechtslehre, S. 155, 242, 298.

[134] *Kelsen*, Staatslehre, S. 262, 270.

[135] *Kelsen*, Staatslehre, S. 265; ders., Rechtslehre, S. 155.

erzeugung[136]. „Die Auflösung der im Begriff des Staatsorgans liegenden Personifikation, die Einsicht, daß mit diesem Begriff, der durch das Recht geregelte, somit den Inhalt einer Rechtsnorm bildende Tatbestand der Rechtserzeugung gemeint ist, bewahrt vor der mit jeder Personifikation verbundenen Gefahr einer irreführenden Verdoppelung, vor der gar nicht seltenen Anschauung, als ob Staat und Staatsorgan zwei verschiedene Wesenheiten seien, jener eine juristisch fiktive Einheit, dieses ein realer Mensch, deren gegenseitiges Verhältnis dann nicht ohne Widerspruch bestimmt werden kann[137]."

Von diesem dynamischen, formalen Rechtswesensbegriff des Organs im weitesten Sinne ist ein engerer Rechtsinhaltsbegriff des Organs zu unterscheiden, der an der „persönlichen Qualifikation des die Organfunktion Vollziehenden"[138] orientiert ist. Das Charakteristikum, das diesen von jenem weiten Organbegriff abhebt, besteht in gewissen, zwar nicht festen und allgemein gültigen[139], aber mehr oder weniger typischen Merkmalen[140], wie Pflichtmäßigkeit der Funktion, Verantwortlichkeit, Entgelt, Berufung oder Wahl sowie berufsmäßige Ausübung der Tätigkeit, „deren prinzipielle Voraussetzung die Arbeitsteiligkeit der Funktion"[141] ist. Von einem Staatsorgan im engeren Sinne kann daher nur dann gesprochen werden, „wenn (eine der drei Rechtsfunktionen) von einem der Rechtsordnung gemäß hierzu berufenen, arbeitsteilig funktionierenden Individuum geleistet wird oder — was dasselbe bedeutet — daß ein Individuum als Organ des Staates nur dann angesehen wird, wenn es in einem von der Rechtsordnung bestimmten Verfahren zur Leistung dieser Funktion berufen ist"[142]. Es handelt sich also auch bei diesem engeren Organbegriff nach wie vor um einen Funktionsbegriff, dessen Besonderheit nur darin besteht, daß die Funktionen infolge persönlicher[143] Merkmale eine starke Intensivierung[144] erfahren haben. Sachlich unterfällt diesem Organbegriff — wie sich aus den vorstehenden Kriterien ergibt — daher der gesamte „beamtete"[145] Staatsapparat und die herkömmlicherweise als Repräsentanten bezeichneten, unabhängig entscheidenden Individuen wie Parlamente und Regierungen.

---

[136] *Kelsen,* Staatslehre, S. 265.
[137] *Kelsen,* a.a.O., S. 265.
[138] *Kelsen,* a.a.O., S. 270.
[139] *Kelsen,* a.a.O., S. 271.
[140] *Kelsen,* a.a.O., S. 271.
[141] *Kelsen,* a.a.O., S. 270/271.
[142] *Kelsen,* Rechtslehre, S. 295, 299 ff.
[143] Hierdurch gelangen keine personalen, natürlichen Elemente in den Organbegriff. „Persönliche Merkmale" will nur besagen, daß alle diese Kriterien normativiert sind, d. h. als im Rechtssatz beschriebene Erscheinungen des die Rechtsfunktion ausübenden Organs gelten.
[144] *Kelsen,* Staatslehre, S. 271.
[145] Hierunter fallen nach *Kelsen* auch die normalerweise als Repräsentanten bezeichneten Individuen (Staatslehre, S. 271; ders., Rechtslehre, S. 301).

Die Funktionen dieser arbeitsteilig funktionierenden Organe werden, um sie als *Staats*organe begreifen zu können, auf den mit der Rechtsordnung identischen Staat bezogen. Durch diese Zentrierung aller Organfunktionen im engeren Sinne wird der Staat zum Beziehungsendpunkt, zur „Personifikation der souveränen (Teil-) Rechtsordnung"[146] und damit zum Inhaber eines Willens, des Staatswillens[147]. Diesem Staats- und Organbegriff im engeren Sinne (Rechtsinhaltsbegriff)[148] entspricht ein weiterer Staatsbegriff (Rechtswesensbegriff)[149], der als die Personifikation der Totalrechtsordnung sämtliche Rechtsorgane umfaßt. Sein Wille entsteht ebenfalls durch Zuschreibung. Er ist das Beziehungsziel für alle von den Staatsorganen im weiteren Sinne gesetzten Handlungen und damit ebenfalls Endpunkt rechtlicher Zuschreibung.

Der Charakter dieses Zuschreibungsverhältnisses kann ein doppelter sein. Entweder ist das Staatsorgan End- oder Durchgangspunkt rechtlicher Zuschreibung. Darüber, welche Alternative zutrifft, entscheidet der Rechtssatz. Kelsen unterscheidet hinsichtlich der Stellung der Staatsorgane zwischen zwei Gruppen von Rechtssätzen[150]: solche, die den Willen und damit die Rechtspflicht des Staates zu einer bestimmten Tätigkeit (z. B. Übeltäter zu verfolgen, Straßen zu bauen usw.) statuieren und — da aus diesen Rechtssätzen noch keineswegs die Pflicht der Staatsorgane, tätig zu werden, folgt — solche, die gewährleisten, daß die Staatsorgane diese Rechtspflichten des Staates ausführen, die Disziplinarrechtssätze. Hinsichtlich dieser Normen ist das Staatsorgan nicht Objekt, sondern Subjekt, Endpunkt rechtlicher Zuschreibung, Person also[151]. Denn insoweit werden unmittelbar rechtstechnisch endgültige Rechte und Pflichten für es selbst begründet. Für die erste Gruppe von Rechtssätzen, die die Rechte und Pflichten des *Staates*[152] festlegen, die das Staatsorgan zu realisieren hat, kommt dieses dagegen nicht als Rechtssubjekt in Betracht[153]. Denn der Rechtsordnung zufolge sollen diese Rechtsfunktionen nicht den Staatsorganen, sondern dem Staate zugeschrieben werden. Es ist nur Durchgangs-

---

[146] *Kelsen*, Souveränität, S. 68 ff.; ders., Rechtslehre, S. 193 ff.; ders., Staatsbegriff, S. 133—135; ders., Staatslehre, S. 71.

[147] Da aber der Staat als personifizierte Teilrechtsordnung, als Behördenapparat wiederum Bestandteil (vgl. auch *Nawiasky*, Staatslehre I, S. 164) des Staates als der Personifikation der Totalrechtsordnung ist, werden die Handlungen der beamteten Staatsorgane letztlich dem Staat im weitesten Sinne als der personifizierten Totalrechtsordnung zugerechnet (*Kelsen*, Hauptprobleme, S. 527 ff.).

[148] *Kelsen*, Staatslehre, S. 270 ff.

[149] *Kelsen*, a.a.O., S. 262 ff.

[150] *Kelsen*, Hauptprobleme, S. 527/528; vgl. auch *Schornstein*, Organpersönlichkeit und Organkompetenz, S. 33 ff.

[151] *Kelsen*, Hauptprobleme, S. 528.

[152] *Kelsen*, a.a.O., S. 527.

[153] *Kelsen*, a.a.O., S. 528.

punkt rechtlicher Zuschreibung, objektiver Tatbestand[154] und kommt daher für die juristische Konstruktion als physisch handelnde Person nicht mehr in Betracht[155].

Da also für Kelsen das Staatsorgan (hinsichtlich der ersten Gruppe von Rechtssätzen) nicht Subjekt, sondern Objekt staatlicher Normsetzung, Tatbestand ist, kann es auch kein Rechtsverhältnis zwischen dem Staat und seinen Organen geben. „Es gibt nicht einen Staat und ein ihm gegenüberstehendes Staatsorgan, zwischen denen irgendein Verhältnis möglich wäre, der Staat ‚ist' nicht neben, sondern nur in ‚seinen' Staatsorganen, ist nur die Einheit der Organfunktionen"[156], des normerzeugenden Tatbestandes.

Der Kelsensche Organbegriff steht damit in eklatantem Gegensatz sowohl zum organischen als auch zum konstruktiv-rationalen Organbegriff. Denn Kelsen leugnet nicht nur die von der organischen Staatslehre behauptete Persönlichkeit[157] der Staatsorgane, sondern verwirft auch die von Gerber, Laband und G. Jellinek eingeführte Unterscheidung zwischen dem Organ und seinem Walter[158]. Dennoch — wenn auch in einem ganz verschiedenen Sinne — gleicht ihnen Kelsens Lehre insoweit, als alle Organ und Staat als Einheit betrachten.

b) *Die Nachfolger Kelsens, insbesondere Adolf Merkl*

Unter den Nachfolgern Kelsens, den Anhängern[159] der sog. Wiener Rechtsschule, ist es neben W. Henrichs[160] und Fritz Sander[161] vor allem Adolf Merkl[162] gewesen, der sich eingehender mit dem Organbegriff aus-

---

[154] *Kelsen*, Staatslehre, S. 265.

[155] *Kelsen*, a.a.O., S. 265; ders., Hauptprobleme, S. 184. „Denn im Verhältnis zu einem Rechtssatz Persönlichkeit sein — und nur im Verhältnis zum Rechtssatz kann man Person sein — heißt Endpunkt der Zurechnung sein." (*Kelsen*, Hauptprobleme, S. 528.)

[156] *Kelsen*, Staatslehre, S. 271.

[157] Zwar kennt, wie zuvor gezeigt, auch Kelsen eine Organpersönlichkeit. Da eine solche jedoch nur hinsichtlich der Disziplinarrechtssätze und dazu noch in einem von der organischen Staatslehre grundverschiedenen Sinne angenommen wurde, umspannt sie nur einen relativ kleinen Ausschnitt des Organproblems. Soweit die Organe den Staatswillen bilden, d. h. die Rechte und Pflichten des Staates realisieren, sind sie keine Person — und da hierin die Problematik liegt, die in der Staatsrechtslehre vor allem, wenn auch nicht ausschließlich erörtert worden ist, kann man sagen, Kelsen leugne die Persönlichkeit der Staatsorgane.

[158] *Kelsen*, Hauptprobleme, S. 522 ff.

[159] Neben den nachstehend genannten Autoren sind der Wiener Rechtsschule vor allem noch zuzurechnen: Alfred Verdross und Fritz Schreier. Vgl. zu diesen Autoren *Häfelin*, Rechtspersönlichkeit, S. 200 ff.

[160] *Henrichs*, Theorie des Staatsgebietes, S. 51 ff.

[161] *Sander*, Staat und Recht.

[162] Zu *Merkl*: *Nawiasky*, Staatslehre I, S. 165 ff.; *Häfelin*, a.a.O., S. 200 ff.

einandergesetzt hat. Obwohl er sich grundsätzlich zu Kelsens Reiner Rechtslehre bekannte[163], weicht er doch in der Konstruktion seines Staats- und Organbegriffs, wenn auch nicht prinzipiell, so doch in der Ausgestaltung von Kelsen ab. Hatte dieser den Begriff der Staatsperson noch mit der Totalrechtsordnung identifiziert, so zeigt sich bei Merkl bereits eine Lockerung von Rechts- und Staatsbegriff. Staat im Rechtssinne ist ihm eine qualifizierte Organisation, die Rechtsorganisation nämlich, d. h. der Inbegriff der Organe, die der Verwirklichung der Rechtsordnung zu dienen bestimmt sind[164]. „Durch diese Auffassung wird der Staat allerdings nicht mit dem Recht identifiziert, aber doch mit dem Recht in einen notwendigen Zusammenhang gebracht“[165], weil ja alle Organe in einer formalen Beziehung zum Rechtssatz, zur Teil- oder Gesamtrechtsordnung stehen und damit Rechtsfunktionen[166] ausüben, die — ganz im Einklang mit der den Relationscharakter aller Rechtsbegriffe betonenden dynamisch-funktionellen Auffassung Kelsens[167] — dem Staate zugerechnet, d. h. als die seinigen angesehen werden. Staatsorgan bedeutet also ganz im Sinne Kelsens Rechtsorgan oder genauer: Rechtsfunktionsorgan[168].

Die zweite Besonderheit, die die Merklsche Organkonzeption von der Kelsens abhebt, liegt darin, daß er von dem „der gesamten Rechtsordnung korrespondierenden“[169] Rechtswesensbegriff des Staates noch zwei weitere konzentrische[170] Rechtsinhaltsbegriffe des Staates und damit auch Staatsorganbegriffe unterscheidet. Während er unter „Staat im engeren Sinne ... einen von einem zentralen, aus rechtlich geregelten Einnahmequellen gespeisten Fonds in Funktion erhaltenen Organkomplex“[171] versteht, umfaßt der Staat im „engsten Sinne“[172] des Wortes nur noch die von den Selbstverwaltungskörpern unterschiedene zentrale Teilorganisation. Werden dem Staat als Rechtswesensbegriff die Funktionen sämtlicher Rechtsorgane zugerechnet, so werden dem zweiten engeren Staatsbegriff die verhältnismäßig schon stark reduzierten, durch zentrale Kostenaufbringung gekennzeichneten Organfunktionen[173] und dem dritten engsten Staatsbegriff schließlich nur noch die Funktionen der zentralen Organe[174] zugeschrieben.

---

[163] *Merkl*, Allgemeines Verwaltungsrecht, S. 290; *Häfelin*, a.a.O., S. 200 ff.
[164] *Merkl*, a.a.O., S. 291.
[165] *Merkl*, a.a.O., S. 291.
[166] *Merkl*, a.a.O., S. 291, 293.
[167] *Merkl*, a.a.O., S. 48 ff., 290 ff.
[168] *Merkl*, a.a.O., S. 291.
[169] *Merkl*, a.a.O., S. 294.
[170] *Merkl*, a.a.O., S. 293.
[171] *Merkl*, a.a.O., S. 295.
[172] *Merkl*, a.a.O., S. 304.
[173] *Merkl*, a.a.O., S. 297.
[174] *Merkl*, a.a.O., S. 305.

c) *Hans Julius Wolff*

Die Einordnung Wolffs[175] unter die Anhänger der Reinen Rechtslehre erscheint auf den ersten Blick befremdlich. Ist doch Wolff derjenige Rechtstheoretiker, der im Anschluß an die anorganische Staatslehre, insbesondere diejenige Georg Jellineks, den Begriff des Organs — abweichend von Kelsen und seiner Schule — säuberlich von dem des Organwalters getrennt und beiden Begriffen ihre bisher prägnanteste und durchgebildetste Form verliehen hat[176]. Ferner verbindet ihn mit Georg Jellinek und seiner Richtung die Unterwerfung des Staates unter mehrere, grundsätzlich verschiedene Betrachtungsweisen[177]. So kennzeichnend diese Richtung seiner Staats- und Organauffassung auch sein mag, so wenig träfe sie das für seinen Organbegriff besonders Typische und Charakteristische. Das nämlich, was ihn mit Kelsen verbindet und was vor diesem in keiner Staats- und Organlehre anzutreffen war, liegt in der ganz spezifischen, von Kelsen eingeführten Fassung der Beziehung zwischen Organ und Staat als eines Zurechnungsverhältnisses sowie in der Identifikation von Staats- und Rechtsbegriff[178].

Zunächst kennt auch Wolff — in Anlehnung an Wenzel[179] und im Gegensatz zu Kelsen — eine Trennung von Staatsbegriff und Staatsperson: Während er, hier Kelsen folgend, den Staat als einen „Komplex autoritär gesetzter positiver Normen"[180] ansieht, umfaßt der Staat als Rechts-

---

[175] Zu *Wolff: Häfelin*, Rechtspersönlichkeit, S. 159, 161 Anm. 246, 173, 199; ferner *Nawiasky*, Staatslehre I, S. 168 ff.

[176] Unter Organ im normativen Sinne versteht *Wolff* (Verwaltungsrecht II, S. 43) „ein durch organisatorische Rechtssätze oder ermächtigten Einzelakt gebildetes eigenständiges, institutionelles Subjekt von Zuständigkeiten zur transitorischen Wahrnehmung der Eigenzuständigkeiten einer juristischen Person", also auch des Staates als Rechtspersönlichkeit (Organschaft I, S. 362 und II, S. 292/293). „Die Menschen, welche die dem Organ zugewiesenen Kompetenzen rechtens unter dem Namen des Organs versehen, sind insofern die Organwalter. Ihr Verhalten ist es, das dem Zuständigkeitssubjekt ‚Organ' rechtstechnisch zugerechnet wird und dieses sowie die Organisation, der es angehört, *willens- und handlungsfähig* macht (Verwaltungsrecht II, S. 42; Organschaft II, S. 224 ff., 236 ff.).

[177] Diese Einordnung ist indes nur insoweit richtig, als Wolff dadurch in einen Gegensatz zu Kelsen gebracht wird, der den Staat ja ausschließlich als Rechtsbegriff deutet. Denn während *Jellinek* die Zweiseitentheorie vertritt (Staatslehre, S. 129 ff., 383 ff.), den Staat als soziales und rechtliches Phänomen betrachtet, unterscheidet *Wolff*, ähnlich wie *Nawiasky* (Staatslehre I, S. 1 ff.), noch zusätzlich eine Staatsideologienlehre und Staatsphilosophie (Organschaft I, S. 255, 495 ff.).

[178] Vgl. S. 64, Anm. 177.

[179] *Wenzel* (Grundprobleme I, S. 145 ff., 195 ff., 201 ff., 239 ff.) unterscheidet zwischen dem Grundbegriff des Staates, der Staatsgemeinschaft, die als reale Gegebenheit ein Begriffsmerkmal der Rechtsordnung ist, und dem Staate als Rechtspersönlichkeit als einer „Schöpfung des fertigen Gesetzes" (Grundprobleme, S. 206).

[180] *Wolff*, Organschaft I, S. 498, 437 ff.; vgl. auch *Nawiasky*, a.a.O., S. 169/170.

persönlichkeit lediglich die Organisationsnormen[181] und ist insoweit, ganz im Sinne Kelsens, Zurechnungsendpunkt für alle Staatsorganakte und daher — und nur daher — auch Person[182].

Die Akte, die der Staatsperson zugerechnet werden, sind zunächst von Organwaltern gesetzt, werden dann kraft der Organisationsordnung[183] als einer Vielzahl von Normen den Organen als Zuständigkeitskomplexen und schließlich erst über sie der Staatsperson zugerechnet[184], wobei rechtstechnisch gesehen Organwalter und Organe nur Durchgangspunkte[185], der Staat aber Endpunkt rechtlicher Zurechnung ist. Hierin, d. h. in der zweifachen Zurechnung, weicht Wolff von Kelsen, der ja nur eine „Organ*walter*-Rechtssatzrelation" kannte, den Begriff des Organs also ausschied, ab und folgt, insoweit neben dem Organwalter noch das Organ steht, der anorganischen Staatslehre.

Obwohl also Wolff Institution (Organ) und natürliche Person (Organwalter) scharf voneinander trennt und insoweit der konstruktiv-rationalen Theorie Gerbers, Labands und G. Jellineks folgt, faßt er das Verhältnis der drei beteiligten Größen (Organwalter, Organ, Staatsperson) zueinander in Übereinstimmung mit Kelsen und im Gegensatz zu jenen Theorien als ein Einheit bewirkendes *Zurechnungsverhältnis*.

Hatten noch die Anhänger der organischen Staatslehre die Beziehung von Organ (= Organwalter) und Staat als eine „organische" Einheit bezeichnet und hatte G. Jellinek eine Einheit kraft Denknotwendigkeit[186] angenommen, so sieht Wolff das Organwalterverhalten sowie die Organakte nur noch „zurechnungsweise, d. h. kraft Rechtsgebotes und nicht ‚kraft Denknotwendigkeit' oder sonstwie juristisch oder faktisch"[187] als das Verhalten der juristischen Person an. Der Wille der Organwalter *ist* nicht Wille der juristischen Person, „sondern allein der der Organwalter, welcher erst als *Tatbestand* jener zugerechnet wird"[188] und damit rechtlich als ihr Wille begriffen wird. Die Staatsperson ist also wie bei Kelsen gleich der Summe ihrer Organfunktionen und die Organe sind keine von dieser verschiedene Personen[189]. Zwischen Organ und Staatsperson

---

[181] *Wolff*, a.a.O., S. 437, 498. Hierbei ist zu beachten, daß der Staat als soziales Phänomen das Substrat des juristischen Staatsbegriffs bildet, nicht aber das der Staatsperson (a.a.O., S. 345).

[182] *Wolff*, a.a.O., S. 498.

[183] *Wolff*, a.a.O., II, S. 295, 296, 251, 259 Anm. 1: „... rechtsordnungsgemäßen Zurechnung ..."

[184] *Wolff*, a.a.O., S. 251/252, 259, 261.

[185] *Wolff*, a.a.O., S. 261.

[186] *Jellinek*, System, S. 29/30.

[187] *Wolff*, a.a.O., S. 292/293.

[188] *Wolff*, a.a.O., S. 293 Anm. 1.

[189] „Die Vertreter der organischen wie der anorganischen Lehren, die die Immanenz der Organwalter bzw. der ‚Organe' in der juristischen Person geltend

besteht daher keine natürliche, tatsächliche oder notwendige, sondern eine kraft Rechtsgebotes gesetzte, am Rechtssatz orientierte, fiktive Einheit[190].

II. Duplizitätstheorien

Die vorstehend dargestellten Organtheorien gleichen sich, so verschieden sie auch im übrigen sind, alle in einem Punkte: der Einheit zwischen Organ und Staat. Diese bis heute weitaus herrschende Lehre wird von ihren Anfängen an von einer diametral entgegengesetzten, aber vereinzelt gebliebenen Auffassung begleitet.

Die sog. Duplizitäts- oder Vertretertheorien[191] unterscheiden sich von allen bisher behandelten Organauffassungen dadurch, daß sie das Dogma

---

machen, haben insofern also durchaus recht. Sieht man von den die Organwalter betreffenden Rechtssätzen ab, so handelt es sich in der Tat nicht um die Beziehungen zwischen zwei Personen, deren eine die juristische Person und deren andere das Organ oder der Organwalter wäre" (*Wolff*, a.a.O., S. 282). Bezeichnend dafür, daß Wolff Organ und Verband, wenn auch kraft Zurechnung, als Einheit begreift, ist auch seine Definition der Körperschaft: „Körperschaft ist die organisatorische Zusammenfassung einer kraft Zurechnung willens- und handlungsfähigen Personenmehrheit, die — unabhängig vom Wechsel der einzelnen Mitglieder — eine rechtliche Einheit bildet" (Verwaltungsrecht II, S. 157).

190 *Wolff*, a.a.O., S. 293 Anm. 1, weist darauf hin, daß es noch zutreffender sei zu sagen, daß das Verhalten und der Wille der Organwalter als das Verhalten der juristischen Person *gelte*. Diesem Wort „gelten" wohne ein doppelter Sinn inne „zurechnend und fiktiv". Ganz in diesem Sinne auch *Wolff* wieder neuerlich in Verwaltungsrecht I, S. 188: „Dieser (der juristischen Person) werden nicht nur die Rechtsfolgen des Organverhaltens zugeordnet, sondern — das ist der rechtstechnische Sinn der ‚Organismustheorie' (Gierke) — es werden die vom Organwalter gesetzten rechtsfolgebedingenden Tatbestandshandlungen der Organisation auch zugerechnet, d. h. als ihr Verhalten angesehen."

Diese von Wolff zwischen Organ und juristischer Person vermittels eines Zurechnungsverhältnisses gesetzte Einheit wird von *Vonderbeck*, Der Bundesrat, S. 46 Anm. 125, verkannt und im Sinne einer Zweiheit interpretiert. Das mag auf die dem Worte ‚Zurechnung' eigene Mehrdeutigkeit zurückzuführen sein. Es wird nämlich im Sinne von Einheit und Zweiheit zweier Größen gebraucht. Während es Wolff und Kelsen im Sinne von Einheit (zwischen Organ und Verband) verwenden, drücken Rehm, Leibholz und Nawiasky damit eine Zweiheit zwischen Organ und juristischer Person aus. Vgl. dazu S. 66 ff.

191 Hierher gehören, soweit das Staats- und Verwaltungsrecht betroffen ist: *Rehm*, Staatslehre, S. 179/180; *Otto Mayer*, Deutsches Verwaltungsrecht (1924) II, S. 369 Anm. 1 und ders. ebenso schon in der Aufl. v. 1895, S. 395 Anm. 2; *Leibholz*, Wesen, S. 125 ff.; *Nawiasky*, Staatslehre III, S. 69 ff.; ders., Rechtslehre, S. 188 ff. Soweit das Privatrecht in Frage steht: *Schlossmann*, Organ und Stellvertreter, S. 289 ff., als der bedeutendste Vertreter der Romanisten (vgl. hierzu *Kelsen*, Hauptprobleme, S. 694); *Hölder*, Natürliche und juristische Personen, S. 60, 61, 65; *v. Tuhr*, Der Allg. Teil d. dt. bürg. Rechts, I, S. 461/462. Hinsichtlich der modernen privatrechtlichen Literatur statt aller: *Staudinger-Coing*, Kommentar z. Bürgerl. Gesetzbuch, I, AT, Anm. 50 u. 52 vor § 164 BGB und Einl. 20 vor § 21 BGB. Herrschend ist im Zivilrecht ebenso wie im Staatsrecht die sog. Organtheorie, die Organ und juristische Person als Einheit begreift, statt aller: *Palandt-Danckelmann*, Einf. vor § 21 BGB; *Lehmann*, AT des BGB, S. 407/408; *Enneccerus-Nipperdey*, AT des Bürgerl. Rechts, I, S. 611, 618.

der Einheit leugnen und an seine Stelle die Zweiheit setzen. Dabei identifizieren sie das Organ mit dem zivilistischen Stellvertreter, begreifen es also als natürliche Person und scheiden den Begriff des Organs als institutionellen Tatbestand aus der Betrachtung aus.

1. Hermann Rehm

Zu einer Zeit, da der Streit zwischen organischem und konstruktiv-rationalem Organbegriff seinem Höhepunkt zusteuert[192], gehört Rehm zu den wenigen, die der weitaus herrschenden Auffassung entgegentreten, daß Organ und Verband eine Einheit darstellten und daher der Stellvertreter etwas vom Organ grundsätzlich Verschiedenes sei. Das Organverhalten darf nach Rehm — im Gegensatz zu den Organikern, Anorganikern und den Anhängern der Wiener Rechtsschule — nicht als Verhalten des Staates selbst angesehen werden[193]. Vielmehr stehen sich Staat und Staatsorgan als zwei verschiedene Rechtssubjekte gegenüber[194]. Das seines institutionellen Elementes beraubte „Organ" handelt als Individuum, genau wie der Stellvertreter für den Vertretenen, für den Staat, den Rehm in Anlehnung an den konstruktiv-rationalen Staatsbegriff Georg Jellineks als die Personifikation einer körperschaftlich „geordneten Gemeinschaft von Leuten"[195] begreift. Staatsorgane sind also Stellvertreter[196] — jedoch mit der Besonderheit, daß nicht das Prinzip der Arbeitsteilung, sondern das Wesen des Staates selbst (als juristischer Person) ihr Dasein erheischt[197].

2. Gerhard Leibholz

Während Rehm und die übrigen Anhänger der Vertretertheorie sowie die Verfechter der organischen Staatslehre den Begriff des Organs und sein Verhältnis zum Staat aus dem Wesen der juristischen Person heraus

---

[192] Gemeint ist die Zeit um die Jahrhundertwende, genauer der Zeitraum von 1880 bis 1910, in dem Labands Staatsrecht des Deutschen Reiches (1876), Georg Jellineks System der subjektiven öffentlichen Rechte (1892), seine Staatslehre (1905), Gierkes Genossenschaftsrecht (III. Bd., 1881), seine Auseinandersetzung mit Labands Staatsrecht (Labands Staatsrecht und die Deutsche Rechtswissenschaft, 1883) und Preuss' Aufsätze über Organpersönlichkeit (1902) sowie über Stellvertretung und Organschaft (1902) erschienen waren.

[193] *Rehm*, Allg. Staatslehre, S. 154, 179/180.

[194] *Rehm*, a.a.O., S. 154.

[195] *Rehm*, a.a.O., S. 155, 160 ff. Daneben ist der Staat noch „die Personifikation der Idee, daß es Vereinigungen nicht bloß zu egoistischen, sondern zu gemeinsamen Zwecken gibt" (S. 160). Die Rechtspersönlichkeit des Staates entsteht durch die Rechtsordnung und hat daher auch nur solange Bestand, als es die Rechtsordnung will (S. 159/160). Diese Auffassung deckt sich genau mit derjenigen *Wolffs* (Organschaft I, S. 373, 498, 499).

[196] *Rehm*, a.a.O., S. 180.

[197] *Rehm*, a.a.O., S. 180. Vgl. auch *Enneccerus-Nipperdey*, a.a.O., II, S. 1086/1087 und *Soergel-Siebert*, Bürgerl. Gesetzbuch, I, Anm. 1 vor § 164 BGB.

zu lösen versuchten, sieht Leibholz das Inhalt und Umfang bestimmende Kriterium des Organbegriffs im Wesen der Repräsentation[198]. Nur derjenige Organbegriff kann seiner Ansicht nach Geltung beanspruchen, der imstande ist, den der Repräsentation immanenten Tatbestand personeller Duplizität zum Ausdruck zu bringen[199] und dadurch das repräsentative Organ von den übrigen für den Staat tätigen Organen abzuheben[200]. Da der Organbegriff traditioneller Fassung das infolge seiner einheitlichen Verbundenheit mit dem Staat als juristischer Person nicht zu leisten vermöge, bedürfe es einer begrifflichen Umformung, derzufolge das Verhältnis zwischen Organ und Verband als Zweiheit begriffen werden könne[201]. Leibholz glaubt dem dadurch Rechnung tragen zu können, daß er das Organ als Normenkomplex aus dem organischen Tatbestand eliminiert und den verbleibenden Organwalter mit dem Stellvertreter identifiziert. Das Organ ist hiernach „eine vom Verbande verschiedene Persönlichkeit und, technisch-juristisch gesehen, ebenso wie der Vertreter ein selbständiges, für fremde Interessen handelndes Individuum — mit dem selbstverständlichen Unterschied, daß von der Rechtsordnung die Handlungen des Vertreters dem Vertretenen, die des Organs“[202] dem Staat als der Personifikation der rechtlich organisierten Volksgemeinschaft[203] zugerechnet werden.

3. Hans Nawiasky

Soweit man sich nach Beendigung des zweiten Weltkrieges überhaupt mit organisationsrechtlichen Problemen befaßt hat[204], ist Nawiasky neben Wolff und Rupp[205] der einzige gewesen, der den Organbegriff einer, wenn auch nicht sehr umfassenden Untersuchung unterzogen hat. Im Gegensatz zu Wolff, dessen Organbegriff bereits 1934 fast endgültige Gestalt angenommen hatte[206] und jüngst nur noch präzisiert wurde[207], sieht Nawiasky unter Eliminierung des institutionellen Elementes, das er als Schein und Trug betrachtet[208], im Organ nicht mehr als eine natürliche Person, die,

[198] *Leibholz*, Wesen, S. 124 ff.

[199] *Leibholz*, a.a.O., S. 135.

[200] *Leibholz*, a.a.O., S. 132/133.

[201] *Leibholz*, a.a.O., S. 136 Anm. 2, S. 135.

[202] *Leibholz*, a.a.O., S. 135.

[203] *Leibholz*, a.a.O., S. 128/129.

[204] Was äußerst selten geschehen ist: hervorgehoben seien: *Nawiasky*, Staatslehre III; *Wolff*, Verwaltungsrecht II; *Böckenförde*, Organisationsgewalt; *Rupp*, Grundprobleme.

[205] *Rupp*, Grundfragen.

[206] In seiner Schrift „Organschaft und juristische Person“, II, S. 91 ff., 224 ff.

[207] In: Verwaltungsrecht II, S. 43 ff.

[208] *Nawiasky*, Staatslehre III, S. 71: „Als Folge dieses Sachverhalts (daß nämlich Zuständigkeiten nicht für den Einzelfall, sondern für viele Tatbestände festgelegt werden) entsteht der Anschein, als ob die Staatsorgane dauernd da

ebenso wie der Stellvertreter, für eine andere Person handelt[209]. Das Organ ist „eine Einzelperson oder eine zur Einheit zusammengefaßte Mehrheit von Einzelpersonen (Kollegialorgan), deren Willensakte unter bestimmten Voraussetzungen innerhalb eines bestimmten sachlichen und örtlichen Bereichs *Rechtswirkungen* für und gegen eine juristische Person erzeugen"[210]. Nicht die Organ*handlungen*, die rechtsfolgebedingenden Tatbestände, sondern lediglich deren Wirkungen, die Rechts*folgen*[211], werden, genau wie bei der zivilrechtlichen Stellvertretung, einer anderen Person, hier dem Staate, den Nawiasky in Übereinstimmung mit dem konstruktiv-rationalen Staatsbegriff Georg Jellineks[212] als die Personifikation einer Ordnung, als den Inbegriff von Organen[213] ansieht, zugerechnet.

Der Zurechnungsbegriff Nawiaskys, Rehms und Leibholz' steht also in scharfem Gegensatz zu demjenigen der Zurechnungstheorien. Derselbe Begriff hat zwei völlig konträre Bedeutungen. Während er dort dazu dient, Organ und Verband als Einheit zu begreifen, führt er hier dazu, beide als selbständige Rechtssubjekte, als Zweiheit zu sehen.

III. Ergebnis

Setzt man zwecks Auffindung des Begriffs Repräsentativorgan die Ergebnisse der begriffsgeschichtlichen Untersuchungen zur Repräsentation und Organschaft zueinander in Beziehung, so ergeben sich, welcher

---

seien, als ob es sich um eine von den einzelnen tätig werdenden Menschen losgelöste Organisation handele, als ob für sich bestehende objektive Amtsstellen gegeben seien. Richtigerweise aber kann man von einem Staatsorgan nur in jedem Einzelfall sprechen, in dem ein Individuum auf Grund der Anordnung einer Rechtsnorm für den Staat handelt." So auch *Nawiasky* in seiner Rechtslehre, S. 190/191.

[209] *Nawiasky*, Rechtslehre, S. 194.

[210] *Nawiasky*, Rechtslehre, S. 188. Damit stimmt überein, wenn Nawiasky an anderer Stelle (a.a.O., S. 193/194) sagt: „Es ist also nicht zutreffend, wenn manchmal behauptet wird, Verband und Organe seien eine Einheit." Vgl. auch Staatslehre III, S. 69/70.

[211] Wie S. 69, Anm. 210.

[212] Sowohl die Staatsbegriffe Rehms und Leibholz' als auch derjenige Nawiaskys sind an der bis heute richtungweisenden Konzeption Georg Jellineks orientiert. Vgl. dazu im einzelnen *Häfelin*, Rechtspersönlichkeit, S. 136, 142 und daselbst besonders Anm. 149.

[213] Genau genommen geht Nawiasky von einem zweifachen Staatsbegriff aus. Einmal steht der Staat über der Rechtsordnung und ist insoweit Rechtsordnungssubjekt, d. h. Schöpfer des Rechts. Anderseits steht er unter der Rechtsordnung und ist insoweit Rechtssubjekt. Die Rechtssubjektivität ist ihm von der Rechtsordnung verliehen. Beide Staatsbegriffe sind Inbegriffe von Organisationen: als Rechtsordnungssubjekt ist der Staat Zurechnungssubjekt für die Rechtswirkungen der rechtsetzenden Organe, als Rechtssubjekt ist er Beziehungsendpunkt für die von den Vollzugsorganisationen gesetzten Rechtsfolgen. Vgl. hierzu im einzelnen *Nawiasky*, Staatslehre III, S. 1 ff.

Theorie auch immer man folgt, nur Widersprüche: Verbindet man den organischen, konstruktiv-rationalen und den Organbegriff der Wiener Rechtsschule mit der Repräsentation, so vereinen sich in einem Begriff zwei heterogene Elemente, von denen eines, die Organschaft auf Einheit und das andere, die Repräsentation, auf Zweiheit beruht. Ein und dasselbe Verhältnis, nämlich das zwischen Gruppe und Repräsentant, wird also einmal in *eine* Person und einmal zwischen zwei Personen verlegt. Verwendet man demgegenüber den Organbegriff der Duplizitätstheorie, so wird der dem Repräsentativorganbegriff bisher immanente Widerspruch zwischen Einheit und Zweiheit zwar aufgehoben. Dafür werden aber zwei sich ausschließende[214] Erscheinungen wie Repräsentation und Stellvertretung in einem Begriff zusammengefaßt. Überdies sind alle Theorien — wie noch zu zeigen sein wird — außerstande, die Stellung des Repräsentanten und des Organs in ihrem Verhältnis zur (staatlich organisierten) Gruppe richtig zum Ausdruck zu bringen.

Die Geschichte des Organbegriffs führt ferner zu der Erkenntnis, daß das gesamte derzeitige staatsorganisationsrechtliche Begriffssystem noch auf den Grundlagen beruht, die Laband und G. Jellinek gegen Ende des vorigen Jahrhunderts geschaffen haben[215]. Insbesondere der Organbegriff, ein Kernstück jenes Systems, erscheint als geistiges Kind seiner Zeit. Seine zum Dogma erhobene einheitliche Verbundenheit mit der Staatsperson ist beredter Ausdruck jenes dem sog. monarchischen Prinzip[216] immanenten Strebens, das Innenverhältnis zwischen Staat und Organ zum „rechtsleeren Raum"[217] zu erklären. Diese Eliminierung des sog. Staatsinternums aus der rechtlichen Betrachtung, die, soweit die „Rechtsstellung" der Staatsdiener (Organwalter) in Frage stand, durch die Einführung des Begriffs des „besonderen Gewaltverhältnisses" zum Ausdruck gebracht wurde, schlug sich bei der rechtstechnischen Konstruktion des Verhältnisses zwischen Staat und Organ im Dogma der Einheit nieder.

B. Allgemein staatswissenschaftlicher Begriff

Wie die Begriffsgeschichte ergeben hat, bezeichnet der Organbegriff — insbesondere nach der wissenschaftlichen Klärung und Präzisierung, die er durch G. Jellinek und Kelsen erfahren hat — einen Struktur- und

[214] Vgl. 1. Teil, 2. Kap. CII.

[215] Vgl. hierzu *Rupp*, Grundfragen der heutigen Verwaltungsrechtslehre, S. 1.

[216] Vgl. zur monarchischen Staatsordnung *Ellwein*, Das Erbe der Monarchie, S. 313: „Es ist das Kennzeichen des neuen deutschen Staates geworden, daß man ihn auf den unangetasteten institutionellen und psychologischen Wurzeln der festgefügten monarchischen Staatsordnung aufbauen und nur die Spitzenorganisation ändern wollte."

Funktionsbegriff. Beide Seiten des Organbegriffs beinhalten zwei säuberlich voneinander zu trennende Problemkreise.

I. (Strukturbegriff) Wie jede Organisation, so entspricht auch die Staatsorganisation einem relativ beständigen Ordnungsmuster, in dem jedem Strukturelement ein bestimmter Platz zugewiesen ist. Da nun das Organ einen Grundbaustein dieser Ordnungsstruktur darstellt, fragt es sich, welcher Platz ihm in der Hierarchie dieses Aufbaugefüges gebührt oder besser: welche in irgendeinem Staatsrecht tatsächlich normierten Funktionsträger als Organe und welche nur als Organteile zu gelten haben. In der Rechtslehre ist diese Frage aus verschiedenen Sichten zu beantworten versucht worden. Einmal wollte man nur denjenigen Funktionseinheiten Organqualität zubilligen, deren Willensmanifestationen nicht nur intern wirken, sondern den Staatswillen nach außen rechtsverbindlich zum Ausdruck bringen[218]. Eine andere, allerdings ausschließlich auf das Verwaltungsrecht zugeschnittene Theorie möchte als Organe nur diejenigen Funktionsträger gelten lassen, deren Verhalten der juristischen Person unmittelbar zugerechnet wird[219]. Bei nur mittelbar zurechenbarem Verhalten handele es sich um Organteile, d. h. Ämter oder Abteilungen[220]. Wie unterschiedlich beide Meinungen auch ihren Ausgangspunkt gewählt haben, so gleicht sich doch ihr Anliegen: Beiden nämlich geht es darum, die Organe von bloßen Gehilfenstellen, relativ selbständige Funktionswahrnehmung von reiner Hilfsfunktion zu trennen und — um allzu großer Unifizierung aller für den Staat handelnden Personen vorzubeugen — den Organbegriff nur jenen, relativ selbständig funktionierenden Einheiten vorzubehalten[221].

II. (Funktionsbegriff) Kam es vorstehend darauf an, den Platz des Staatsorgans in der Hierarchie staatlicher Funktionseinheiten zu be-

---

[217] *Rupp*, a.a.O., S. 4.

[218] So z. B. *Oertmann*, Kommentar zu § 21 BGB bei 7; *Bernatzik*, Die juristische Persönlichkeit der Behörden, S. 110, will seiner Definition nach nur die Funktionseinheiten als Organe gelten lassen, die „den die Gesamtheit bindenden Willen erzeugen". *C. F. v. Gerber* (S. 74, Anm. 12) geht sogar so weit, als Staatsorgane nur noch Monarch und Stände zu betrachten. In einem anderen Zusammenhang weist hierauf auch *Böckenförde*, Organisationsgewalt, S. 30 Anm. 32, hin.

[219] *Wolff*, Verwaltungsrecht, II, S. 46.

[220] *Wolff*, a.a.O., S. 46.

[221] *Wolff*, Organschaft II, S. 240. Da jedoch, wie später (vgl. S. 122 f., bes. 124 ff.) zu zeigen sein wird, beide Theorien bestimmte staatsrechtliche Funktionseinheiten nicht befriedigend einzuordnen vermögen, wird man zwecks Erkenntnis des systematischen Standorts der Staatsorgane, insbesondere des Bundesrates, auf ein anderes Unterscheidungsmerkmal zurückzugreifen haben. Wie dieses im einzelnen beschaffen ist, wird der Anschaulichkeit halber und wegen des engen Zusammenhanges dieses Kriteriums mit dem empirischen Material staatlicher Funktionseinheiten am zweckmäßigsten im Zusammenhang mit der Subsumtion des Bundesrates unter die staatsrechtlichen Organisationsbegriffe selbst darzustellen sein (vgl. S. 127 ff.).

stimmen, so gilt es nun, eine Konstruktion zu finden, die die Ausübung von Gruppenfunktionen am sinnvollsten zu erklären vermag. Hier sind nun zwei Möglichkeiten denkbar. Entweder erfüllt die Gemeinschaft sie „selbst" oder sie „überträgt" bestimmte Funktionen auf andere, auf Organe, die für sie handeln. Während die Anhänger der organischen, der konstruktiv-rationalen und der Wiener Rechtsschule und damit die weitaus herrschende Meinung der ersten Alternative folgen und — wie zuvor dargelegt — daher Organ und Verband in ihrer Beziehung folgerichtig als Einheit begreifen, sehen die Verfechter der Vertretertheorie hierin zwei einander gegenüberstehende, selbständige Rechtssubjekte, von denen eins für das andere Funktionen wahrnimmt; sie negieren daher jeden Unterschied gegenüber der zivilrechtlichen Stellvertretung. Im Bereich der obersten Staatsorgane ist diese These der Duplizität vor allem mit dem Hinweis darauf zu begründen versucht worden, daß gerade diese Organe neben ihrer Organfunktion zugleich eine repräsentative oder Führungsfunktion ausübten und ihre Exponiertheit in der Staatsorganisation nur dann zum Ausdruck käme, wenn man ihnen — entsprechend dem Postulat repräsentativer Zweiheit — eine starke Selbständigkeit, also Rechtssubjektivität, zubillige. Die Auffassung, wonach Organ und juristische Person eine Einheit bilden, verdecke die aller Repräsentation immanente Zweiheit von Führer und Geführten[222]. Diese Meinung, die nur einen Teil der Wirklichkeit festhält und sie dadurch entstellt[223], verdient vor allem in ihrer Begründung keine Zustimmung. Denn sie vermengt[224] zwei heterogene und scharf voneinander zu scheidende Tatbestände miteinander. Während die Repräsentation ein dialektischer, dem Sein verhafteter und dadurch bedingter Begriff ist[225], stellt das Organ ein reines, im Wege gedanklicher Abstraktion gewonnenes Zweckgebilde[226] dar. Wie der Repräsentationsbegriff eine bestimmte Wirklichkeit aufzunehmen berufen ist, bezweckt der Organbegriff die Erfassung und Ermöglichung systematischer Einordnung bestimmter Rechtserscheinungen, nämlich staatlicher Funktionseinheiten. Es ist daher zumindest bedenklich, ohne weiteres von der Repräsentation auf die Organschaft, von einem Seins- auf einen ganz anderen Gesetzlichkeiten unterliegenden Sollensbegriff[227] zu schließen. Es ist vielmehr angezeigt, die Beziehung

[222] So *Leibholz*, Wesen, S. 135; ähnlich auch *C. Schmitt*, Verfassungslehre, S. 213.

[223] Vgl. S. 85 ff.

[224] Das tut *Leibholz*, a.a.O., S. 135, wenn er behauptet, daß zwischen Organschaft und Repräsentation keine Wesensgegensätzlichkeit bestehe.

[225] Vgl. S. 29.

[226] Ebenso *Larenz*, Methodenlehre, S. 234, der im Anschluß an *Rickert* (Zur Lehre von der Definition, S. 37) darauf hinweist, daß es gerade der von der jeweiligen Wissenschaft verfolgte Zweck ist, der bei der Auswahl der Merkmale des abstrakten Begriffs mitwirkt.

[227] Vgl. zu diesen Begriffen: *Garzon Valdés*, Über das Verhältnis zwischen dem rechtlichen Sollen und dem Sein, S. 299 ff.

von Organ und Staat zunächst aus dem dem Organbegriff korrelativen Begriff der juristischen Person selbst heraus zu erklären.

Begriff und Wesen der juristischen Person ist stark umstritten. Die Theorien nähern sich dem Problem vor allem von zwei Seiten her: einmal gilt es herauszufinden, wem die auf die Gesamtheit bezogenen Rechte und Pflichten letztlich zustehen, wer oder was Subjekt dieser Rechte und Pflichten ist und wie dieses Subjekt beschaffen ist[228]. Neben diesem Fragenkomplex, der hier nur mittelbar[229] interessiert, ist vor allem bedeutsam, ob die juristische Person als handlungsfähige oder handlungsunfähige Einheit zu begreifen ist. Zur Beantwortung dieser Fragen wird in der Regel auf zwei Theorien verwiesen. Nach der weitaus herrschenden sog. Organtheorie[230] wird die juristische Person als durch ihre Organe (im Sinne von Institutionen) selbst handelnd vorgestellt. Organ und juristische Person werden daher folgerichtig als Einheit betrachtet. Nach der Vertretertheorie hingegen ist die juristische Person handlungsunfähig. Sie bedarf zu ihrer Wirksamkeit der Vertretung durch natürliche Personen, die für sie tätig werden. Nicht deren Verhalten — also die rechtsfolgebegründenden Tatbestände gelten als Handlungen der juristischen Person —, sondern lediglich deren Rechtsfolgen werden der juristischen Person zugeordnet[231].

Während also die Organtheorien — abgesehen von den Vertretern der organischen Staatslehre[232] — unter einem Organ etwas Normatives verstehen, sieht es die Vertretertheorie als natürliche Person an. Beide Lehren

---

[228] Diese Frage wurde — vor allem in der Vergangenheit — durch fünf Theorien zu beantworten versucht: 1. die Fiktionstheorie (G. Jellinek), nach der die Rechte und Pflichten einem nur gedachten Subjekt zustehen; 2. die organische oder germanistische Theorie (Gierke), nach der Rechtsträger ein real existierendes Subjekt ist; 3. die Genießertheorie (Jhering), wonach alle Rechte der Gesamtheit der Mitglieder zustehen; 4. die Amtstheorie (Hölder), wonach die wahren Verfügungsberechtigten die Organe sind; 5. die Zweckmäßigkeitstheorie (Brinz), nach der die Rechte niemandem zustehen, sondern für einen bestimmten Zweck bestimmt sind.

Die heute herrschende Meinung will die richtigen Gedanken der organischen, Zweckvermögens- und Fiktionstheorie verwerten und sieht dabei die juristische Person als eine rechtstechnische Zweckgebundenheit, als eine von der außerrechtlichen Wirklichkeit — weil Willensfähigkeit unterstellende — abstrahierte, aber auf einem realen Substrat (Wirkungseinheit) aufbauende Rechtspersönlichkeit an. Vgl. hierzu *Enneccerus-Nipperdey*, AT des Bürgerl. Rechts, I, S. 608 Anm. 2 und *Lehmann*, AT des BGB, S. 408.

[229] Mittelbar deshalb, weil es für die zweite Frage, ob nämlich die juristische Person handlungsfähig ist oder nicht, auch darauf inkommt, was durch die Bezeichnung juristische Person personifiziert wird, was also ihr Inhalt ist: die Rechtsordnung, die Organisationsordnung oder der organisierte Mitgliederverband.

[230] Der Organtheorie unterfallen die Vertreter der organischen, anorganischen und diejenigen der Zurechnungstheorie.

[231] Vgl. S. 66 ff.

[232] Vgl. S. 47 ff.

gehen damit von völlig heterogenen Tatbeständen aus und müssen so zwangsläufig zu unterschiedlichen Ergebnissen gelangen. Wird nämlich das Organ als Normenkomplex und der Staat als diese Normen setzende juristische Person begriffen, so stehen einander schon begrifflich nicht zwei selbständige Personen gegenüber, so daß von Zweiheit keine Rede sein kann. Anders in dem Falle, in dem man das Organ entsprechend dem zivilrechtlichen Stellvertreter als natürliche Person ansieht: hier handelt es sich in der Tat um zwei Rechtspersönlichkeiten. Es fragt sich nur, ob durch diese Argumente einerseits das volle Aufgehen der Organe in der juristischen Person (Organtheorie) und andererseits ihre völlige Selbständigkeit (Vertretertheorie) wirklich erwiesen ist, oder ob nicht etwa die richtige Auffassung vielmehr in der Mitte liegt. Beide Seiten berücksichtigen nämlich nicht, daß — je nachdem wie man den Begriff der juristischen Person faßt — die Organe in der juristischen Person sowohl völlig „verschwinden" als auch eine relative Selbständigkeit bewahren können, obwohl sie immer einen Bestandteil derselben[233] bilden, was sich bereits darin zeigt, daß „etwas als Person setzen"[234], immer bedeutet, es als Einheit zu begreifen. Ist hiernach die Rechtspersönlichkeit des Staates nur Ausdruck seiner Einheit, müssen auch die Staatsorgane — wenn auch nicht unbedingt in eben derselben Weise wie die Verbandsmitglieder — als integrierende Bestandteile dieser Einheit begriffen werden. Je nachdem, welcher Organkonzeption man folgt, ergibt sich bald eine — von den eigenen Systemprämissen her gesehen — zwingende und totale Unselbständigkeit, bald eine relative Eigenständigkeit des Staatsorgans, die allerdings gerade von den Begründern des konstruktiv-rationalen Organsystems nicht gesehen wurde.

Legt man zunächst den extrem formalen Staatsbegriff Kelsens und seiner Anhänger zugrunde, so bilden Organ und Staat eine Einheit. Der Staat als die Personifikation der Rechtsordnung ist gleich der Summe seiner Organfunktionen[235]. Das in Funktionen aufgelöste Staatsorgan verliert jede Eigenständigkeit und geht vollständig in einer höheren Einheit, dem Staat als der Summe aller Organfunktionen auf. Ähnliches gilt für den Organbegriff Wolffs[236]. Da er den Staat als personifiziertes Normensystem, genauer: als einen Inbegriff von Organisationsnormen begreift, bilden auch die durch diese Normen gebildeten Zuständigkeitskomplexe

---

[233] Ebenso *Gierke, Kelsen, Wolff* (vgl. hierzu die Darstellung der Begriffsgeschichte) und *Henkel*, Rechtsphilosophie, S. 210.

[234] Ebenso *Krückmann* in seinem Aufsatz: Einheit, Subjekt, Person, S. 176, 179 ff.; ferner *Radbruch*, Rechtsphilosophie, S. 229, der das Rechtssubjekt im Anschluß an R. Stammler definiert als ein Wesen (eine Einheit, ein Ganzes also), das von einem bestimmten geschichtlich gegebenen Recht im „Sinne eines Selbstzwecks geachtet wird".

[235] Vgl. S. 57 ff., bes. 61, 62.

[236] Vgl. S. 65.

(= Organe) untrennbare und unselbständige Bestandteile des gesamten Normensystems. Aber nicht nur die Organe, sondern auch die Organwalter sind, sofern sie diese Zuständigkeiten verwalten, nicht Personen, Endpunkte, sondern, wie es auch Kelsen annimmt, nur Durchgangspunkte rechtlicher Zurechnung und insoweit ebenfalls nicht geeignet, ein der juristischen Person selbständig gegenüberstehendes Element zu bilden.

Dieses System der Wiener Rechtsschule ist rechtsphilosophisch und rechtstheoretisch so tief fundiert, daß ihm nur von seinem neukantianischen Ansatz her zu begegnen ist. Eine Untersuchung der Frage, ob es insoweit berechtigt sei, den Staat mit der Summe seiner Organe zu identifizieren, würde daher den Rahmen der Arbeit sprengen.

Die Auffassung von der Immanenz der Organwalter bzw. der Organe in der juristischen Person ist mit besonderem Nachdruck vor allem von den Vertretern der organischen und konstruktiv-rationalen Staatslehre geltend gemacht worden. Von den Anhängern dieser Schulen wurde sie so radikal zu Ende gedacht, daß Organ und juristische Person schlechthin als Einheit betrachtet wurden und dem Organ nicht einmal mehr eine auch nur relative Selbständigkeit im Verbandsganzen verblieb[237]. Die organische Staatslehre verfocht diesen Immanenzgedanken durch einen Rückgriff auf mystisch-naturhafte Vorstellungen[238], indem sie den Staat als einen lebendigen Organismus und die Organe als die „sichtbaren Werkzeuge der unsichtbaren Lebenseinheit des sozialen Körpers" ansah und zwischen beiden folgerichtig eine organisch-lebendige Einheit herstellte. Diese Methode, die sich bei der Erkenntnis des Staates nicht nur vergleichsweise organologischer Bilder bediente, sondern, wie bereits gezeigt, das Verhältnis von Staat und Organ durch einen direkten Übergriff in die Welt des Körperlich-Organischen selbst zu deuten versuchte, war und ist angesichts moderner soziologischer Erkenntnisse[239] nicht länger imstande, sich gegenüber der mehr und mehr erkannten Wirklichkeit zu behaupten. Die heute herrschende Lehre in der Soziologie sieht denn auch in Abkehr sowohl von der Theorie der realen Verbandspersönlichkeit als auch von der entgegengesetzten, der atomistischen Betrachtungsweise, die Gruppe als eine funktionale Ganzheit an, deren Wirklichkeit in einer erfahrbaren Wirksamkeit besteht[240]. „Gesellschaftliche Wirklichkeit ist

---

[237] Erinnert sei in diesem Zusammenhang an die Feststellung *G. Jellineks*, Staatslehre, S. 560: „Der Staat kann nur vermittels seiner Staatsorgane existieren; denkt man die Organe weg, so bleibt nicht etwa noch der Staat als Träger seiner Organe, sondern ein juristisches Nichts übrig."

[238] Vgl. S. 67 ff.; *Jellinek*, System, S. 39/40; *Henkel*, Rechtsphilosophie, S. 204; *Radbruch*, Rechtsphilosophie, S. 231, 233.

[239] Vgl. hierzu die angegebenen Nachweise bei *Bernsdorf*, „Gruppe", S. 193 ff., bes. 197 ff.

[240] Ebenso *Bernsdorf*, a.a.O., S. 198 und die dort angegebenen Autoren (S. 197/198).

(nämlich) nichts anderes als menschliche Wirksamkeit ... Eine von Menschen losgelöste gesellschaftliche Wirklichkeit (reale Verbandsperson) und Wirksamkeit kann ein theologisches, aber kein soziologisches Problem sein. Auch die gesellschaftliche Wirklichkeit des menschlichen Verbandes ist sinnlich-sinnhafte Wirksamkeit der Einheit in und aus der Vielheit menschlicher Akte. Sie ist aber niemals nur organische, wohl aber immer eine organisierte Einheit in der Vielheit. In dieser planmäßigen Zusammensetzung und bewußt einheitlichen Aktualisierung und nicht in der mehr oder minder organischen Gewachsenheit liegt das für die Frage der gesellschaftlichen Wirklichkeit entscheidende Moment[241]." Die angeblich an der Wirklichkeit orientierte These organischer Verbundenheit von Staatsorgan und Staat muß damit mangels tatsächlicher Befundnahme als unhaltbar bezeichnet werden. Das Staatsorgan kann daher primär nicht als lebendiges Individuum, als das einer über ihm schwebenden, handlungs- und willensfähigen Realität eingefügte und mit ihr organisch verbundene Phänomen betrachtet, sondern muß als natürliches und institutionalisiertes Glied einer Organisation begriffen werden.

Obwohl sich die konstruktiv-rationale Staatslehre Gerbers, Labands und G. Jellineks schon immer hierzu bekannt hatte, hält sie dennoch und trotz ihres auch im übrigen grundverschiedenen Ausgangspunktes an der Einheit von juristischer Person und Organ fest[242]. Dieser insoweit von G. Jellinek am klarsten und nachhaltigsten ausgestaltete Organ- und Staatsbegriff, der von der weitaus überwiegenden Anzahl der Staatsrechtler des ausgehenden 19. und des 20. Jahrhunderts übernommen worden ist[243], wirkte, gemessen an deren Darstellungen, richtungweisend. Seine Ausführungen stellen auch die für den konstruktiv-rationalen Staats- und Organbegriff bei weitem ausführlichsten und tiefgehendsten Unter-

---

[241] *Heller*, Staatslehre, S. 98.

[242] Vgl. S. 51 ff.

[243] *Anschütz*, System, S. 295/96; ders., Die Verfassung des Deutschen Reiches, Komm., S. 181; *Dahm*, Deutsches Recht, S. 146/147; *Fleiner*, Schweizerisches Bundesstaatsrecht, S. 39; *Forsthoff*, Lehrbuch I, S. 47, 166, 424 ff. (Staatsbegriff), 391 ff. (Organbegriff); *Giese*, Grundrechte, S. 57; ders., Deutsches Staatsrecht, S. 1/2; *Haenel*, Deutsches Staatsrecht I, S. 108 ff., 102 ff.; ders., Studien, Erste Studie, S. 56 ff., bes. 59, 60, 61 (Staatsbegriff), S. 59, 61 (Organbegriff); *Hatschek*, Deutsches und preußisches Staatsrecht, S. 3/4, 6/7; *Henkel*, Rechtsphilosophie, S. 203/204; *Hölder*, Natürliche und juristische Personen, S. VII, 206 ff., 218 ff., 221 ff., 239 ff., 298 ff. (Staatsbegriff), S. 60, 65 (Organbegriff); *W. Jellinek*, Verwaltungsrecht, S. 186 ff.; *Koellreutter*, „Öffentliches Recht", S. 267 ff.; ders., „Staat" (Allgemeine Staatslehre), S. 582, 587 ff.; *Küchenhoff*, Staatslehre, S. 18 ff. (Staatsbegriff), S. 82/83 (Organbegriff); *Laun*, Staatslehre, S. 77/78 (Staatsbegriff), S. 79/80 (Organbegriff); *Leibholz*, Wesen, S. 128 ff., 134; *Meyer-Anschütz*, Lehrb. d. dt. Staatsrechts, S. 2 ff., 13 ff., 17 ff. (Staatsbegriff), S. 18 (Organbegriff); *Radbruch*, Rechtsphilosophie, S. 284—286; *Rehm*, vgl. S. 98; *Stier-Somlo*, Reichsstaatsrecht I, S. 13 ff., 17, 18 (Staatsbegriff), S. 27/28 (Organbegriff); *Thoma*, „Staat", S. 748 ff., 751; *Waldecker*, Staatslehre, S. 263 ff., 293 ff., 303 ff., 351, 357 ff., 368, 658 ff., 663; vgl. ferner die ausführlichen Literaturangaben bei *Häfelin*, Rechtspersönlichkeit, S. 142 Anm. 149.

suchungen des Verhältnisses von Staat und Organ dar. Es fragt sich daher, inwieweit sich der für die übrige anorganische und bis heute herrschende Staats- und Organlehre repräsentative Jellineksche Begründungsversuch der Einheit von Staat und Organ als zwingend erweist.

Wie der organischen Staatslehre kommt es auch Jellinek darauf an, ohne Rückfall in organologische Vorstellungen die Einheitlichkeit des Staatswillens zu erklären. Da aber aller Wille auch nach Jellinek nur menschlicher Wille sein kann, bedarf es einer Konstruktion, mittels derer dieser Wille als Staatswille begriffen werden kann. Eine solche Projizierung des Individualwillens auf eine geeinte Vielheit kann nach Jellinek — wie die Dogmengeschichte gezeigt hat — weder durch eine Fiktion noch im Wege normativer Zurechnung, sondern allein durch Abstraktion[244] vom Willen der Korporationsorgane erreicht werden. Den Begriff der Abstraktion definiert G. Jellinek in antithetischer Gegenüberstellung zur Fiktion wie folgt: „Den Abstraktionen liegen reale Vorgänge in der Welt des Äußeren zugrunde, die Fiktion hingegen setzt anstelle des natürlichen einen ersonnenen Tatbestand und setzt ihn den ersteren gleich. Die Abstraktion ruht auf Geschehenem, die Fiktion auf dem Erfundenem[245].“ Die abstrakte Methode zeichnet sich also dadurch aus, daß sie bewußt von einem Teil der Tatsachen absieht, sie außer Betracht läßt und das Verbleibende als das Wesen der Sache selbst ausgibt. Sie ist ein begriffliches Verfahren, das durch ein Absehen von der Mannigfaltigkeit des Wirklichen, d. h. durch ein gedankliches Zurückgehen auf das im realen Besonderen enthaltene und wirksam Allgemeine die Struktur zu ermitteln sucht[246].

Obwohl dieser Begriff der Abstraktion in Rechtswissenschaft[247] und Philosophie[248] stark umstritten ist, wird er hier zugrundegelegt. Denn ihm in all seinen Verästelungen und Ausgestaltungen, die er seit der klassisch-griechischen Philosophie erfahren hat, kritisch nachzugehen, würde ersichtlich den Rahmen der Arbeit sprengen.

Bewertet man den von Jellinek im Wege gedanklicher Synthese gewonnenen Staatswillensbegriff nach diesem Maßstab, so bezeichnet der Staatswille zwar in der von Jellinek beschriebenen Richtung, wie gleich

---

[244] Vgl. S. 55 ff. Als Abstraktion und nicht als Fiktion werten die handlungsfähige juristische Person ferner: *Laband*, Staatsrecht I, S. 79, 90; *Schmidt*, Staatslehre I, S. 220; *Rehm*, Staatslehre, S. 156.

[245] *Jellinek*, System, S. 17.

[246] Desgl. *Eisler*, Wörterbuch der philosophischen Begriffe, S. 8, der den Abstraktionsbegriff zutreffend wie folgt definiert: „Abstraktion ist die mit einer Fixierung eines Erkenntnisinhalts durch die aktive Aufmerksamkeit (‚Attention‘), einem Heraussondern und Festhalten bestimmter (interessierender) Merkmale verbundene Vernachlässigung anderer Merkmale.“ Ferner *Krückmann*, Einheit, Subjekt, Person, S. 161; *Henkel*, Rechtsphilosophie, S. 205.

[247] Vgl. *Larenz*, Methodenlehre, S. 322 ff.; *Kelsen*, Hauptprobleme, S. 179, 172 ff.; *Wolff*, Organschaft I, S. 41 ff.

[248] Vgl. *Eisler*, a.a.O., S. 8 ff.

darzulegen ist, einen abstrakten Begriff. Zunächst findet er aber insoweit eine volle Entsprechung in der Wirklichkeit, als das Volk in einem bestimmten Sinne willens*fähig* ist. Als repräsentative Größe vermag es durch seine Aktivbürger im Wege von Abstimmungen und Befragungen einen formierten Willen zu bilden. Dieser Willensbildungsprozeß wird im Bereiche des Volkes noch dadurch ergänzt und intensiviert, daß sich Funktionseliten in ihm bilden und in dialektischer Weise auf die Fassung von Entschlüssen zumindest einzelner Bürger Einfluß nehmen. So gesehen *ist* der Volkswille Staatswille, d. h. Wille des rechtlich geordneten Ganzen. Einer abstrahierenden Betrachtung zwecks Denkbarmachung des Staatswillens in dieser Richtung bedarf es also erst gar nicht.

Eine Abschwächung erfährt diese Totalidentität der Willen, wenn man die Willensakte der *Organwalter* zum Staatswillen in Beziehung setzt. Je nachdem, ob es sich um Normvollzug, frei Ermessensverwaltung und Regierungstätigkeit oder um Normsetzung handelt, läßt sich eine mehr oder weniger ausgeprägte *inhaltliche* Identität erkennen. Entsprechen die Organwalterwillensakte beim Normvollzug dem vom Volk gebilligten Normen und damit dem Staatswillen noch völlig, so ist bei den übrigen Staatsfunktionen eine Übereinstimmung mit dem Staatswillen nur insoweit feststellbar, als die Organwalter zu diesen Tätigkeiten durch die Allgemeinheit der Willen als der Summe der Einzelwillen ermächtigt sind.

Findet daher insoweit noch kein Übergreifen in den Bereich der Abstraktion statt, weil die inhaltliche Entsprechung von Organwalterwille und formiertem Volkswillen tatsächlich vorhanden, d. h. empirisch nachweisbar ist, so bedient sich Jellinek der abstrahierenden Denkmethode doch von dem Augenblick an, in dem er die Organwalter*akte* — im Gegensatz zu deren Willensinhalten — als Handlungen des Staates selbst ausgibt. Denn hier abstrahiert er bewußt von der Mannigfaltigkeit des Wirklichen, indem er die natürlichen Organwalterwillen außer Betracht läßt und deren Übereinstimmung mit dem Gemeinschaftszweck als das Wesen der natürlichen Willen selbst ansieht. Auf Grund dieser inhaltlichen Identität von Gemeinschaftszweck und Organwalterwille, die im natürlichen Willensakt, dem realen Besonderen als wirksam Allgemeines immer gegenwärtig ist, begreift er den natürlichen Willen als Staatswillen[249].

Der Staatswillensbegriff ist also von Jellinek nicht im Wege normativer Betrachtung, d. h. durch rechtsordnungsgemäße Zurechnung von Organfunktionen, neu entstanden, sondern auf Grund einer noch aus dem Bereich des Seins gewonnenen Abstraktion abgeleitet worden[250].

---

[249] Wobei jedoch für ihn der Staatswille reine Vorstellung ist (Staatslehre, S. 171/172, 178 ff., 182 ff.; ders., System, S. 22, 25, 26, 28 ff.). Vgl. hierzu *Wolff*, Organschaft I, S. 41 ff.

[250] Vgl. auch S. 82; a. A. *Kelsen*, Hauptprobleme, S. 178, der den Staatswillensbegriff Jellineks zu Unrecht als Fiktion begreift.

Diese isolierende Abstraktion ist nach Jellinek das Ergebnis einer sich im Bewußtsein vollziehenden teleologischen Synthese[251]. Weil und soweit der Organwalterwille auf Verwirklichung des Gemeinschaftsinteresses zielt, ist er Staatswille. Die im Staatswillensbegriff liegende Abstraktion ist daher teleologisch begründet. Nur *mittels* abstrahierenden Weglassens ist somit der Staatswille erkennbar.

Obwohl die zweckgerichtete und Einheit stiftende Betrachtung des Volkes und der für dasselbe handelnden Personen Jellinek denknotwendig erscheint[252], unterläßt er es doch, die Struktur seiner Denkmethode näher theoretisch zu begründen. Dennoch läßt die praktische Gewinnung seiner Ergebnisse bei der Konstruktion von Staat und Organ den Schluß zu, daß er der teleologischen Methode in der Rechtstheorie eine breite und erkenntniskräftige Funktion zuweist. In der Tat stellt teleologisches oder zielorientiertes Denken ein Prinzip allgemeiner Rechtsbetrachtung dar. Es hat seine Bedeutung sowohl in der Rechtstheorie als auch im Rahmen des positiven Rechts. So entspringt gerade dieses dem zielstrebigen Denken des Gesetzgebers. Das zeigt in besonders anschaulicher Weise ein Blick auf das Strafrecht, weil gerade in ihm die bestimmten Zwecken folgenden Normen einheitliche Sozialzusammenhänge in sehr drastischer Weise zweckgerichtet abstrahieren und daher die Struktur teleologischen Verfahrens aufzuschließen berufen sind. So veranlaßt gerade der Zweck des Rechtsgüterschutzes den Gesetzgeber, ein Sinnganzes z. B. als Betrug, als ein aus Täuschungshandlung, Irrtum, Vermögensverfügung und Schaden usw. zusammengesetzte Abstraktion zu deuten.

Teleologisches Denken, dessen Wesen und Fruchtbarkeit somit gerade das positive Recht zu verdeutlichen vermag, ist also durch das Setzen von Zwecken und durch diesen Zwecken *entsprechende* Abstraktionen gekennzeichnet. Dabei stellt sich die Abstraktion als *Mittel* zum Zweck dar. Sie erscheint jedoch nur solange sinnvoll und aussagekräftig, als sie nicht dasjenige Maß an Vergröberung und Inhaltsentleerung überschreitet, das die Zweckerreichung zwingend erfordert.

Es fragt sich daher, inwieweit Jellineks abstrahierende Erklärung des Staatswillens, auf der auch die heute noch herrschende Meinung fußt[253],

---

[251] Vgl. S. 55/56.

[252] S. 56, Anm. 99.

[253] So vor allem *Haenel, Hatschek, Meyer-Anschütz, Fleiner, Stier-Somlo, Koellreutter, Giese, Thoma* (vgl. S. 114, Anm. 3), aber auch *Wolff* (Verwaltungsrecht I, S. 191, und Organschaft II, S. 293, Anm. 1), dessen Rechts- und Organbegriff eigentlich demjenigen der Wiener Rechtsschule zuzurechnen ist, läßt den Staatswillensbegriff durch organschaftliche Zurechnung, die er als Fiktion begreift, entstehen. Die übrigen vorstehend erwähnten Autoren weisen zwar nicht immer ausdrücklich auf die methodisch-abstrakte Gewinnung ihres Staatswillensbegriffs hin, berufen sich aber des öfteren auf das abstrahierende Verständnis Jellineks und tun damit — was auch ohnehin offenkundig ist —

als erklärungskräftige Hypothese von Nutzen ist. Da nämlich die Verwendung isolierender Abstraktion sowohl in der Gesetzestechnik als auch in der Wissenschaft, wie bereits dargelegt, immer nur Mittel zu einem bestimmten Zweck ist, müßte auch die die Einheit von Organ und Staat begründende und diesem dadurch Handlungsfähigkeit verleihende Abstraktion sich auf irgendeine Zweckmäßigkeit gründen lassen. Wäre das nicht der Fall, hätte sie ihre Berechtigung verloren. An die Stelle der Annahme einer Einheit von Staat und Organ müßte Zweiheit treten. Der Staat könnte nicht mehr als durch seine Organe selbst handelnd vorgestellt werden, sondern müßte sich Dritter bedienen, die für ihn einen Willen bildeten.

Da sich der Staat nach Jellinek als teleologische Personeneinheit, mithin als Zweckgebilde[254] und, da von der Rechtsordnung mit eigenen Rechten und Pflichten ausgestattet, als Rechtssubjekt darstellt, könnten auch aus Gründen der Zweckmäßigkeit die Organwalterwillensakte als seine eigenen begriffen werden. Eine solche Konstruktion wäre jedoch nur dann sinnvoll, wenn der Begriff des Subjekts auch immer dessen Willensfähigkeit implizierte, wenn insbesondere irgendein Zweck das Zusammenfallen von Subjektivität und Handlungsfähigkeit erforderte oder etwa der Staat als Willenssubjekt besser zu denken oder vorzustellen wäre[255]. Ein derartiger Zweck läßt sich jedoch nicht schon aus dem Begriff des Staates als eines Subjekts selbst herleiten. Denn die Subjektivierung von irgendetwas bedeutet weiter nichts, als daß man dieses „etwas" zu einer Einheit zusammenfaßt und es als eigenständig, d. h. als Beziehungsendpunkt seines eigenen Seins (seiner Äußerungen) behandelt[256]. Sprachlich gesehen findet diese Beobachtung ihren Niederschlag vor allem im Begriff des Habens[257]. So geht man nicht nur davon aus, daß gegenständliche Gesamtheiten, etwa ein Tisch oder ein Stein, z. B. scharfe Kanten haben, sondern man subjektiviert darüber hinaus auch das Unkörperliche, indem man z. B. den Verkehr sich neue Bahnen suchen oder den Verein eine Fahne erwerben läßt. Die Subjektivierung außermenschlicher Einheiten bedeutet also immer nur Behandlung einer körperlichen oder unkörperlichen Ganz-

---

die Übernahme seines abstrakten Staats- und Organbebegriffs kund. Vgl. auch noch hinsichtlich des Meinungsstandes im Privatrecht: S. 80, Anm. 254.

[254] Auch die heute herrschende Meinung, die sich einerseits an die konstruktiv-rationale Staatslehre Labands und Jellineks, anderseits an die Theorie der realen Verbandspersönlichkeit anlehnt, begreift die juristische Person und damit den Staat als eine rechtstechnische Zweckgebundenheit, die über einen eigenen formierten Willen verfügt. Vgl. insoweit: *Enneccerus-Nipperdey*, AT des BGB, I, S. 610, Anm. 2, 6 und S. 608, Anm. 2, Ziff. 6; *Lehmann*, AT des BGB, S. 408; *Palandt-Danckelmann*, Bürgerl. Gesetzbuch, Komm., Einf. I vor § 21; *Jellinek*, System, S. 12 ff., 25, 26, 28—30.

[255] *Koellreutter*, „Staat (Allgemeine Staatslehre)", S. 587.

[256] Desgl. *Krückmann*, Einheit, Subjekt, Person, S. 176.

[257] Desgl. *Krückmann*, a.a.O., S. 176/177.

heit als etwas Eigenständigem, als eines Subjekts eben, ohne daß hierbei in Anlehnung an die antropomorphen Vorstellungen der Organismustheorie die Qualifikation solcher Einheiten als nicht nur rechts-, sondern auch personhaft willens- und handlungsfähig zweck- und sinnvoll erschiene. Es ist daher weder zweckmäßig noch folgerichtig[258], noch sonst denknotwendig[259], noch fördert es die Begreifbarkeit außermenschlicher Ganzheiten, subjektivierte Einheiten als solche darüber hinaus noch mit einem eigenen Willen zu versehen. Die aus dem Sonderrechtskreis des einzelnen ausgeschiedenen und mit einer davon unabhängig bleibenden Einrichtung, der subjektivierten Staatsorganisation, verknüpften Zwecke und Interessen[260] können nämlich, auch ohne daß man im Einklang mit der Organtheorie einen Staatswillen unterstellt, zweckentsprechend verwirklicht werden. Auf irgendeine Zweckmäßigkeitserwägung läßt sich daher der abstrakte Staatswillensbegriff nicht gründen.

Aber nicht nur der Mangel an Zwecken, sondern auch die Struktur der Gruppe selbst verbietet ihre Hypostasierung zu einer mit eigenem Willen ausgestatteten Erscheinung. Diese Folgerung gebietet der zuvor entwickelte Repräsentationsbegriff. Danach stellt nämlich die Gruppe einen einheitlichen und erfahrbaren Wirkzusammenhang[261] dar, der zwar ausnahmsweise auf Grund von organisierten Abstimmungen und Befragungen einen Willen zu bilden vermag, im übrigen aber nur vermittels seiner Repräsentanten über einen formierten Willen verfügt. Der so verstandenen Gruppe Rechtsfähigkeit verleihen, bedeutet weiter nichts, als daß man eine tatsächlich existierende Ganzheit für fähig hält, Träger von Rechten und Pflichten zu sein, die ihrer Art nach auch außermenschlichen Substraten zugeordnet werden können. In dem Augenblick aber, in dem man diese Ganzheit in einer die Fähigkeit des Volkes zur Bildung eines formierten Willens (im Wege von Abstimmungen) übersteigenden Weise für willens- und handlungsfähig erklärt, verläßt man den Boden der zuvor als repräsentativ-dialektisch beschriebenen Wirklichkeit der Gruppe. Außerdem bringt man die rechtstheoretische Begriffsbildung in einen klaren Gegensatz zu den allem Recht vorgegebenen Naturgesetzen und Naturtatsachen[262] und gibt dadurch die unabdingbare Mindestkongruenz zwischen der den Begriffen der allgemeinen Staatslehre zugrundeliegen-

---

[258] Zu Recht weisen daher *Enneccerus-Nipperdey* darauf hin, daß man, wenn man die vereinigten Mitglieder personifiziere, folgerichtig auch deren geeinten Willen, aber — wie hinzuzufügen ist — eben auch nur den geeinten, d. h. den Volkswillen, als Willen der gedachten Person betrachten müsse (a.a.O., S. 18).

[259] So *Georg Jellinek*, vgl. S. 79 ff.

[260] *Lehmann*, a.a.O., S. 406.

[261] *Vierkandt*, „Gruppe", S. 244.

[262] Zutreffend weist insoweit *Esser* darauf hin, daß „wegen der Wirklichkeitsbezogenheit des Rechts eine willkürliche, der Natur der Dinge widerstreitende Sprache und Begriffsbildung Unfug ist" (Wert und Bedeutung der Rechtsfiktionen, S. 109).

den geschichtlich-sozialen Welt und diesen Begriffen selbst auf — und das noch, wie sich gezeigt hat, ohne sachgerechten Anlaß.

Die Annahme einer auf Abstraktion beruhenden Einheit zwischen Staat und Organ entstellt aber — ganz abgesehen davon, daß sie unzweckmäßig ist — nicht nur unnötigerweise den sozialen Tatbestand der Gruppe als einer im oben beschriebenen Sinne willensunfähigen, aber wirksamen und daher erfahrbaren Ganzheit, sondern verdeckt darüber hinaus geradezu die Stellung der — für das Verhältnis von Staat und Organ allein bedeutsamen[263] — obersten Staatsorgane. Da nämlich diese Organe, die sämtlich entweder Gesetzgebungs- oder Regierungs-, immer aber Leitungs- bzw. Führungsfunktion ausüben, allererst gewährleisten, daß überhaupt gehandelt wird, alle Tätigkeit für die Gruppe also erst durch sie Plan und Ziel erfährt, darf man sie, will man nicht ihr polares Verhältnis zur Gruppe und damit ihr Wesen verdecken, auch nicht mit dieser in eins setzen[264]. Gerade diesen Fehler begeht aber die herrschende Organtheorie[265]. Indem sie Staat und Organ als Einheit begreift und jenen der Wirklichkeit zuwider mit einem Willen ausstattet, setzt sie juristische Konstruktion und sozialen Sachverhalt nicht nur ungezwungenermaßen in Widerspruch, sondern zieht auch Folgerungen, die sich aus den Prämissen des eigenen Organbegriffs nicht zwingend ergeben. Ist nämlich das Organ im normativen Sinne eine Institution zur Erledigung der eigenen Angelegenheiten der juristischen Person, ein institutionelles Subjekt also, das Funktionen für eine juristische Person ausübt oder sie, wie Wolff[266] sich ausdrückt, transitorisch wahrnimmt, so ist es von dieser Seite her durch nichts erfordert, beide Institutionen als Einheit zu sehen[267]. Im Gegenteil: da alles Recht an der Wirklichkeit orientiert ist, erweist es sich als sinnvoll, den Rechtsbegriff des Organs soweit wie möglich, d. h. soweit nicht rechtliche Gesichtspunkte etwas anderes als zweckmäßig erscheinen lassen — was hier, wie zuvor gezeigt, nicht der Fall ist —, am sozialen Tatbestand der dialektischen Zweiheit zu orientieren.

---

[263] Das beruht darauf, daß nur die obersten Staatsorgane den Staat unmittelbar vertreten. Alle übrigen staatlichen Funktionseinheiten sind entweder Teile jener Staatsorgane oder vertreten jedenfalls das rechtlich organisierte Ganze nicht unmittelbar, vgl. S. 83/84.

[264] Vgl. zu alledem S. 35 ff., 40 ff.

[265] Hierzu zählt nicht nur die organische und die konstruktiv-rationale Staatstheorie, sondern in einem weiteren Sinne auch Kelsen und die von ihm begründete Wiener Rechtsschule sowie Wolff. Vgl. S. 67 ff., 73 ff., 83 ff.

[266] *Wolff*, Verwaltungsrecht II, S. 46.

[267] Das gibt auch *Wolff* insoweit zu, als er neben seinem Organbegriff, wonach juristische Person und Organ eine Einheit bilden, einen weiteren Organbegriff kennt, der nicht das Organverhalten als dasjenige der juristischen Person ansieht, sondern lediglich die vom Organ gesetzten Rechtsfolgen, wie bei der Stellvertretung, der juristischen Person zuordnet. Wolff anerkennt damit eine Zweiheit zwischen Organ und juristischer Person — zu Unrecht jedoch nur in den Fällen, in denen es sich um ein rechtsfähiges Organ handelt (Verwaltungsrecht II, S. 50 und I, S. 188/189 der 5. Aufl.).

Das Argument, das die Rechtslehre immer wieder dazu veranlaßt hat, diese Auffassung zu bekämpfen, liegt in der unbestreitbaren Beobachtung begründet, daß alle Organe in die die juristische Person bildende Organisation eingegliedert sind und damit ihre Bestandteile bilden[268]. Das Verhältnis vom Teil zum Ganzen, auf das sich damit das Organproblem zuspitzt, ist jedoch für die Erkenntnis des Verhältnisses zwischen Staat und Organ unfruchtbar. Daß jede Gesamtheit, mithin jede Organisation über Teile (Organe) verfügt, daß das „Ganze und die Teile eben zusammengehören", weil sie „ebenso wesentlich unterschieden, als aufeinander bezogen sind"[269], ist eine Selbstverständlichkeit. Diese Betrachtungsweise beinhaltet eine auf *jede* Ganzheit passende, allgemeinste Erkenntnis, die die jeweilige Besonderheit zwischen Teil und Ganzem nicht zu erfassen vermag. Sie ist zwar in sich schlüssig, doch trifft sie nicht den Kern des Organproblems. Der Organbegriff wird nämlich, seitdem ihn Otto v. Gierke in die Rechtswissenschaft eingeführt hat, bis heute als reiner Funktionsbegriff[270] verstanden. Sein Charakteristikum liegt in der Wahrnehmung von Funktionen juristischer Personen. Obwohl das Organ als Funktionssubjekt zur Einheit der juristischen Person gehört, nimmt es doch für dieselbe Funktionen wahr und erwirbt hierdurch eine relativ verselbständigte Stellung auch gegenüber der Einheit. Indem Aufgaben wahrgenommen werden, die nicht das wahrnehmende Subjekt selbst, sondern eine von ihm unterschiedene Vielheit betreffen, steht dieses Subjekt für etwas anderes. Im Augenblick der Funktionswahrnehmung stehen sich also zwei verschiedene Einheiten gegenüber. Handeln solche Funktionseinheiten durch ihre Walter für einen Verband, so entsprechen sie, auch wenn sie Organe genannt werden, doch stets der auf Zweiheit beruhenden Grundform aller Vertretung[271].

Diese abstrahierende Zurückführung der Organschaft auf die Kategorie der Vertretung leistet zwar — gerade auch angesichts der herrschenden Organtheorie — einen außerordentlich erkenntniskräftigen Beitrag zur

---

268 Auf diesem Standpunkt steht sowohl die organische als auch die heute herrschende konstruktiv-rationale Staatslehre. Vgl. hierzu *Forsthoff*, Verwaltungsrecht I, S. 391, 393.

269 *Hertwig*, Der Staat als Organismus, S. 12.

270 So vor allem *Gierke*, *Preuss*, *G. Jellinek* (vgl. insoweit die Begriffsgeschichte) als auch die moderne Lehre: *Forsthoff*, a.a.O., S. 387, 391 ff.; *Wolff*, Verwaltungsrecht II, S. 43 (Definition).

271 Desgl. *Wolff*, Organschaft II, S. 95/96. Diese richtige Erkenntnis legt Wolff aber nur seinem soziologischen Organbegriff zugrunde. Das juristische Verhältnis zwischen normativem Organ und Staat begreift er — in Widerspruch zu jenem Organbegriff — als Einheit kraft Zurechnung.

Der Begriff „Vertretung" soll hier als die allgemeinste Kategorie des „Stehens für andere", d. h. als Oberbegriff aller für eine Gesamtheit tätigen Individuen und Institutionen verstanden werden.

Einordnung der Organe, birgt aber andererseits die bisher unterschätzte Gefahr der Vergröberung in sich. Sie bedarf insoweit der Einschränkung, als nur die repräsentierenden Organe das rechtlich organisierte Volk vertreten und damit den Grundtatbestand der Zweiheit erfüllen. Zwar nehmen streng genommen alle Organe Fremdfunktionen wahr und vertreten insoweit die juristische Person, stehen also im weitesten, weil mittelbarsten Sinne für etwas anderes. Doch bilden die nicht repräsentativen Staatsorgane, wie etwa die bundesunmittelbaren Anstalten und Körperschaften sowie die oberen Landesbehörden keinen eigenen Willen, sondern verwirklichen in unselbständiger, weil weisungsgebundener Art und Weise die staatliche Rechtsordnung. Da sie mithin fremden, nämlich den in der Norm sowie den in der Weisung zum Ausdruck gebrachten Willen nur noch realisieren, sind sie außerstande, jenes alle Repräsentation auszeichnende dialektische Verhältnis zum Volk zu finden. Sie empfangen damit ihre Handlungsimpulse von innen, d. h. aus der Organisation und nicht wie die Repräsentativorgane von außen, nämlich durch Konfrontation mit dem Volk als repräsentativer Größe. Ihr rechtserhebliches Verhalten erscheint daher im Innenverhältnis als von der Organisation gesteuert. Insoweit sind die nicht repräsentativen Organe der personifizierten Organisation eingefügt und mit ihr zur Einheit verschmolzen.

Eine ganz andersartige Stellung nehmen demgegenüber die repräsentativen Organe ein. Zwar gehören auch sie der staatlichen Organisation im weitesten Sinne an. Doch treten sie als Exponenten derselben hervor und bilden in dialektischer „Zwiesprache" mit dem Volk einen eigenen Willen. Hierzu rechnen, wie schon bei der Erarbeitung des Repräsentationsbegriffes angedeutet, fast alle unabhängig dezidierenden Funktionseinheiten, also vornehmlich die Parlamente, die Regierungen und die freie Ermessensverwaltung übenden Organe, wie z. B. der Rat und der Gemeindedirektor, aber auch bis zu einem gewissen Grade die oberen Bundesgerichte wie insbesondere das Bundesverfassungsgericht. Zwar sind diese, was aber ebenso für die Exekutive gilt, an das Recht gebunden. Doch unterliegt auch ihre — gerade interpretative — Tätigkeit der ständigen Auseinandersetzung mit den im Volke wirksamen Vorstellungsgehalten. Umgekehrt wirkt die Rechtsprechung in Form grundlegender Entscheidungen auf die Verhaltensweise der Rechtsgenossen zurück. Bisweilen wirkt diese die gesamte Existenz des Verbandes bestimmende Funktionsausübung der obersten Staatsorgane so dominierend, „daß gelegentlich das Ganze in eminente Abhängigkeit zu seinen repräsentativen Organen"[272] gerät. Denn „je reicher und mächtiger die Individualität eines Menschen ist, desto stärker macht sie auch in seiner Wirksamkeit als Verbandsorgan sich geltend, desto mehr beherrscht und beeinflußt sie das Leben des Verbandes"[273].

---

[272] *Wolff*, a.a.O., S. 96/97.

[273] *Hölder*, Natürliche und juristische Personen, S. 65; *Wolff*, a.a.O., S. 97.

Insgesamt gesehen wird daher das Verhalten der Repräsentativorgane nicht von innen, d. h. durch die Organisation, sondern gerade umgekehrt von außen durch das Volk bestimmt. Also gibt nicht das Eingefügtsein in eine Organisation, sondern das Handeln für das Volk in dialektischer gegenseitiger Beeinflussung das für die Kennzeichnung der Repräsentativorgane entscheidende Charakteristikum ab. Erscheinen alle übrigen Organe als nur unselbständige Teile der Behördenorganisation, so heben sich die Repräsentativorgane als sowohl von dieser als auch vom rechtlich organisierten Ganzen unabhängige und verselbständigte Einheiten ab. Damit beruht aber ihr Wesen nicht, wie das der übrigen Organe, auf Einheit, sondern auf — wie gleich zu zeigen sein wird, dialektisch ausgestalteter und daher ganz andersartiger — Zweiheit[274] als bei der Stellvertretung.

Diese dem wesentlich funktionalen und daher auf Zweiheit beruhenden Charakter des Organbegriffs allein Rechnung tragende Betrachtungsweise kann dynamisch, jene als statisch bezeichnet werden. Während die dynamische eine Institution und deren Walter im Auge hat, die für etwas anderes Funktionen wahrnimmt, stellt die statische auf die Struktur, das Aufbaugefüge, d. h. die „verhältnismäßig dauernde Anordnung von Teilen zu einem Ganzen"[275] ab. Je nachdem, welcher Betrachtungsweise man folgt, gelangt man zu unterschiedlichen Ergebnissen. Im Gegensatz zu den statischen vermag — abweichend von der herrschenden Organ- *als auch* der Vertretertheorie — jedoch nur die dynamische Sicht das dem Organ als Zuständigkeits- und Funktionsbegriff eigentümliche Duplizitätsverhältnis zur Staatsperson erkennbar zu machen. Als erklärungskräftigerer Anschauungsweise gebührt ihr daher der Vorzug.

Diesen Schritt zur Zweiheit haben im Ergebnis, wenn auch mit anderer Begründung, die Anhänger der Vertretertheorie schon immer vollzogen[276]. Dabei ließen sie sich allerdings nicht so sehr von der soziologischen Erkenntnis des zwischen der Gruppe und ihren Repräsentanten bestehenden dialektischen Verhältnisses als vielmehr von der unbestreitbaren und für jedermann evidenten, aber eben unvollständigen Beobachtung leiten, daß einer, nämlich das Organ, für viele steht und insoweit tatsächlich zwei voneinander klar unterschiedene Größen vorhanden sind. Dieser Tatbestand erinnerte so sehr an die von alters her ausgebildete zivilrechtliche Stellvertretung, daß man das das Organ kennzeichnende institutionelle Element gänzlich übersah oder gar den Tatsachen, d. h. der durch die Zuständigkeitsordnung tatsächlich begründeten (Organ-) Institution, zuwider

[274] Zu einem ähnlichen, von der monarchischen Staatslehre abweichenden Ergebnis, d. h. zu einer Scheidung von Staat und Organ gelangt — allerdings von einer anderen Problemstellung ausgehend — auch *Rupp*, Grundfragen, S. 76 Anm. 157, 48, 38 Anm. 65, 22.

[275] *Mayntz*, Soziologie der Organisation, S. 81.

[276] Vgl. S. 66 ff.

für Schein und Trug erklärte[277]. Dadurch verbaute und verbaut man sich noch immer von vornherein den Zugang zu der Erkenntnis, daß das Organ als Institution doch irgendwie immer zur staatlichen Organisationsordnung „gehört", auch wenn es mit dieser keine Einheit bildet. Durch diese Identifizierung verschloß man sich ferner der Einsicht in die ganz andersartige, nämlich dialektische Struktur zwischen der Gruppe und ihrem Organwalter-Repräsentanten[278] sowie in die dadurch erzeugte Verbundenheit zwischen beiden.

Eine Rückbesinnung auf die zuvor erarbeitete Grundbeziehung zwischen Gruppe und Repräsentant zeigt, daß sich beide Größen weder total zweiheitlich gegenüberstehen — so die Vertretertheorie — noch auf absoluter Einheit beruhen — so die Organtheorie. Die der Wirklichkeit allein Rechnung tragende richtige Auffassung liegt vielmehr in der Mitte. Der einzelne, der für die Gruppe handelt, ist weder mit ihr zu voller Einheit verschmolzen noch steht er ihr in jener totalen Eigenständigkeit gegenüber, die das Verhältnis zwischen zivilrechtlichem Stellvertreter und Vertretenem kennzeichnet. Das zeigt bereits ein Blick auf den Repräsentationsbegriff. Das Verhältnis zwischen Repräsentant und Gemeinschaft ist dialektisch ausgestaltet. Führer und Geführte verbindet eine polare Beziehung, ein ständiges Gegeneinander, womit sich als *Grund*tatbestand das Bild der Zweiheit ergibt. Hierin erschöpft sich zwar die Polarität, nicht aber die Dialektik. Sie fügt jenem vereinfachten Bild als Drittes nicht nur die Synthese hinzu, sondern verlegt vor allem auch jenes Ausgangsbild der Duplizität, den zwischen beiden Polen herrschenden Widerspruch, bereits in eine höhere Einheit. Beide, der Gruppen- und Repräsentantenwille, stehen sich zwar im Sinne von Positivität und Negativität gegenüber. Dieser negiert jenen. Doch schreiten infolge dieses Prozesses beständiger Erneuerung und Intensivierung[279] beide zu immer integrierterer Gemeinschaft fort. Die zwar äußerlich in der Tat vorhandene, auf Widerspruch beruhende Zweiheit beider Willen zielt also auf höhere Einheit ab und spielt sich letztlich auch innerhalb derselben ab. Positivität und Negativität vollziehen sich also in einer Einheit, der beide angehören. Das Wesen dieses dialektischen, sich in der gesellschaftlichen Wirklichkeit vollziehenden Prozesses hat in einem anderen Zusammenhang sehr treffend Marx beschrieben. Zwar stehen sich in seinem System nicht Gruppen- und Re-

---

[277] So *Nawiasky*, S. 101/102.

[278] Für die Frage, wie die Struktur der Beziehung zwischen Staat und Organ beschaffen sei, kommt es nur auf das Verhältnis zwischen dem Staat und den repräsentativen Funktionseinheiten an, weil nur sie unmittelbar für ihn handeln. Die weisungsgebundenen Organe vertreten lediglich jene Organwalter-Repräsentanten und stehen daher zur organisierten Gesamtheit in einem nur vermittelten Verhältnis, während sie mit jenen eine mehr oder weniger intensive Einheit bilden.

[279] Vgl. hierzu die treffenden Ausführungen *Smends*, vgl. oben S. 29.

präsentantenwille gegenüber, doch begegnen sich zwei Größen, nämlich gesellschaftliche Kräfte, im Sinne eines Kampfes von Gegensätzen[280]. Beide sind nicht schlechthin voneinander getrennt, sondern bilden trotz des zwischen ihnen waltenden Widerspruchs wiederum Bestandteile einer höheren Einheit, der einer Gruppe oder eines Volkes.

Dieser Exkurs hat die innere Struktur der Dialektik offengelegt und noch einmal in die Erinnerung zurückgerufen. Verifiziert man sie an der Wirklichkeit, so zeigt sich, daß sie keine dürre, den Tatsachen abgewandte Formel darstellt, sondern vielmehr in höchstem Maße geeignet ist, das Leben einer Gruppe aufzuschließen und damit auch das Verhältnis von Staat und Organ zu deuten. So entspricht die Beziehung zwischen der Gruppe und ihren Repräsentanten dem von ihr beschriebenen Vorgang auf das genaueste. Beide verharren nämlich nicht in einem polaren Gegeneinander, sondern finden in einem Miteinander, in einer wechselseitigen — von Wolff[281] so treffend charakterisierten — Verbundenheit ständig wieder zusammen. Polarität und Gemeinschaftsverbundenheit kennzeichnen das Verhältnis von Führer und Geführten, von Organ (mit Führungsfunktion) und Staat (organisierter Gruppe) also gleichermaßen. Beide sind weder total voneinander getrennt (Vertretertheorie) noch zur Einheit verschmolzen (Organtheorie). Ihre zweiheitliche Grundbeziehung ist einer höheren Einheit, der Gruppe als Ganzem, eingebettet und dadurch relativiert und abgeschwächt, nicht aber zum Verschwinden gebracht[282].

Diesem Grundtatbestand einer jeden Gruppe und eines jeden Volkes muß auch der Organbegriff Rechnung tragen, zumal dem aus rechtstechnischen Zweckmäßigkeitserwägungen — wie zuvor gezeigt — keine Bedenken entgegenstehen. Um daher die relative Zweiheit zwischen Organ und Verband zum Ausdruck zu bringen, dürfen nicht mehr die rechtsfolgebegründenden Tatbestände, die Organwalterhandlungen als solche, sondern nur noch deren Rechtsfolgen auf den Staat bezogen, ihm *zugeordnet* werden. Eine bestimmte Organhandlung *ist* also weder Staatshandlung noch darf sie als sein Verhalten *angesehen*, ihm zugerechnet werden (fiktiv). Wenn dennoch in der menschlichen Sprache der Staat als Träger eines eigenen Willens erscheint (der Staat tut dies und jenes), so mag das dem Bedürfnis nach Anschaulichkeit Rechnung tragen sowie der Sprach- und Denkökonomie dienlich sein. Das Verständnis der Wirklichkeit und die juristische Konstruktion des Organs fördert diese Ausdrucksweise jedenfalls nicht.

---

280 *Marx/Engels*, Manifest der kommunistischen Partei, S. 6 ff.; *Wetter*, Dialektischer und historischer Materialismus, S. 119.

281 Vgl. oben S. 28.

282 Einen Schritt in diese Richtung hat auch *Brecher*, Subjekt und Verband, S. 241, getan. Der Gedanke, daß die Zweiheit keine totale ist, klingt auch bei *Krüger*, Staatslehre, S. 264, an: „Da Zurechnung jedoch eine zwar sehr innige, aber unverkennbare Zweiheit der beteiligten Größen andeutet, . . .“

Staatsorgan im normativen Sinne ist demnach ein durch organisatorische Rechtssätze gebildetes, eigenständiges institutionelles Subjekt, dessen Zuständigkeit darin besteht, die Eigenzuständigkeiten des Staates als Rechtsperson dergestalt wahrzunehmen, daß die *Rechtsfolgen* der von ihm gesetzten rechtsfolgebedingenden Tatbestände dem Staate *zugeordnet* werden[283].

C. Abgrenzung von verwandten Tatbeständen

I. Die Abgrenzung der Organschaft von der Repräsentation

Die hinsichtlich der Repräsentation und der Organschaft gemachten Ausführungen sowie die vorgelegten Definitionen sprechen, was ihre Abgrenzung betrifft, eigentlich schon für sich. Dennoch soll das Typische beider Begriffe einmal unmittelbar gegenübergestellt werden. Dabei kann auf zweierlei verschiedene Art und Weise verfahren werden. Einmal lassen sich die fraglichen Begriffe formal, d. h. nach der Art und Weise, wie sie gebildet sind, und zum anderen materiell, nach ihrer inhaltlichen Ausgestaltung, voneinander abgrenzen.

Formal gesehen ist der Organbegriff ein abstrakter Begriff. Er ist im Wege isolierender Abstraktion gewonnen, d. h. durch ein Verfahren, dessen Besonderheit darin besteht, „daß das Denken an einen Gegenstand der Wahrnehmung, der als solcher eine konkrete (d. h. wörtlich: ‚zusammengewachsene') Einheit mannigfacher Eigenschaften oder Bestimmtheiten ist, diese *einzeln* auffaßt, von dem Gegenstand wie auch gegeneinander *abhebt* und sie zugleich in verallgemeinernder Weise, jede für sich, bestimmt und benennt"[284]. Die im Organbegriff vollzogene Abstraktion bewirkt zunächst eine Trennung der die normierten staats- und verwaltungsrechtlichen Funktionseinheiten kennzeichnenden Merkmale. Die im Organbegriff einzeln aufgefaßten Kriterien: Walter, Institution, Zurechnung usw. sind vom Konkreten, der Wirklichkeit abstrahiert und einzeln nebeneinander gestellt. Die einzelnen staatsrechtlichen Funktionsträger, wie z. B. der Bundespräsident, Bundeskanzler, die Minister usw. werden

---

[283] Diese Definition des Staatsorgans weicht von der bisher präzisesten Begriffsbestimmung des Organs durch *Wolff* (Verwaltungsrecht II, S. 43) in zwei wichtigen Punkten ab: das Begriffsmerkmal der Eigenständigkeit und damit die Unterscheidung von Organ und Organteil ist von Wolff bewußt auf das Verwaltungsrecht zugeschnitten (a.a.O., S. 11) und daher im Staatsrecht nicht verwendbar. Der Sinn der Eigenständigkeit ist daher in der verwandten Definition ein anderer (vgl. dazu S. 127 ff.). Zum zweiten sind Organ- und Staatsbegriff nicht mehr im Kelsen-Wolffschen Sinne als Zurechnungsbegriffe gefaßt. Organ und Staat werden daher nicht mehr als Einheit kraft Zurechnung, sondern als auf dialektischer Zweiheit beruhend begriffen. Lediglich die Rechtsfolgen werden noch zugeordnet.

[284] *Larenz*, Methodenlehre, a.a.O., S. 322/323.

nicht als Wesenseinheit, als zusammenhängendes Sinnganzes aufgefaßt, sondern in ihre Einzelteile zerlegt, von denen dann einige als für den Begriff besonders bedeutsam festgehalten werden. „Der durch solche Merkmale definierte abstrakte Begriff bezeichnet ein Allgemeines von Gegenständen, das in jedem einzelnen Gegenstand verwirklicht ist, an dem die sämtlichen Merkmale des Begriffs als vorhandene Eigenschaften nachgewiesen werden können[285]."

Die Auswahl der einzelnen Begriffsmerkmale erfolgt nach dem jeweils von der betreffenden Wissenschaft verfolgten Zweck[286]. Da es der Rechtswissenschaft, insbesondere dem Staats- und Verwaltungsorganisationsrecht, vor allem darauf ankommt, die dem Organisationsrecht zugrunde liegenden rechtserheblichen Tatsachen in ein lückenloses System zu bringen, bedarf sie u. a. der Theorien und Begriffe, die die hier fraglichen, für den Staat tätigen Funktionseinheiten zu erklären vermögen. Eine solche Funktion erfüllt der Organbegriff. Er ist dazu bestimmt, alle für den Staat tätigen Funktionseinheiten in einem einheitlichen System zu ordnen. Er soll die Vielzahl handelnder Funktionssubjekte zusammenfassen und systematisieren. Er ist ein Konstruktionsmittel, um die Fülle rechtlich relevanter Tatsachen nicht aus dem Auge zu verlieren. Er ist die logische Synthese der beobachteten staatsrechtlichen Funktionseinheiten. Insgesamt stellt der Organbegriff ein Mittel zur einheitlichen Erfassung und Erklärung der für eine organisierte Gesamtheit funktionsnotwendigen Einheiten[287] dar.

Demgegenüber bildet der Repräsentationsbegriff einen apriorischen Sinn- oder Wesensbegriff[288]. Er ist nicht wie der abstrakte Organbegriff „von den in der Erfahrung angetroffenen Gegenständen nur abgezogen, sondern er ist ein dem Wirklichen zugrunde liegendes, die Wirklichkeit gestaltendes Prinzip, dessen wir inne werden, indem wir die Wirklichkeit ‚vernünftig' auffassen"[289]. Die einzelnen Merkmale des Repräsentationsbegriffs stehen nicht isoliert da, sondern verweisen wechselseitig aufeinander. In jedem Merkmal ist das Ganze mit enthalten. So beruht beispielsweise das Kriterium der Unabhängigkeit im Repräsentationsbegriff nicht auf einer isolierenden Abstraktion, auf einer wie beim Organbegriff zweckentsprechenden Auswahl aus der Fülle der Merkmale, sondern ist, wie oben entwickelt wurde[290], auf den sich zwischen Repräsentant und

---

[285] *Larenz*, a.a.O .,S. 323.

[286] *Rickert*, Zur Lehre von der Definition, S. 37; *Larenz*, a.a.O., S. 324.

[287] Vgl. zu alledem *Wagner*, Die Theorie in der Rechtswissenschaft, S. 457 ff., 460.

[288] Vgl. zu diesen Begriffsarten: *Larenz*, a.a.O., S. 353 ff. und die auf S. 30 Anm. 98 angegebene Literatur.

[289] *Larenz*, a.a.O., S. 356/357.

[290] Vgl. S. 43/44

Gruppe abspielenden dialektischen Prozeß zurückzuführen und in ihm enthalten. Alle Einzelmerkmale sind nicht für sich gesondert verständlich, sondern „nur in der Verbundenheit mit allen anderen Momenten“[291], auf die sie zurückverweisen. Der Repräsentationsbegriff ist also im Gegensatz zum normativen Organbegriff ein Seinsbegriff, der bestimmte, hinter oder vor den organisationsrechtlichen Funktionsbegriffen liegende soziale Tatbestände zu charakterisieren berufen ist. Da er das Ganze einer sozialen Erscheinung erfaßt, ist er — im Unterschied zum Organbegriff, dessen abstrakte Merkmale in der Wirklichkeit ihre Entsprechungen finden — auch der Subsumtion unfähig[292]. Denn Tatsachen können wohl eine Abstraktion, nicht aber einen die Wirklichkeit selbst beinhaltenden Begriff ausfüllen.

Begriffliche Gegensätzlichkeit kann also nicht größer sein: Während der Organbegriff die Wirklichkeit zu ordnen hat, soll diese der Repräsentationsbegriff widerspiegeln. Während jener Baustein eines äußerst abstrakten organisationsrechtlichen Systems ist, beinhaltet dieser die Wirklichkeit selbst. Während jener ein Sollen zum Inhalt hat, ist dieser ein Seinsbegriff.

Da sich Form und Inhalt nie gänzlich trennen lassen, ist mit dieser formellen Abgrenzung auch die materielle schon weitgehend charakterisiert. Während Repräsentation ein dialektisches Verhältnis zwischen Führer und Geführten zum Inhalt hat, bezeichnet Organschaft ein rechtlich normiertes Institut, das für ein ebenfalls institutionalisiertes und personifiziertes Rechtsgebilde rechtlich umgrenzte Funktionen wahrnimmt. Während Repräsentation einen in jeder Gruppe sich tatsächlich abspielenden Prozeß kennzeichnet, betrifft der Organbegriff nur in der Gedankenwelt sich abspielende Vorgänge. Während der Repräsentant seine Legitimation aus einer Homogenität mit der Gruppe herleitet, beruht die Vertretungsmacht des Organwalters auf organisatorischem Rechtssatz.

II. Die Abgrenzung der Organschaft und Repräsentation von der Stellvertretung

Beruht die Verschiedenartigkeit von Repräsentation und Organschaft auf dem Gegensatz von Person und Norm, von Sein und Sollen, von Dynamik und Statik, so fragt es sich, ob hierin auch der Ausgangspunkt für die Unterscheidung zwischen Repräsentation und Stellvertretung gefunden werden kann.

Die Stellvertretung ist vornehmlich eine Erscheinung des Privatrechts. Obwohl sie heute auch im öffentlichen Recht verwandt wird[293], ist sie als

[291] *Larenz*, a.a.O., S. 358.
[292] Desgl. *Larenz*, a.a.O., S. 360.
[293] Desgl. *Wolff*, Verwaltungsrecht I, S. 192.

Rechtsinstitut doch vor allem auf dem Gebiete des Zivilrechts entwickelt worden[294]. Hiernach bezeichnet sie eine Rechtsfigur, die durch die Momente der (hauptsächlich) rechtsgeschäftslichen Vertretungsmacht und des Handelns in fremdem Namen gekennzeinet ist[295]. „Stellvertreter ist, wer eine Willenserklärung, deren Wirkungen unmittelbar einen anderen treffen sollen, für diesen abgibt oder empfängt[296].“ Während man die so verstandene Stellvertretung früher[297] ganz allgemein mit der Repräsentation identifizierte, beginnt man seit Carl Schmitt zu differenzieren. Sowohl Carl Schmitt und E. Gerber als auch Leibholz halten repräsentatives Sein nur in einer spezifischen ideellen Wertsphäre für möglich. Die Privatrechtssphäre wie der ökonomische Raum seien der Repräsentation, nicht aber der Stellvertretung unfähig. Repräsentation setze eine besondere Art von Sein voraus. Etwas Totes, etwas Minderwertiges oder Wertloses, das was nur Privatsachen und nur Privatinteressen diene, könne wohl vertreten, seine Agenten, Anwälte und Exponenten finden, nicht aber in einem spezifischen Sinne repräsentiert werden[298].

Dieses Abgrenzungskriterium hat seinen Ursprung in der geschichts- und politikbezogenen Argumentation der vorstehenden Autoren. Daß diese ihre Annahme einer die Repräsentation kennzeichnenden spezifischen Wertsphäre lediglich durch Hinweise auf die Zustände bestimmter Zeitalter, nicht aber durch ein Zurückgehen auf die Kategorie der Gruppe selbst zu begründen vermochten, wurde bereits hervorgehoben[299]. Um den in dieser Betrachtungsweise gelegenen Zufälligkeiten zu entgehen, führt Wolff die Unterscheidung zwischen beiden Instituten auf ihren Geltungsgrund zurück. Während sich der Repräsentant aus einer Gemeinschaftsverbundenheit mit der Gruppe legitimiert, erfolgt bei der Stellvertretung die Zurechnung auf Grund einer Vollmacht[300]. Genau genommen reicht hierzu aber nicht die Bevollmächtigung aus. Es bedarf vielmehr einer Norm, die der nur das Innenverhältnis betreffenden Vertretungsbefugnis Rechtsverbindlichkeit verleiht. Erst der Rechtssatz begründet auf Grund erteilter Vollmacht die Vertretungsmacht, d. h. die Fremdwirkung des Vertreterverhaltens und damit die Zurechnung[301].

Diese im Grunde zutreffende Abgrenzung hat jedoch nur *eine* Seite der Repräsentation im Auge. Sie bedarf vom Boden des eigenen Repräsentationsbegriffes her der Ergänzung. Da Repräsentation ein dialektisches

[294] Desgl. *Flume*, AT des Bürgerl. Rechts II, S. 750 ff.

[295] *Flume*, a.a.O., S. 749.

[296] *Enneccerus-Nipperdey*, AT des Bürgerl. Rechts II, S. 1086/87.

[297] Vgl. zum folgenden S. 15/16.

[298] *C. Schmitt*, Verfassungslehre, S. 210.

[299] Vgl. S. 26/27.

[300] Vgl. S. 28.

[301] Desgl. *Wolff*, Organschaft II, S. 196.

Verhältnis zwischen Repräsentanten und Gruppe bezeichnet, unterliegen beide wechselseitiger Beeinflussung. Während der Stellvertreter abhängig und einseitig an die Weisungen des Vertretenen gebunden ist, steht der Repräsentant in einem ständigen Dialog mit der Gruppe, der gegenüber er ungebunden ist. Der Repräsentant gewährleistet, daß überhaupt gehandelt wird. Er übt Führungs-, der Stellvertreter Ausführungsfunktion. Jener bildet einen eigenen, dieser führt fremden Willen aus[302]. Der Repräsentant handelt für eine wesensmäßige, homogene und unjuristische Ganzheit, also immer für eine Personenmehrheit. Der Stellvertreter verwirklicht den Willen eines Menschen oder doch eines begrenzten Personenkreises. Jener bedarf, um mit der Gruppe in Dialog zu treten, ihres Einverständnisses. Er wird nicht zum Repräsentanten gemacht. Er ist es oder ist es nicht, je nachdem, ob die Gruppe ihn anerkennt oder nicht[303]. Dieser wird auf rechtlich normierte Weise bestellt. Insgesamt beruht Repräsentation auf einer Grunderscheinung der Gruppe. Da diese als Gesamtheit nicht zu handeln vermag, bedarf sie unabhängiger Repräsentanten[304]. Der Vertretene kann dagegen in der Regel auch ohne Stellvertreter handeln. Nur weil die Lebensverhältnisse immer komplizierter werden und um seine Individualaufgaben möglichst ökonomisch und rationell zu erledigen, bedarf er der Vertreter[305]. Stellvertretung beruht demnach überwiegend[306] auf Arbeitsteilung. Repräsentation ist dagegen eine notwendige Kategorie der Gruppe. Jene gehört wie die Organschaft der Welt des Rechts, diese der sozialen Wirklichkeit an.

Aus der vorstehend dargelegten Abgrenzung zwischen Repräsentation und Organschaft einerseits und zwischen Repräsentation und Stellvertretung andererseits hat sich ergeben, daß Organschaft und Stellvertretung im Gegensatz zur Repräsentation zwei normative Begriffe sind. Beide, Organ und Stellvertreter, handeln im fremden Namen und auf Grund einer rechtssatzmäßig vorausgesetzten Vollmacht, nur mit dem Unterschied, daß die Vertretungsbefugnis des Stellvertreters auf eine Willenserklärung des Vertretenen und diejenige des Organwalters auf der Organisation, d. h. auf einem organisatorischen Rechtssatz, beruht[307]. Aber nicht nur die Vertretungsbefugnis des Organwalters, sondern die Existenz des Organs selbst, dem das Handeln des Organwalters vorläufig zuge-

---

[302] *C. Schmitt*, Verfassungslehre, S. 212; *Tütsch*, Repräsentation, S. 34.

[303] Vgl. S. 44; ferner *Wolff*, a.a.O., S. 37 ff.; *Tütsch*, a.a.O., S. 29 ff.; *Leibholz*, Das Wesen, S. 140 ff.

[304] Vgl. S. 36/37.

[305] *Soergel-Siebert*, Bürgerl. Gesetzbuch, I, Anm. 1 vor § 164; *Enneccerus-Nipperdey*, AT des Bürgerl. Rechts II, S. 1086/87.

[306] So beruht die gesetzliche Stellvertretung nicht auf Arbeitsteilung, sondern wie bei der Repräsentation auf Notwendigkeit. Insoweit, d. h. gegenüber der gesetzlichen Stellvertretung, entfällt daher dieses Abgrenzungskriterium.

[307] *Wolff*, Organschaft II, S. 295; ders., Verwaltungsrecht II, S. 43.

rechnet wird, entsteht durch organisatorischen Rechtssatz[308]. Während also das Organ ein durch Organisationsnorm geschaffenes institutionelles Subjekt von Fremdzuständigkeiten darstellt, ist der Stellvertreter eine durch Rechtsgeschäft ermächtigte natürliche Person zur Erledigung fremder Angelegenheiten.

Dieser Beweisführung könnte entgegengehalten werden, sie vergleiche zwei heterogene Dinge miteinander: institutionelles und natürliches Subjekt, Norm und Individuum. Die innere Berechtigung dieser Art der Gegenüberstellung liegt jedoch darin beschlossen, daß das Institut der Stellvertretung im Privatrecht entwickelt und daher weniger auf große Organisationen als vielmehr auf Individualgeschäfte zugeschnitten ist und folglich des Dauerhaftigkeit und Gleichmäßigkeit der Funktionsausübung sichernden institutionellen Elementes entbehrt. Will man trotzdem — der Anschaulichkeit halber — Gleiches mit Gleichem vergleichen, kann man dem Stellvertreter genau wie dem Organwalter[309] ein Amt, und zwar ein Stellvertretungsamt hinzufügen. Hat diese Institutionalisierung bei der Erteilung eines Einzelauftrags, d. h. einer „Einzelzuständigkeit" nur wenig Sinn, so erweist sich doch ihre Zweckmäßigkeit und Berechtigung bei Personen- und Kapitalgesellschaften. Auch hier haben die Stellvertreter ähnlich wie bei den Organwaltern juristischer Personen „einen festen Kreis gegenständlich bestimmter Rechte und Pflichten unabhängig vom individuellen Subjekt"[310], d. h. von ihrer Person, inne. Sie verwalten fremde Zuständigkeiten und sind genau wie die Organwalter nur Durchgangspunkte rechtlicher Zurechnung. Trotz dieser veranschaulichenden Institutionalisierung des Stellvertreters und der damit erwiesenen Verwandtschaft im Grundtatbestand[311] bleibt aber die unterschiedliche Entstehung beider Institutionen erhalten.

Während privatrechtliche Gesellschaften und damit auch die Stellvertretungsämter durch Rechtsgeschäft entstehen, werden die öffentlichrechtlichen Organisationen und damit die Organe durch organisatorische Rechtsnormen begründet. Wie sehr man daher auch immer den identischen Grundtatbestand herausarbeiten mag, bleibt doch dieser Unterschied als brauchbares Abgrenzungskriterium zwischen Stellvertretung und Organschaft bestehen.

---

[308] *Wolff*, Verwaltungsrecht II, S. 43.

[309] Jeder Organwalter versieht immer ein Amt. Nicht immer aber fallen Amt und Organ zusammen. Ein Organwalter kann z. B. ein Amt ausüben, ohne gleichzeitig allein durch seine Person ein Organ zu verwalten. Das ist z. B. der Fall, wenn ein Amtswalter lediglich an der Funktionsausübung eines Organteils, etwa der Abteilung eines Organs mitwirkt. Er verwaltet dann eben nicht ein Organ, sondern nur einen Organteil, nämlich ein Amt. Vgl. zur Abgrenzung von Organ und Organteil S. 121 ff.

[310] *Wolff*, Organschaft II, S. 285.

[311] *Wolff*, a.a.O., S. 280 ff.

Diese Trennung von Stellvertretung und Organschaft hat die bereits kritisierte und als unhaltbar bezeichnete[312] Abgrenzung der herrschenden Meinung (Organtheorie) und der ihr entgegengesetzten Vertretertheorie zu ersetzen.

D. Begriff des Repräsentativorgans

Die vorstehenden Ausführungen haben ergeben, daß Repräsentation sowohl in einem starken Gegensatz zur Stellvertretung als auch zur Organschaft steht. Während jedoch jener gegenüber ein unüberbrückbarer Abstand besteht — dort Unabhängigkeit, hier Weisungsgebundenheit, dort Führung, hier Ausführung usw. —, erscheint ein Zusammenspiel von Repräsentation und Organschaft möglich.

Diese Erkenntnis war der Staatsrechtslehre um die Jahrhundertwende, wenn auch nicht in ihrer vollen Tragweite, so doch dem Wortgebrauch nach, bereits geläufig. Bedurfte es doch einer Bezeichnung, die den organisationsrechtlichen und zugleich repräsentativen Charakter von Parlament und Staatsoberhaupt zum Ausdruck brachte. So sprachen sowohl Gierke und Preuss als auch G. Jellinek in diesem Zusammenhang von repräsentativen Organen[313]. Wenn man auch durch Hinzufügung des Wortes repräsentativ die einzigartige Stellung dieser Funktionseinheiten hervorheben wollte, so war man sich dennoch nicht des wahren Unterschiedes zwischen Repräsentation und Organschaft bewußt. Auch Repräsentation wurde als rechtstechnische Kategorie der juristischen Person betrachtet und der Organschaft inhaltlich völlig gleichgesetzt. Der Begriff Repräsentativorgan diente also zu nichts mehr als zum Merkwort für zwei althergebrachte Institutionen, den König und das Parlament.

Obwohl Carl Schmitt und Leibholz die Repräsentation aus ihren juristischen Fesseln befreiten, vermochten auch sie dem Repräsentativorgan kei-

---

[312] Vgl. S. 80/81 ff.

[313] *Gierke*, Deutsches Privatrecht, S. 510/511; *Preuss*, Reich und Länder, Komm., Art. 21, S. 267; *Jellinek*, Allgemeine Staatslehre, S. 566 ff.; *Waldecker*, Staatslehre, S. 691. In dieser Begriffsbildung sieht *Leibholz* (Wesen, S. 135/136) einen logischen Widerspruch, der darin bestehe, daß man einerseits die Repräsentation mit der Stellvertretung identifiziere, gleichzeitig aber aufs schärfste den Gegensatz von Stellvertretung und Organschaft hervorhebe und es dennoch nicht als unzulässig empfinde, von einem Repräsentativorgan zu sprechen, also zwei sich widersprechende Prinzipien in einem Begriff zu vereinen. Obwohl diese Ansicht kritiklos übernommen zu werden pflegt (so neuerlich noch *Vonderbeck*, Der Bundesrat, S. 50 Anm. 148), ist sie unzutreffend. Sie beruht jedenfalls insoweit auf einem Irrtum, als sie Gierke und Jellinek unterstellt, R. und Stellvertretung miteinander identifiziert zu haben. Wie bereits nachgewiesen (S. 17 ff.) waren aber gerade sie es, die die R. als *Organschaft* qualifizierten.

nen neuen Standort zuzuweisen. Während Carl Schmitt[314] auf die Verwendung des Wortes Organ gänzlich verzichten zu können glaubte, erhob es Leibholz zum Oberbegriff[315] aller für den Staat handelnden Personen und bestritt jede Wesensgegensätzlichkeit zwischen Repräsentation und Organschaft[316]. Diese Deutung ist — nur mit umgekehrtem Vorzeichen — in den 50er Jahren wieder aufgenommen worden. Während Leibholz das Organ dem Repräsentanten anglich, wird nur der Repräsentant mit dem Organ in eins gesetzt: Der Walter eines Repräsentativorgans erscheint als der Walter doppelter Organschaft[317]. Insgesamt ist es also nicht gelungen, soziale Repräsentation und rechtliche Organschaft in einem aussagekräftigen Begriff miteinander zu vereinen.

Vom Boden des oben erarbeiteten Repräsentations- und Organbegriffs aus betrachtet, können beide Erscheinungen sowohl eine enge Verbindung eingehen als auch völlig selbständig nebeneinander stehen. Es kann jemand eine Gruppe repräsentieren, sie führen und regieren, ohne gleichzeitig Walter einer rechtlich anerkannten Institution zu sein. Umgekehrt kann ein sozialer Repräsentant dazu berufen werden, ein rechtsordnungsmäßig gebildetes Organ zu verwalten. Es kann auch so sein, daß jemand, der noch nicht Repräsentant ist, durch die Verleihung eines organisatorischen Amtes zu einem solchen wird — das aber nur dann, wenn es ihm gelingt, bei der Gruppe Anerkennung zu finden. Eine Organisation kann also niemals Repräsentation begründen, wohl aber sie begünstigen[318]. Eine Organisation vermag als etwas künstlich Geschaffenes einen faktisch, in der außermenschlichen Wirklichkeit und im menschlichen Bewußtsein sich abspielenden Prozeß zwar zu fördern, nicht aber entstehen zu lassen. Aus diesem Grunde braucht auch die rechtlich festgelegte organschaftliche Zuordnung nicht mit der repräsentativen zusammenzufallen. Während jene kraft Rechtssatzes immer die Einheit der organisierten Gruppe, die juristi-

---

[314] *C. Schmitt*, Verfassungslehre, S. 213/214.

[315] *Leibholz*, Wesen, S. 136 Anm. 2. Die diesem Organbegriff unterfallenden Funktionseinheiten sollen nach Leibholz sowohl Stellvertretungs- als auch Repräsentationsfunktion ausüben können (*Leibholz*, a.a.O., S. 135). *Vonderbeck* (Der Bundesrat, S. 50) spinnt diesen Gedanken insoweit weiter, als er davon ausgeht, daß die weisungsabhängigen Organe die ihnen gegenüber weisungsbefugten Organe vertreten. Dabei wird der Terminus „Vertretung" im Sinne von Stellvertretung (*Vonderbeck*, a.a.O., S. 49, 77) verstanden. Diese Annahme eines von Stellvertretern verwalteten Organs ist um so verwunderlicher, als Vonderbeck sich den Wolffschen Organbegriff zu eigen macht.

Diese Ansicht, die die oben erarbeitete Konzeption über Organschaft und Stellvertretung verkennt, ist abzulehnen. Sie verwischt nicht nur die Unterschiedlichkeit zwei verschiedener Rechtsinstitute, sondern verkennt auch die Beziehung zwischen weisungsbefugtem und weisungsabhängigem Organ, die untereinander eine Einheit kraft Zurechnung bilden (vgl. S. 96/97).

[316] *Leibholz*, a.a.O., S. 135.

[317] Wie S. 46, Anm. 6.

[318] *Wolff*, Organschaft II, S. 344; *C. Schmitt*, Verfassungslehre, S. 209.

sche Person trifft, verläuft diese zu derjenigen Gruppe, mit der der Repräsentant gerade in einem dialektischen Verhältnis steht[319]. Das kann die gesamte organisierte Gruppe sein, auf die auch die organschaftliche Zuordnung zielt, es kann aber auch nur eine Untergruppe sein[320].

Neben diesen primären Repräsentativorganen, die in einem unmittelbar dialektischen Verhältnis zur Gruppe stehen, gibt es andere, wie z. B. die Regierungen, die nur noch eine vermittelte Beziehung zu dieser, dafür aber eine unvermittelt-dialektische zu einem primären Repräsentanten wie z. B. dem Parlament unterhalten. Gleichwohl repräsentieren auch sie das Volk. Denn sie — und gerade sie — nehmen in einem eminent starken, weil besonders effektiven Maße an dem sich von unten nach oben verjüngenden Willensbildungsprozeß teil. Hiermit ist der repräsentative Vorgang jedoch nicht immer abgeschlossen. Wie dem primären, so folgen auch ihnen, den sekundären Repräsentanten und — soweit staatlich organisiert — sekundären und primären Repräsentativorganen in aller Regel, sei es aus Gründen der Arbeitsteilung oder anderer Notwendigkeiten, noch weitere Funktionseinheiten, denen es wie z. B. den Botschaftern, Gesandten und Legaten, aber auch teilweise den sowohl unmittelbar wie mittelbar vom Volk gewählten Staatsoberhäuptern obliegt, jenen primären und sekundären Repräsentativwillen nur noch nach außen zu verlautbaren. Während der primäre Repräsentant in einem dialektischen Verhältnis zur Gruppe und der sekundäre in einer entsprechenden Beziehung zu jenem steht, sich mithin jeweils zwei eigenständige Willenseinheiten als unabhängige Pole gegenüberstehen (Zweiheit), beruht die Stellung des gebundenen Organwalters auf dem Prinzip der Einheit. Da er im Gegensatz zum Repräsentanten überhaupt keinen eigenen Willen bildet, sondern nur fremden ausführt, dem repräsentativ erzeugten Willen also nichts Neues hinzufügt[321], bildet er mit dem weisungsbefugten (primären oder sekundären) Repräsentanten eine Willenseinheit. In den Handlungen des Organwalters werden die Willensakte des Repräsentanten sozusagen nur noch kundgemacht.

Rechtstechnisch gewendet erscheint es daher auch gerechtfertigt, die entsprechenden Zuständigkeitskomplexe in Übereinstimmung mit der Wirklichkeit so stark miteinander zu verbinden, daß sie zur Einheit kraft Zurechnung verschmelzen. Nicht mehr nur die Rechtsfolgen, sondern die Organwalterakte selbst werden dem vom Organwalter-Repräsentanten verwalteten Repräsentativorgan zugerechnet, d. h. als Handlungen des Repräsentativorgans selbst angesehen, so daß rechtstechnisch gesehen nicht das weisungsgebundene Organ, sondern letztlich immer das wei-

---

[319] Vgl. S. 40 ff.

[320] *Wolff*, a.a.O., S. 63 ff., 82 ff.; *Vonderbeck*, Der Bundesrat, S. 51.

[321] Vgl. S. 108.

sungsbefugte Repräsentativorgan handelnd in die Erscheinung tritt[322]. Obwohl der weisungsgebundene Organwalter damit kein Repräsentant im eigentlichen Sinne mehr ist, verbindet ihn jene Willenseinheit doch so stark mit dem wahren Repräsentanten, daß es gerechtfertigt erscheint, ihn — sozusagen als letzten Akt — noch dem repräsentativen Willensbildungsprozeß zuzurechnen und ihn im Gegensatz zu jenen primären und sekundären Repräsentativorganen im engeren Sinne als Walter eines primären oder sekundären Repräsentativorgans[323] im weiteren Sinne zu bezeichnen.

Dem Begriff des Repräsentativorgans unterfallen daher alle Organe, deren Organwalter entweder — ohne Weisungen zu unterliegen — in einem unmittelbar (primäres Repräsentativorgan) oder mittelbar (sekundäres Repräsentativorgan im engeren Sinne) dialektischen Verhältnis zur Gruppe stehen oder diese primären oder sekundären Repräsentativorgane in weisungsunterworfener Form vertreten (Unterorganwalter) und dabei deren Willen *unmittelbar* verlautbaren.

Da dieser Begriff des Repräsentativorgans in dem vom Verfasser erarbeiteten Repräsentationsbegriff eigentlich schon mit enthalten ist und aus ihm gleichsam nur noch abgeleitet zu werden braucht, wurde er an dieser Stelle nur gestreift. Es wird dem subsumtiven (zweiten) Teil dieser

---

[322] Diese Konstruktion, wonach das Verhältnis zwischen repräsentativem und ausführendem Organ nicht auf Zweiheit, sondern auf der Einheit beider beruht, hatte bereits *G. Jellinek* (Staatslehre, S. 546, 547, 585) durch seine Unterscheidung von primären und sekundären Organen klar konzipiert: „Sekundäre Organe sind solche, die zu einem anderen Organ selbst im Organverhältnisse stehen, so daß sie dieses Organ unmittelbar repräsentieren. Hier kann das repräsentierte primäre Organ gar keinen Willen äußern als durch sein sekundäres Organ ...“ (a.a.O., S. 546).

[323] Desgl. *Wolff*, Verwaltungsrecht II, S. 48/49, der zwar sowohl weisungsfreie als auch weisungsabhngige Organe wie z. B. den Bundesrat als Repräsentationsorgane ansieht, dabei aber von der hier gemachten wichtigen Einschränkung absieht, daß nur solche Organe als sekundäre Repräsentationsorgane im weiteren Sinne bezeichnet werden dürfen, die den repräsentativen Willen von Repräsentationsorganen im engeren Sinne *unmittelbar* verlautbaren. Denn es gibt auch weisungsunterworfene Organe, die mangels unmittelbarer Verlautbarung repräsentativen Willens im engeren Sinne keine Repräsentationsorgane sind (wie etwa die meisten Organe auf der untersten Verwaltungsebene). Sieht man von der hier gemachten Einschränkung ab, verliert der Begriff des Repräsentativorgans seine Prägnanz und durchsichtige Klarheit. Abweichend die auf S. 94 Anm. 313) genannten Autoren sowie *Vonderbeck* (Der Bundesrat, S. 53), die als Repräsentativorgane nur die hier als Repräsentationsorgane im engeren Sinne bezeichneten Funktionseinheiten gelten lassen.

Eine uferlose Ausweitung erfährt der Begriff des Repräsentativorgans durch *Küchenhoff* (Staatslehre, S. 117/118) und *Laun* (Staatslehre, S. 81/82). Beide charakterisieren den Begriff des Repräsentativorgans als doppelte Organschaft. Einmal verkörperten sie den Staat und zum anderen die Aktivbürgerschaft. Diese Begriffsfassung beraubt das Repräsentativorgan nicht nur seiner bes. Stellung innerhalb der Gesamtheit der Staatsorgane, sondern identifiziert wiederum R. und Organschaft und fällt damit in ein längst überwundenes Stadium zurück.

Untersuchung vorbehalten bleiben, ihn durch eine Rückbesinnung auf den eigenen Repräsentationsbegriff in seiner Notwendigkeit zu erweisen und anhand des Bundesrates sowie anderer staatlicher Funktionseinheiten zu verifizieren. Diese Anordnung hat den Vorteil, daß die Entsprechung und das Ineinandergreifen von abstraktem Begriff und positiv geregelter Funktionseinheit so am nachhaltigsten demonstriert und veranschaulicht werden kann.

Zweiter Teil

Der Bundesrat — ein Repräsentativorgan?

Wie alle obersten staatlichen Funktionseinheiten, so wird auch der Bundesrat als Organ charakterisiert. Hiermit stimmt die organisationsrechtliche Einordnung überein, die die historischen Vorgänger des Bundesrates seit 1867 erfahren haben. Große Uneinigkeit hat demgegenüber in der Staatsrechtslehre seit jeher ihre Subsumtion unter den Begriff des Repräsentativorgans hervorgerufen. Diese Tatsache hängt einerseits mit ihrer eigenartigen, vom herkömmlichen Parlaments- und Senatssystem gänzlich abweichenden Stellung zwischen Reich bzw. Bund und Ländern zusammen. Andererseits ist sie auf das Fehlen eines auch nur halbwegs herrschenden Repräsentationsbegriffs und folglich einer Abgrenzung zwischen Repräsentation und Organschaft zurückzuführen. Statt die möglicherweise bestehenden repräsentativen Zuschreibungsbeziehungen des föderativen Organs einer genaueren soziologischen Analyse zu unterziehen und sie gegebenenfalls von den organschaftlichen abzugrenzen, verweist man zum Zwecke seiner Einordnung in die für den Staat handelnden Personen auf das Parlament, das man seit der Französischen Revolution von 1789 als den Inbegriff der Volksrepräsentation überhaupt ansieht. Durch diese — in der Tat kontrastierende — Gegenüberstellung glaubt man, den Bundesrat hinreichend gekennzeichnet zu haben: Ist das Parlament, so wird argumentiert, Repräsentativorgan, so kann es der Bundesrat seiner andersartigen Struktur zufolge nicht sein. Begreift man dagegen — wie es vereinzelt geschieht — den Bundesrat als Repräsentanten, so verzichtet man auf eine Begründung. Das zeigt bereits ein Blick auf den Reichsrat der Weimarer Reichsverfassung und den Bundesrat des Kaiserreiches.

Erstes Kapitel

Die Behandlung der historischen Vorgänger des Bundesrates in der Rechtslehre

„Wenn für irgendein Institut des jetzigen deutschen Reichsstaatsrechts die historischen Wurzeln klar erkennbar sind und für das juristische Verständnis verwerthet werden können, so ist es der Bundesrath“[1], bemerkte Laband bereits 1876. Das gilt heute um so mehr, als der Bundesrat der aRV sowohl in der Weimarer Verfassung als auch im Grundgesetz je eine Entsprechung gefunden hat[2].

Art. 6a RV bestimmt, daß der Bundesrat aus den Vertretern der Mitglieder des Bundes besteht. Dieser Satz wurde von der monarchischen Staatslehre überwiegend im Sinne einer zivilistischen Stellvertretung interpretiert. Die als „Vertreter“ bezeichneten Mitglieder des Bundesrates wurden nicht etwa als Repräsentanten oder Organe, sonder als Stellvertreter[3], zunächst der Bundesfürsten[4] und später der Bundesstaaten[5] angesehen. Mit eben derselben Einmütigkeit, mit der man die Bundesratsmitglieder als Stellvertreter begriff, bezeichnete man den Bundesrat als Organ[6]. Ein von Stellvertretern verwaltetes Organ wurde trotz der insoweit einhellig entgegenstehenden Auffassung in der Staatsrechtstheorie[7] nicht als Widerspruch in sich selbst empfunden. Uneinigkeit bestand nur insoweit, als die Organfunktionen von einer Reihe von Autoren dem Reich[8], von anderen der Gesamtheit der Länder[9] und von wiederum anderen bei-

---

1 *Laband,* Staatsrecht I, S. 213.

2 Vgl. zur Entstehungsgeschichte des Bundesrates: *Vonderbeck,* Der Bundesrat, S. 91 ff.

3 *Laband,* a.a.O., S. 221; *Seydel,* Staatsrechtliche und politische Abhandlungen, S. 94; ders., Kommentar zur Verfassungsurkunde für das Deutsche Reich, S. 132/133; *Mohl,* Das Deutsche Reichsstaatsrecht, S. 228; *Arndt,* Das Staatsrecht des Deutschen Reiches, S. 88. So auch schon *Thudicum,* Verfassungsrecht des Norddeutschen Bundes, S. 115, für den Bundesrat des Norddt. Bundes und ebenso *Klopp,* Die Wandlung in der Stellung des Bundesrates, S. 9. Die einzige Ausnahme hiervon macht *Vogels,* Die staatsrechtliche Stellung der Bundesratsbevollmächtigten, S. 6, 8, 11. Er bezeichnet zwar als einziger die Bundesratsmitglieder richtig als Organe bzw. als Organteile, entwertet diese Einsicht dann aber dadurch, daß er Organschaft und Stellvertretung identifiziert.

4 *Seydel,* Commentar, S. 132.

5 *Laband, Mohl, Arndt,* wie in Anm. 3, S. 100.

6 *Laband,* a.a.O., S. 215, 231, 233; *Haenel,* Deutsches Staatsrecht I, S. 336; *Rönne,* Das Staatsrecht des Deutschen Reiches I, S. 195; *G. Jellinek,* System, S. 301/302; *Seydel,* Abhandlungen, S. 94; *Meyer-Anschütz,* Lehrbuch des Deutschen Staatsrechts, S. 477; *Vogels,* a.a.O., S. 5.

7 Vgl. die Dogmengeschichte zur Organschaft.

8 *Rönne,* a.a.O., S. 195; *Haenel,* a.a.O., S. 336; *Jellinek,* a.a.O., S. 301/302; *Meyer-Anschütz,* a.a.O., S. 477.

9 *Seydel,* a.a.O., S. 94; ders., Commentar, S. 132.

den zusammen[10] zugeordnet wurden. Diese unterschiedliche Festlegung des Verlaufs der organschaftlichen Zuschreibungsbeziehungen fand in einer ebenso konträren Beurteilung des repräsentativen Zuordnungsadressaten bundesrätlicher Funktionswahrnehmung ihre Entsprechung: Sowohl das Reich[11] als auch die Länder[12] sollten durch den Bundesrat repräsentiert werden können.

Diese gegenüber der Bewertung der übrigen Verfassungsorgane erstaunliche Uneinigkeit in der Beurteilung des föderativen Organs kennzeichnet auch die Auseinandersetzung mit dem Nachfolger des kaiserlichen Bundesrates, dem Reichsrat der Weimarer Reichsverfassung. Hand in Hand mit der zu Beginn der 20er Jahre wiederbelebten Auseinandersetzung mit der Repräsentation[13] begann man, auch den Reichsrat unter diesem Aspekt zu untersuchen. Obwohl man den Reichsrat infolge seiner vom Parlament als dem klassischen Repräsentanten gänzlich verschiedenen Struktur weitgehend erst gar nicht unter dem Gesichtspunkt der Repräsentation betrachtete[14] oder diese Möglichkeit von vornherein ausschied[15], wurde er gleichwohl von einer Reihe namhafter Verfassungsrechtler als Repräsentant der Länder in ihrer Eigenschaft als staatsrechtlicher Rechtspersönlichkeit angesehen[16]. Indes enthielt man sich jeder Begründung seiner Einsichten. Insbesondere blieb unklar, wer als Repräsentant anzusehen war, die Mitglieder des Reichsrates oder die sie instruierenden Landesregierungen und wie die Beziehung zwischen beiden zu denken war. Bilfinger, der als einziger eine Konstruktion versuchte, begriff die instruierenden Landesregierungen als Repräsentanten der Länder *im*[17] Reichsrat und die tatsächlich dorthin entsandten Vertreter der Landesregierung

---

[10] *Laband*, a.a.O., S. 214/215.

[11] *Meyer-Anschütz*, a.a.O., S. 484; *Westerkamp*, Über die Reichsverfassung, S. 155.

[12] *Rönne*, a.a.O., S. 195; *Krick*, Der Bundesrat als Schiedsrichter zwischen deutschen Bundesstaaten, S. 4.

[13] Vgl. S. 19 ff.

[14] So etwa *Poetzsch-Heffter*, Handkommentar der Reichsverfassung, S. 273 ff.; *Apelt*, Geschichte der Weimarer Verfassung, S. 219 ff.; *Arndt*, Verfassung des Deutschen Reiches, S. 93 ff.; *Beyerle*, Die Verfassung des Deutschen Reiches, S. 28 ff.

[15] So etwa *Anschütz*, Die Verfassung des Deutschen Reiches (Kommentar), S. 336; *Leibholz*, Wesen, S. 200, 207; *C. Schmitt*, Verfassungslehre, S. 296.

[16] *Stier-Somlo*, Der Reichstag, S. 385; *Bilfinger*, Der Reichsrat, S. 552; *Glum*, Der deutsche und französische Reichswirtschaftsrat, S. 28; *Hatschek*, Deutsches und preußisches Staatsrecht, S. 698 ff.; *Heyland*, Zur Lehre von der staatsrechtlichen Stellung der Reichsratsmitglieder nach dem deutschen Reichs- und Landesstaatsrecht, S. 6.

[17] Eine rechtliche Konstruktion und soziologische Deutung dafür, wie die nach Ansicht von Bilfinger repräsentativen Landesregierungen, die tatsächlich nicht im Reichsrat anwesend sind, dort als handelnd gedacht werden, läßt er jedoch vermissen.

als Vollzieher *dieser* Repräsentation[18]. Trotz dieser Ansätze, den Reichsrat als Repräsentanten und damit auch seinen soziologischen Aspekt in den Griff zu bekommen, fährt man überwiegend fort, seine Mitglieder als Stellvertreter[19] ihrer Absendestaaten[20] zu bezeichnen und damit ein möglicherweise zwischen Reichsrat und Ländern bestehendes repräsentatives Verhältnis von vornherein auszuschließen. Indem man ihn überdies einhellig als Organ[21] ansieht, hält man bis auf ganz wenige Ausnahmen[22] auch jetzt noch an der Vorstellung eines von Stellvertretern verwalteten Organs fest. Uneinigkeit besteht nur insoweit, als der Reichsrat — wie auch schon der kaiserliche Bundesrat — teils als Reichsorgan[23], teils als Organ der Gesamtheit der Länder[24] und schließlich auch als beides zugleich[25] begriffen wird. Obwohl man vereinzelt sieht, wie schwierig die Anschauung einer Gesamtheit der Länder mit dem Begriff des Bundesstaates zu vereinbaren ist, weist man indes darauf hin, daß diese Auffassung eben bestehe und man deshalb von ihr auszugehen habe[26].

Zweites Kapitel

Der Bundesrat als Repräsentant

Obwohl man das Wort Repräsentativorgan im Zusammenhang mit der Charakterisierung des Bundesrates vermeidet[1], sieht man ihn zum Teil

[18] *Bilfinger*, Der Reichsrat, S. 552.

[19] *Apelt*, a.a.O., S. 219, 220; *Leibholz*, a.a.O., S. 207; *C. Schmitt*, a.a.O., S. 296; *Beyerle*, a.a.O., S. 30, 32, 33; *Poetzsch-Heffter*, a.a.O., S. 275; *Anschütz*, a.a.O., S. 342; *Stier-Somlo*, Reichsstaatsrecht II, S. 83, 85, 86; *Bühler*, Die Reichsverfassung (Kommentar), S. 77; *Meißner*, Das Staatsrecht des Reiches und seiner Länder, S. 111.

[20] Im Gegensatz zum alten Bundesrat werden die Reichsratsmitglieder nun nicht mehr als Stellvertreter ihrer Landesregierungen, sondern ihrer Absendestaaten verstanden (vgl. Anm. 3). Dieser Wandel in der Auffassung, der sich schon zur Zeit der letzten Jahrzehnte des Kaiserlichen Reiches vollzog, beruht auf der Verlagerung der Souveränität von den verbündeten Regierungen auf das Volk.

[21] *Anschütz*, a.a.O., S. 337; *Poetzsch-Heffter*, a.a.O., S. 273, 276; *Stier-Somlo*, a.a.O., S. 82 und ders., Der Reichstag, a.a.O., S. 385; *Apelt*, a.a.O., S. 217; *Arndt*, a.a.O., S. 95; *Giese*, Deutsches Staatsrecht, S. 152; *Beyerle*, a.a.O., S. 28, 32; *Nawiasky*, Die Grundgedanken der Reichsverfassung, S. 54; *Schnorr*, Die Stellung der Ländervertretungen im Sinne d. dt. Verfassungen seit 1815, S. 273.

[22] *Giese*, a.a.O., S. 152; *Heyland*, a.a.O., S. 8; *Arndt*, a.a.O., S. 95.

[23] So *Stier-Somlo, Anschütz, Arndt, Giese, Apelt, Schnorr* wie Anm. 21 auf S. 102.

[24] *Beyerle, Nawiasky* wie Anm. 21 auf S. 102.

[25] *Bilfinger, Poetzsch-Heffter* wie Anm. 21 auf S. 102.

[26] So etwa *Bilfinger*, a.a.O., S. 553.

[1] Die einzige Ausnahme machen hiervon: *G. und E. Küchenhoff*, Allgemeine Staatslehre, S. 164, indem sie den Bundesrat als Repräsentativorgan bezeich-

doch als Repräsentanten an. Dabei wird er — ähnlich der Uneinigkeit bei der Festlegung der organschaftlichen Zuschreibungsbeziehungen — sowohl als Repräsentant der Länder[2] als auch der Landesvölker[3] als auch des Bundes[4] und schließlich auch des Bundesvolkes[5] begriffen. Auf eine Begründung dieser diametral entgegengesetzten Ansichten wird angesichts des Fehlens eines auch nur halbwegs durchgearbeiteten, geklärten und anerkannten Repräsentationsbegriffs verständlicherweise verzichtet. Insbesondere bleibt unklar, wie die rechtliche und soziologische Seite des Bundesrates ineinandergreifen, welche Bedeutung also der Organschaft und Repräsentation beim Bundesrat zukommt, wie sie voneinander abzugrenzen sind. Desungeachtet lassen sich zwei Gruppen herausschälen. Die eine, die die Bundesratsmitglieder als Organwalter bezeichnet und bei weitem in der Minderzahl ist, hält den Bundesrat einer Repräsentation[6] für fähig. Die insoweit von Bilfinger[7] eingeführte Erklärung für diesen repräsentativen Prozeß, daß die Landesregierungen repräsentierten und diese Repräsentation durch die Reichsratsmitglieder vollziehen ließen, haben einige Staatsrechtler auch für die Beschreibung des Bundesrates des Grundgesetzes übernommen[8]. Die entgegenstehende Ansicht, die die Bundesratsmitglieder als Stellvertreter[9] wertet, spricht dem Bundesrat jede repräsentative Qualität ab[10]. Damit werden zutreffend zwar Reprä-

---

nen, was jedoch insoweit nicht ins Gewicht fällt, als sie ausnahmslos alle Staatsorgane als Repräsentationsorgane bezeichnen (a.a.O., S. 117).

[2] *Scupin*, BK, Erl. zum Abschn. IV, S. 4; *v. Mangoldt-Klein*, Das Bonner Grundgesetz, II, S. 1005; *Wolff*, Verwaltungsrecht II, S. 60; *G. u. E. Küchenhoff*, a.a.O., S. 164; *Eschenburg*, Staat und Gesellschaft in Deutschland, S. 613; *Wöhler*, Aufgaben und staatsrechtliche Stellung des deutschen Bundesrates nach dem Grundgesetz vom 23. 5. 49, S. 156; *Tradt*, Der Bundesrats- und Senatstypus, S. 124; *Schäfer*, Der Bundesrat, S. 29; *Nawiasky*, Die Grundgedanken des Grundgesetzes für die Bundesrepublik Deutschland, S. 63; *Schwarz-Liebermann-v. Wahlendorf*, Struktur und Funktion der sogenannten Zweiten Kammer, S. 92, 95, 102; *Ellwein*, Regierungssystem, S. 240.

[3] *Maunz*, in: Maunz-Dürig, Grundgesetz, Art. 38, Rdnr. 5; ders., Deutsches Staatsrecht, S. 317; *Dennewitz-Schneider*, BK, Art. 38, Erl. II, 2; *Schnorr*, a.a.O., S. 281/282.

[4] *Giese*, Grundgesetz für die Bundesrepublik Deutschland, Vorbem. vor Art. 50; *Seifert-Geeb*, Bundesrecht, S. 1408.

[5] *Drath*, Die Entwicklung der Volksrepräsentation, S. 41/42.

[6] *v. Mangoldt-Klein*, a.a.O., S. 1005, 1025; *Schäfer*, a.a.O., S. 35, 29; *Zinn*, Der Bundesrat, S. 210; ders., Das Bundesratsprinzip heute, S. 12; a. A. *Süsterhenn*, Senats- oder Bundesratssystem, S. 78, 83/84.

[7] *Bilfinger*, Der Reichsrat, S. 552.

[8] *v. Mangoldt-Klein*, a.a.O., S. 1005; *Schäfer*, a.a.O., S. 29; *Eschenburg*, a.a.O., S. 615.

[9] Als Stellvertreter ihrer Landesregierungen im Organ Bundesrat werden die Bundesratsmitglieder begriffen von: *Wöhler*, a.a.O., S. 160, 166; *Vonderbeck*, Der Bundesrat, S. 77. Als Stellvertreter der Länder sehen sie: *Nawiasky*, a.a.O., S. 56, 57; *Pfitzner*, Der Bundesrat, S. 14; *Strickrodt*, Das Bundesratsmandat — gebunden und frei, S. 322; *Schlochauer*, Öffentliches Recht, S. 72.

[10] Eine Ausnahme hiervon machen *Nawiasky* (a.a.O., S. 63) und *Wöhler*

sentation und Organschaft, nicht aber Stellvertretung und Repräsentation als zwei miteinander verbindbare Begriffe angesehen. Auf eine Begründung wird jedoch verzichtet.

A. Die Bestimmung des Repräsentanten

Da alle Repräsentation ein dialektisches Verhältnis beinhaltet, immer also auf Zweiheit beruht, gilt es zunächst, die Partner dieses repräsentativen Prozesses herauszufinden und sodann zu beschreiben. Macht jener erste Schritt bei der Charakterisierung des Parlamentes, derjenigen Erscheinung also, an der die Staatslehre ihren Repräsentationsbegriff idealtypisch orientiert[11], keinerlei und der zweite kaum Schwierigkeiten, so ergeben sich bei der Einordnung des Bundesrates in beiderlei Hinsicht um so größere Hindernisse. Denn einerseits setzt sich das föderative Organ aus weisungsgebundenen[12] Regierungsmitgliedern zusammen, eine Tatsache, die, so wurde gezeigt, jede Repräsentation von vornherein ausschließt. Andererseits wird aber, soweit man die Landesregierungen als Repräsentanten anerkennt, im Bundesrat zwar repräsentativer Wille zum Ausdruck gebracht, nicht aber eigentlich erst gebildet. Dieser Sachverhalt, dessen Eigenart also darin besteht, daß in einer staatlichen Funktionseinheit Regierungswille nicht konzipiert, sondern nur noch nach außen hin verlautbart wird und werden muß, um überhaupt rechtlich in die Erscheinung zu treten, ist es, der die Verwendung des auf das Parlament zugeschnittenen politischen Begriffs der Repräsentation so problematisch erscheinen läßt und daher bei der Beurteilung des Bundesrates so große Uneinigkeit hervorruft.

Die Frage, ob der Bundesrat Repräsentant ist oder nicht, spitzt sich also darauf zu, ob Regierungsfunktion immer auch zugleich repräsentative Funktion ist und ob ein Organ, durch das solcher Wille lediglich noch mitgeteilt wird und das in einem nur höchst vermittelten Verhältnis zum Volk steht, ohne Vergewaltigung des Repräsentationsbegriffs noch als repräsentatives Organ angesehen werden darf oder schon ein aliud darstellt.

(a.a.O., S. 156), indem sie dem Bundesrat dennoch repräsentative Qualität zuschreiben.

[11] Vgl. die Begriffsgeschichte zur Repräsentation, S. 11 ff. und S. 9.

[12] Darüber, daß die Bundesratsorganwalter gegenüber den sie entsendenden Landesregierungen weisungsgebunden sind, herrscht heute weitestgehend Einigkeit. Vgl. hierzu die Übersicht bei *v. Mangoldt-Klein,* a.a.O., S. 1026/27.

I. Der Stand der Meinungen in der Staatstheorie und Staatsrechtsdogmatik

Da Repräsentation in der derzeitigen Staatssoziallehre wie auch in der Staatsrechtslehre kein Objekt intensiverer Bemühungen mehr bildet, sind auch die Äußerungen zur Frage, welche staatsrechtlich relevanten Personen im einzelnen repräsentieren, spärlich. Die wenigen staats*theoretischen* Untersuchungen zur Repräsentation rechnen auch die Regierung genau so wie den Abgeordneten zu den Repräsentanten[13]. Da beide in der Sphäre der Werte ihren Ursprung hätten, so argumentiert Leibholz[14], seien sie gleichermaßen als Repräsentanten zu werten. C. Schmitt geht sogar so weit, die Qualität der Repräsentation nur denjenigen vorzubehalten, die teilhaben an der Regierung[15]. Der innere Grund für diese Annahme liegt — ebenso wie bei Leibholz — in der Vorstellung, Repräsentation beruhe auf einer Art gesteigerten Seins, auf einer den Repräsentanten umgebenden Werthaftigkeit, auf „Größe, Hoheit, Majestät, Ruhm, Würde und Ehre"[16]. Diese von C. Schmitt und Leibholz vertretene Auffassung ist jedoch zu verschwimmend und zu wenig faßbar, als daß sie geeignet wäre, das Typische und Charakteristische von untereinander heterogenen, aber dennoch dem repräsentativen Prozeß zuzurechnenden Funktionseinheiten herauszuarbeiten und gegeneinander abzugrenzen. Sie geht darüber hinaus — wie zuvor dargelegt — am Wesen der Repräsentation vorbei. So ist es m. E. verwirrend und einer systemgerechten Differenzierung aller für den Staat handelnden Personen kaum dienlich, deutlich unterschiedene Phänomene wie den Abgeordneten, die Regierung, die Staatsoberhäupter und den Gesandten nur wegen der ihnen allen gemeinsamen Wertsphäre[17] *in ein und demselben Sinne* als Repräsentanten zu bezeichnen[18]. Nehmen sie doch, wie noch genauer zu zeigen sein wird, in der Regel sich ausschließende Funktionen wahr und befinden sich gegenüber dem Volk in einem grundverschiedenen, nämlich mehr oder weniger vermittelten oder unvermittelten Verhältnis.

Sehen C. Schmitt und Leibholz das die Repräsentation maßgeblich kennzeichnende Kriterium in einer die Repräsentanten umgebenden Wertsphäre, so findet es Wolff in der zwischen Repräsentanten und Repräsentierten bestehenden Gemeinschaftsverbundenheit[19], die allererst die

---

[13] So *C. Schmitt*, Verfassungslehre, S. 212; *Leibholz*, Wesen, S. 79/80; *Smend*, Verfassung und Verfassungsrecht, S. 28; *Tütsch*, Repräsentation, S. 24; *Krüger*, Staatslehre, S. 241; *Meyer*, Der Begriff der Regierung im Rechtsstaat, S. 155 ff. und implicite auch *Wolff*, Organschaft II, S. 63 ff.

[14] *Leibholz*, a.a.O., S. 79, 83/84, 32.

[15] *C. Schmitt*, a.a.O., S. 212.

[16] *C. Schmitt*, a.a.O., S. 210.

[17] So aber *Leibholz*, a.a.O., S. 79, 82, 63 und daselbst Anm. 1.

[18] *Leibholz*, a.a.O., S. 199.

[19] Vgl. S. 28.

Zurechenbarkeit eines bestimmten Verhaltens begründet. Repräsentant ist danach insbesondere, „wer absichtlich oder zwangsmäßig, wissentlich oder unwissentlich ‚aus dem Geist' der Gemeinschaft heraus lebt und handelt"[20]. Das kann aber sowohl der Abgeordnete als auch eine Regierung wie auch schließlich ein Gesandter oder jeder, der an „prominenter"[21] Stelle handelnd für die Gruppe in Erscheinung tritt. So sehr also das Merkmal der Homogenität das Gemeinsame der repräsentativen Vertretungsart zu kennzeichnen vermag und so sehr es, was insbesondere moderne soziologische Untersuchungen bestätigen[22], der Wirklichkeit abgelauscht ist, so wenig ist es naturgemäß dazu in der Lage, die einzelnen, sich aus der Gemeinschaftverbundenheit legitimierenden Personen nach ihren Besonderheiten zu differenzieren.

Geht demnach die Staatstheorie von allgemeinsten, extrem weit gefaßten Kriterien aus, so zentriert und verengt die Staatsrechtsdogmatik die Repräsentation in der Regel[23] auf *eine* bestimmte für den Staat handelnde Personengruppe, nämlich die Abgeordneten. Die durch die direkt vom Volk gewählten Abgeordneten gekennzeichnete Struktur des Parlaments ist Maßstab aller Repräsentation[24]. Man hat es daher bei dem Repräsentationsbegriff der Staatsrechtsdogmatik nicht mit einem allgemein sozialwissenschaftlichen, sondern mit einem an einer bestimmten Institution ausgerichteten *politischen* Begriff zu tun. Während jenes Verständnis der Repräsentation extrem weit gefaßt ist und geradezu diffus wirkt, ist dieses kasuistisch.

Dieser gleichsam aus abstrakten Höhen auf die Erde herniedergeholte Repräsentationsbegriff vermag daher nach der weitaus überwiegenden Meinung in der Staatslehre auch den Bundesrat nicht mehr zu erfassen. Ist doch der Bundesrat ein aus Regierungsmitgliedern zusammengesetzes Kollegium, das weder frei dezidiert noch sich durch jenes unmittelbare, die Abgeordneten mit dem Volk verbindende Verhältnis auszeichnet. Die mehrfach, durch Landesparlament und Landesregierung vermittelte Beziehung zum Volk ist es dann auch, was die Staatsrechtsdogmatik überwiegend davon abhält, den Bundesrat als Repräsentanten[25] zu deuten und

[20] *Wolff*, a.a.O., S. 64.

[21] *Wolff*, a.a.O., S. 64.

[22] *Hofstätter*, Gruppendynamik, S. 134 ff.

[23] Eine Ausnahme hiervon machen diejenigen Autoren, die auch der Regierung repräsentative Qualität zubilligen wie *Bilfinger*, *v. Mangoldt-Klein*, *Schäfer*, *Eschenburg* (vgl. S. 103 Anm. 8); ferner die bei *Meyer*, a.a.O., S. 155 angegebene französische Staatslehre wie auch *Amphoux*, Le chancelier fédéral dans le régime constitutionnel de la république fédéral d'Allemagne, II, S. 490.

[24] Typisch insoweit *Landshut*, Der politische Begriff der Repräsentation, S. 175.

[25] Alle — außer den auf S. 103 Anm. 2 und 3—5 aufgeführten — Autoren, die bei weitem die Mehrheit darstellen, erwähnen im Zusammenhang mit dem Bundesrat nicht einmal die Repräsentation.

einhellig dazu veranlaßt, ihm den Titel „Repräsentativorgan" vorzuenthalten[26].

II. Die Einordnung des Bundesrates

Dieses Entweder-Oder, mit dem Staatstheorie und Staatsrechtsdogmatik staatliche Funktionseinheiten zu systematisieren versuchen, ist zu extrem und zu wenig differenziert, um die soziale Eigenart und komplexe Struktur des Bundesrates erkennen zu können. Zur Entscheidung der Frage, ob der Bundesrat repräsentiert, bedarf es daher einer Rückbesinnung auf den zuvor erarbeiteten, kontinuierlicheren und elastischeren Repräsentationsbegriff. Das Wesen aller Repräsentation liegt, so wurde bereits dargelegt[27], in einem dialektischen und daher notwendig dynamischen Prozeß zwischen zwei „Willen", d. h. genauer zwischen einem nur sogenannten, noch unformierten Volkswillen und einem qualifizierteren Repräsentantenwillen. Beide verharren nicht in statischer Antinomie, sondern sind darauf angelegt, aufeinander einzuwirken und durch Widerspruch optimale Entscheidungen zu gewährleisten.

Beschränkte man die so verstandene Repräsentation, wie es weithin die Staatsrechtslehre[28] tut, auf das Verhältnis zwischen dem Volk und seinen Abgeordneten, so wären in der Tat die Regierung und ihre Vertreter im Bundesrat, um deren Erklärung es hier geht, nicht Repräsentanten. Diese Konzeption, wonach Beginn und Ende des repräsentativen Prozesses in den parlamentarischen Abgeordneten zusammenfällt, ist jedoch durch nichts als die Historie bedingt, die hier nicht nur nicht zur Erklärung der Wirklichkeit beiträgt, sondern ihrer Erkenntnis geradezu im Wege steht. Der repräsentative Prozeß empfängt nämlich seinen Charakter nicht von einzelnen historischen Ereignissen[29], sondern stellt sich als ein typisches und für jede Gruppe unverzichtbares Phänomen, als ein mehrfach gestaffelter, sich von unten nach oben, vom Volk bis zum leitenden Staatsmann hin verjüngender und immer effektiver werdender Willensbildungsprozeß dar. So ist das Volk keine in sich absolut geschlossene, auf Identität beruhende Einheit, sondern — repräsentativ gewendet — Zweiheit. Es wird, wie schon C. Schmitt erkannt hatte[30], durch die Aktiv-

[26] So wird der Bundesrat außer bei *G. u. E. Küchenhoff*, a.a.O., S. 164, nirgends, soweit erkennbar, als Repräsentativorgan bezeichnet. Dagegen wird das Parlament fast einhellig als solches charakterisiert. Vgl. S. 9 Anm. 1.

[27] Vgl. zum folgenden S. 40 ff.

[28] Vgl. S. 9.

[29] Die These einer auf das Parlament beschränkten Repräsentation gründet nicht in einer allgemeinen sozialwissenschaftlichen Erkenntnis der Wirklichkeit, sondern ist demgegenüber an einer historischen Zufälligkeit, eben den in eine parlamentarische Verfassung mündenden Ereignissen der Französischen Revolution orientiert.

bürger und diese wiederum durch das Parlament repräsentiert. An dieser Stelle bricht jedoch die repräsentative Willensbildung nicht ab, sondern setzt sich mit immer sich intensivierender Steigerung über Mehrheit, Regierung bis hin zum leitenden Staatsmann, der in der Bundesrepublik der Bundeskanzler ist, fort. Stehen die Abgeordneten in einem dialektischen Verhältnis zum Volk, so verknüpft eine ganz entsprechende Beziehung Regierung und Parlament. Denn genau wie das Volk (Aktivbürgerschaft), die Abgeordneten, so setzt das Parlament (Mehrheit) die Regierung aus sich heraus, um so durch dialektisches Gegeneinander von einem relativ qualifizierten zu einem — zur Bewältigung der Tagespolitik geradezu unverzichtbaren — noch effektiveren Willen zu gelangen. Regierung ist also keine für sich gesondert begreifbare Erscheinung, sondern nur als Teil einer umfassenden dialektischen Repräsentation zu verstehen. Genau wie das Parlament ist also auch die Regierung Glied und Teilhaber repräsentativer Willensbildung, nur mit dem Unterschied, daß sie nicht in einer den Abgeordneten entsprechenden unmittelbaren, sondern durch diese vermittelten Beziehung zum Volke steht. Diese Tatsache rechtfertigt es auch, den Ort, den die Regierung innerhalb der Repräsentation einnimmt, besonders zu kennzeichnen. Da sich in einem parlamentarischen System, dem auch die Länder unterfallen, jede Regierung in einem nur vermittelten Verhältnis zum souveränen Volk, dem letztlich auch ihr Verhalten zugeordnet wird, befindet, sollen sie als *sekundäre* Repräsentanten bezeichnet werden.

Wenn somit auch feststeht, daß die Regierungen im allgemeinen und die Landesregierungen im besonderen repräsentieren, so ist damit zunächst noch nichts über die repräsentative Qualität des Bundesrates selbst ausgesagt. Denn nicht die Landesregierungen, sondern nur die von ihnen entsandten Kabinettsmitglieder haben Sitz und Stimme im Bundesrat (Art. 51 Abs. I GG). Ihre Tätigkeit beschränkt sich jedoch — auch unter Berücksichtigung eines möglicherweise bestehenden Ermessensspielraumes — darauf, die in den Landeskabinetten zuvor gefaßten Beschlüsse nur noch zu übermitteln — eine Aufgabe, die ihnen, abgesehen von der impliciten Regelung des Grundgesetzes[31], die Geschäftsordnungen der Landesregierungen ausdrücklich auferlegen[32].

Der Bundesrat erklärt und verlautbart also fremden Willen ohne eigene Entschließung. Die Landesregierungen handeln durch ihn als Werkzeug. Zwischen beiden besteht Willenseinheit. Der Bundesrat ist demnach kein Kollegium von Repräsentanten, sondern Bote, aber — und hier liegt die Besonderheit — Bote *repräsentativen* Willens.

---

[30] *C. Schmitt*, a.a.O., S. 206.

[31] Vgl. zur Weisungsgebundenheit der Bundesratsmitglieder S. 104 Anm. 12.

[32] Vgl. §§ 17 Abs. 3 GeschOSenBln, 10 GeschOSenHbg, 14 Abs. 1 b GeschOLregNDS, 31 Abs. 1—3. GeschOLregRhpf, 26 Abs. 1 GeschOLregSaarl.

In dieser Botenfunktion erschöpft sich aber die Tätigkeit der Bundesratsmitglieder nicht. Sie wirken überdies, soweit sie Mitglieder des Vermittlungsausschusses sind, in absolut unabhängiger Weise (Art. 77 Abs. II, S. 3 GG) an der Bildung des Bundeswillens mit. Dank dieser Weisungsfreiheit ist ihnen zwar die Möglichkeit zur Repräsentation gegeben. Doch repräsentieren sie als Mitglieder des Vermittlungsausschusses ausschließlich auf Bundesebene und in jedem Fall *außerhalb* des Bundesrates. Denn im Vermittlungsausschuß werden nicht Aufgaben des Bundesrates, sondern ausschließlich solche des Vermittlungsausschusses selbst wahrgenommen. Der Vermittlungsausschuß ist eine gesonderte Funktionseinheit, deren Untersuchung zur Lösung der Frage, ob die Bundesratsmitglieder in ihrer Eigenschaft als Walter des Bundesrates repräsentieren, daher nichts beizusteuern vermag.

Wenn man die Aktivität der Bundesratsmitglieder als Botenfunktion begreift, kann man den Bundesrat — funktionell betrachtet — auf einer Ebene mit den Gesandten, Botschaftern und Staatsoberhäuptern sehen, die keine eigene Entschließungsfreiheit besitzen, sondern Persönlichkeiten darstellen, die nicht an der spezifisch rechtsgeschäftlichen Willensbildung des Staates beteiligt sind[33], sondern bereits vorformulierten Willen — wenn auch an besonders hervorgehobener Stelle — meist nur noch übermitteln. Alle diese Personen kennzeichnen einen Vorgang, in dem der normalerweise in einem Individuum geeinte Willensbildungs- und Verlautbarungsprozeß auseinandergelegt und zwei verschiedenen Personen übertragen ist. Diese Tatsache vermöchte jedoch für sich allein genommen den Bundesrat und die ihm gleichgestellten Gremien von einer Unzahl, vornehmlich der unteren staatlichen Verwaltungshierarchie angehörenden Personen nicht abzugrenzen. Denn schon infolge des arbeitsteiligen Funktionierens staatlicher Verwaltung ist jener Vorgang der Trennung von Willensbildung und Verwirklichung weit verbreitet. Die Besonderheit, die demgegenüber den Bundesrat sowie die Gesandten, Botschafter und Staatsoberhäupter von jenen Personengruppen abhebt, liegt darin, daß sie sekundär repräsentativen Willen, der rechtsordnungsgemäß gar nicht anders als durch sie übermittlet werden kann, *unmittelbar* verlautbaren.

Zur näheren Umgrenzung des Merkmals der Unmittelbarkeit läßt sich zunächst ganz allgemein sagen, daß die unmittelbare Ausführung sekundär repräsentativen Willens vornehmlich dem Bereich oberster und mittlerer staatlicher Verwaltung angehört, bisweilen aber auch noch auf unterster Ebene anzutreffen ist. Eine solche Ausnahme normiert z. B. § 47 GONRW. Hiernach hat der Gemeindedirektor bei der Durchführung von Pflichtaufgaben zur Erfüllung nach Weisung Weisungen der Landesregierung, also sekundär repräsentativen Willen, unmittelbar, d. h. ohne

[33] Desgl. *Leibholz,* Wesen, S. 62 ff. und 198 ff.

Zwischenschaltung anderer Funktionseinheiten, auszuführen. Ganz ähnlich fungiert der Regierungspräsident auf bestimmten Sachgebieten. Soweit er z. B. als Landesordnungsbehörde in Befolgung einer innerdienstlichen Weisung der Landesregierung die Erweiterung und Schließung öffentlicher Begräbnisstätten anordnet (§ 52 Abs. II OBG) oder als Enteignungs- oder Gewerbebehörde tätig wird, bringt auch er den repräsentativen Willen der Landesregierung unmittelbar zur Ausführung.

Eine vergleichbare Rechtsstellung nimmt der Bundespräsident im Bereich der obersten Bundesorgane ein. Sein Amt beschränkt sich im wesentlichen auf die Ausführung primär und sekundär repräsentativen Willens. Das ergibt vor allem Art. 58 GG. Denn hiernach bedürfen Verfügungen und Anordnungen des Bundespräsidenten zu ihrer Wirksamkeit der Gegenzeichnung durch den Bundeskanzler oder einen Bundesminister. Dasselbe gilt für die Ernennung der Bundesbeamten und Offiziere, die der Bundespräsident nur auf Grund einer Genehmigung gem. Art. 58 GG wirksam vornehmen kann. In gebundener Weise realisiert das Staatsoberhaupt ferner die primär repräsentativen Beschlüsse des Bundestages, indem er z. B. Gesetze ausfertigt, sofern er sie nicht auf Grund der ihm zustehenden formellen und materiellen Kontrollbefugnis beanstandet, und die vom Bundestag getroffene Feststellung des Verteidigungsfalles (Art. 59 a GG) verkündet. Normsetzende und vollziehende Gewalt, d. h. primäre und sekundäre Repräsentativorgane, bilden also jeweils den Willen, während der Bundespräsident ihn regelmäßig nur noch verlautbart. Da sich mithin die Tätigkeit des obersten Staatsorgans — abgesehen von der ihm eingeräumten autonomen Willensbildungskompetenz auf wenigen Sachgebieten (vgl. z. B. Art. 63 Abs. IV, 81 Abs. I, 60 Abs. II GG sowie die Kontrollbefugnis gem. Art. 82 GG) — nur auf die *Durchführung* eigentlich repräsentativen Willens beschränkt, kann er nicht als jenes klassische Repräsentativorgan angesehen werden, das z. B. noch C. Schmitt und Leibholz in ihm erblickten.

Die Konzeption dieser Staatsrechtler, die das Staatsoberhaupt als repräsentatives Organ begriffen, weil es unabhängig und — da an besonders prominenter Stelle handelnd — von einer spezifischen Wertsphäre umgeben sei, vermag jedoch die völkerrechtliche Stellung des Bundespräsidenten zu erklären. Denn aus völkerrechtlicher Sicht ist er das berufene Vertretungsorgan des Völkerrechtssubjekts Bundesrepublik Deutschland, das, ohne Weisungen zu unterliegen an besonders hervorgehobener Stelle handelnd, erst durch eigenen freien Willensakt, nämlich seine Unterschrift, dem völkerrechtlichen Akt Rechtsverbindlichkeit verleiht. So gesehen erscheint zwar das oberste Bundesorgan auf Völkerrechtsebene, nicht aber im innerstaatlichen Bereich als klassisches Repräsentativorgan. Dennoch muß der Bundespräsident auch in dieser Sphäre als *unmittelbarer* Vollstrecker primär und sekundär repräsentativen Willens vom Boden unseres Repräsentations- und Organbegriffs als Repräsentativorgan im weiteren Sinne bezeichnet werden.

Vollzieht sich also Repräsentation in diesem Bereich noch außerordentlich häufig, so ist sie auf der untersten Stufe staatlicher Verwaltungshierarchie regelmäßig nicht mehr anzutreffen. So werden z. B. die untersten Stellen der Bundesbehörden, die Polizeivollzugsbeamten sowie der Gemeindedirektor bzw. der Oberkreisdirektor als untere staatliche Verwaltungsbehörde entweder selbständig, d. h. auf Grund eigenen Willensentschlusses oder in Ausführung einer Weisung ihrer vorgesetzten Dienstbehörde tätig. Da insoweit Weisungen der Landesregierung allenfalls mittelbar, d. h. durch Vermittlung weiterer Stellen (Regierungspräsident, Oberkreisdirektor), ausgeführt werden, kann diesen Funktionseinheiten ein repräsentativer Charakter nicht zuerkannt werden.

Angesichts dieses an Hand von Beispielen veranschaulichten Inhalts des Merkmals der Unmittelbarkeit können die Funktionseinheiten, die sekundär repräsentativen Willen unmittelbar durchführen, sowie insbesondere die Bundesratsmitglieder weder als echte Repräsentanten noch als gewöhnliche Boten bezeichnet werden. Sie stehen vielmehr in der Mitte. Angesichts ihrer engen, auf Willenseinheit beruhenden Verknüpfung mit den Landesregierungen sowie der Zusammengehörigkeit von Willensbildung und Verlautbarung erscheint es jedoch gerechtfertigt, den Bundesrat als letztes Glied noch dem repräsentativen Prozeß zuzurechnen. Zwecks Charakterisierung seiner von den Aufgaben und der Stellung der sekundär repräsentativen Funktionseinheiten abweichenden Aktivität bedarf er indes einer besonderen Bezeichnung. Während die Regierungen und damit auch die Landesregierungen sekundäre Repräsentanten im *engeren* Sinne darstellen, werden der Bundesrat sowie die ihm entsprechenden Personen (Gesandte, Staatsoberhäupter, usw.)[34] als sekundäre Repräsentanten im *weiteren* Sinne bezeichnet.

B. Die Bestimmung der repräsentierten Einheiten

Am nachhaltigsten macht sich der Mangel eines ausgebildeten Repräsentationsbegriffes bei der Bestimmung der repräsentierten Einheiten bemerkbar. Hier herrscht Mannigfaltigkeit schlechthin. Das zeigt sich bereits während des in den ersten Jahrzehnten des 19. Jahrhunderts in Deutschland schwelenden Streites um die Repräsentativverfassung. Die

---

[34] Die übrigens auch die Wiener Schlußakte von 1815 als Repräsentanten bezeichnet. Vgl. dazu Règlement sur le rang entre les agents diplomatiques du 19 mars 1815, Art. 2 Abs. I: „Les ambassadeurs, légats ou nonces ont seuls le caractère représentatif." Desgl. *Leibholz,* a.a.O., S. 198/199; *C. Schmitt,* a.a.O., S. 210.

Ansichten darüber, wer durch das Parlament repräsentiert wurde, waren in der politischen Literatur und Staatsrechtslehre außerordentlich vielfältig. Als repräsentationsfähig angesehen wurden: „ ‚Das gesamte Volk', ‚die Nation', ‚das ganze Land, Reich, Vaterland', ‚die (Volks-) Gesamtheit', ‚die Gesamtheit aller Volksteile, Untertanen, Staatsangehörigen, aktiven Staatsbürger', ‚die Gesamtmasse des Volkes', ‚die Volksgenossenschaft', ‚alle Klassen der Bürger', ‚alle Stände, Klassen, Gewerbe, Landesteile', ‚die Volksinteressen', ‚die Rechte, das Wohl, die Ehre, die Würde, der gesamte Kulturstand eines Volkes', ‚das gleiche Recht aller gegen die Verschiedenheit der Interessen der Stände', ‚der allgemeine Wille', ‚der Gesamtwille'[35]."

Diese Uneinigkeit in der Festlegung des Repräsentierten hat sich zwar insoweit vermindert, als gewisse zeitgebundene Erscheinungen, wie z. B. Stände und Klassen, heute in der politischen Wirklichkeit keine Rolle mehr spielen. Dennoch werden die verbliebenen, möglicherweise repräsentierten Einheiten allesamt ins Spiel gebracht. So hält man den Bundesrat für einen Repräsentanten des Bundes, des Bundesvolkes, der Länder wie auch der Landesvölker[36]. Diejenigen Autoren, die das Volk für den Zuordnungsadressaten bundesrätlicher Repräsentation halten, begründen ihre Ansicht damit, daß alle Staatsgewalt vom Volke ausgehe und daher letztlich immer nur das souveräne Volk repräsentiert werden könne[37]. Die Gegner halten dafür, daß auf Grund des höchst vermittelten Verhältnisses der Bundesratsmitglieder zum Volk[38] nur der Bund oder die Länder als staatsrechtliche Einheiten repräsentiert werden könnten.

In beiden Ansichten liegt ein richtiger Kern. Einerseits ist man sich bewußt, daß nie abstrakte, sondern immer nur lebendige Einheiten, das Volk oder eine sonstige Gruppe, Gegenstand einer Repräsentation sein können. Andererseits wird das richtige Empfinden zum Ausdruck gebracht, daß die Bundesratsmitglieder wegen ihrer höchst indirekten Beziehung zum Volk dieses nicht im parlamentarischen Sinne zu repräsentieren vermögen. Diese Annahme wird noch dadurch bestätigt, daß die Landesregierung, deren repräsentativen Willen die Bundesratsmitglieder ja nur noch verlautbaren, vornehmlich nicht in einem repräsentativen Verhältnis zum Landesvolk, sondern als sekundärer Repräsentant in einem dialektisch-repräsentativen zum Landesparlament steht. Sie repräsen-

---

[35] *E. Gerber*, Der staatstheoretische Begriff der Repräsentation, S. 28, mit ausführlichen Nachweisen aus der politischen Literatur sowie Staatsrechtslehre des 19. Jahrhunderts.

[36] Vgl. S. 103 Anm. 2 und 3—5.

[37] *Drath*, Die Entwicklung der Volksrepräsentation, S. 41; *Dennewitz-Schneider*, BK, Art. 38 Erl. II, 2.

[38] Das ergibt sich implicite aus ihrer Argumentation und aus der Konfrontierung des Bundesrates mit dem Bundestag und dem Senatssystem; typisch insoweit *Süsterhenn*, Senats- oder Bundesratssystem, S. 83/84.

tiert damit ein Staatsorgan, d. h. eine rechtlich verfaßte, aber nicht natürlich gewachsene Personeneinheit, und — da das Parlament der Landesstaatsorganisation eingegliedert ist — letztlich das rechtlich organisierte Ganze, d. h. das Land als juristische Person.

Dieser sozial-repräsentativen Beziehung zwischen Land und Landesregierung steht auch nicht der Charakter der juristischen Person als eines nur gedanklich existenten einheitlichen Zweckgebildes entgegen. Zwar lehrt ein Blick auf unseren Repräsentationsbegriff als eine soziale Kategorie der Gruppe bereits, daß in ihm abstrakte, nur gedanklich existente Einheiten keinen Platz finden. Doch haben die Länder als juristische Personen das Volk zum Substrat[39]. Inhalt ihrer Rechtspersönlichkeit ist das Volk als Wesens- und Kulturgemeinschaft[40] und — kraft politischen Zusammengehörigkeitsgefühls — auch als Nation[41]. Wenn sich auch hiermit der Staatspersonbegriff nicht begnügt, sondern darüber hinaus das natürlich geeinte Volk durch Verleihung eigener Rechte und Pflichten zur Staatsperson normativ umgestaltet, so lassen sich doch repräsentative Beziehungen hierdurch nicht ausschalten. Denn etwas als juristische Person repräsentieren bedeutet nicht mehr und nicht weniger als zu einer natürlichen Personeneinheit, die durch das Recht mit eigenen Rechten und Pflichten ausgestattet und dadurch subjektiviert und rechtlich geordnet wird, in eine dialektisch repräsentative Beziehung zu treten. Daß ein Verhältnis dieser Art noch der Repräsentation als empirisch-soziologischem Seinsbegriff zuzurechnen ist, zeigt bereits ein Blick auf den zuvor erarbeiteten Repräsentationsbegriff. Denn hiernach sind gerade auch rechtssatzmäßig geordnete Personeneinheiten einer Repräsentation fähig.

Aus diesem Grunde können auch die Landesregierungen nur die Länder als staatsrechtliche Rechtspersönlichkeiten und nicht die Landesvölker oder gar das Bundesvolk repräsentieren. Da die Landesregierungen außerdem, wie gezeigt wurde, mittelbar, d. h. kraft Willenseinheit mit den Bundesratsmitgliedern im Bundesrat handeln, repräsentiert der Bundesrat als Kollegium (im oben definierten Sinne) die Summe aller Länder.

---

[39] Vgl. zum herrschenden Begriff der juristischen Person S. 80, Anm. 254.

[40] *Heller*, Staatslehre, S. 158 ff.; *Boehm*, „Volk", S. 611 ff.

[41] Vgl. zum Begriff der Nation die kritische Zusammenfassung bei *Fels*, Begriff und Wesen der Nation, S. 74 ff.; ferner *Leibholz*, Wesen, S. 46 ff.; *Heller*, a.a.O., S. 161.

Drittes Kapitel

Der Bundesrat als Staatsorgan

Die vorstehenden Untersuchungen haben ergeben, daß sich zwischen Bundesrat und Ländern ein repräsentativer Prozeß vollzieht. Der Bundesrat als Kollegium ist Repräsentant der Länder. Da der Bundesrat überdies Funktionseinheit des *rechtlich* organisierten Ganzen, des Bundes und möglicherweise der Länder als Gesamtheit ist, muß neben der sozialrepräsentativen Zuordnung auch noch eine rechtliche erfolgen. Neben der Frage, ob es sich hierbei um eine Zuordnung kraft Stellvertretung oder Organschaft handelt, ist weiter von — im Bundesstaat geradezu eminenter — Bedeutung, wen diese Zuordnung trifft, den Bund und die Länder oder nur den Bund allein und wie sie verläuft. Gerade dieser letzte Problemkreis ist in der Staatsrechtsdogmatik vor allem in der Begründung außerordentlich umstritten.

A. Der Bundesrat – Stellvertreter oder Organ?

Ehe entschieden werden kann, wie die auf Grund der Rechtsordnung erfolgende Zuordnung der durch den Bundesrat gesetzten Rechtsfolgen im einzelnen verläuft, ob zum Bund oder zu den Ländern, vermittelt oder unvermittelt, ist die Frage zu beantworten, welcher Vertretungskategorie zufolge überhaupt zugeschrieben wird.

Der Bundesrat ist legislative und exekutive Funktionseinheit[1]. Er wirkt an der Bildung eines Gesamtwillens mit. Er erfüllt Aufgaben einer Gesamtheit, die ihm gegenüber fremde sind. Er vertritt also jemand anders. Ob es sich hierbei um eine Vertretung kraft Organschaft oder Stellvertretung handelt, entscheidet sich nach den oben[2] gewonnenen Erkenntnissen danach, ob die Fremdwirkung der Vertreterhandlung durch Rechtsgeschäft oder durch organisatorischen Rechtssatz eintritt. Da der Bundesrat durch den organisatorischen Teil der Verfassung, also durch organisatorischen Verfassungsrechtssatz allererst gebildet worden ist, kann er nur Organ und — da er Gesetzgebungs- und Regierungsfunktion ausübt — nur Staatsorgan sein[3]. Seine Vertretungsmacht beruht

[1] Art. 50 GG.

[2] Vgl. S. 92 ff.

[3] Die Abgrenzung von Staats- und Verwaltungsorgan ist mit *Wolff* (Verwaltungsrecht I, S. 7—13) dahingehend zu kennzeichnen, daß Staatsorgane entweder gesetzgebende, regierende oder rechtsprechende Funktion ausüben, die Verwaltungsorgane dagegen eine „mannigfaltige, zweckbestimmte, nur teilplanende, selbstbeteiligt durchführende und gestaltende Wahrnehmung der Angelegenheiten von Gemeinwesen" (a.a.O., S. 12) bewerkstelligen.

weder auf Rechtsgeschäft noch auf dem die Bundesratsmitglieder ernennenden Beschluß der Landesregierung[4], sondern allein auf verfassungsrechtlichem Rechtssatz, nämlich Art. 50 GG, der den Bundesrat nicht nur abstrakt gebildet, sondern auch die Fremdwirkung seines Handelns festgelegt hat. Diese Vorschrift gehört nicht zu den sich an den Bürger richtenden allgemeinen Verhaltens-, sondern zu den Organisationsnormen, d. h. zu jener „Gruppe von Rechtssätzen, welche unmittelbar oder mittelbar die Erzeugung, Anwendung und Durchsetzung jenes materiellen Rechts ermöglicht“[5].

Dieser vom Boden eines einmal gewonnenen Organbegriffs im Grunde einfach zu beurteilende Sachverhalt wird in der Rechtslehre weitgehend übergangen[6] und teilweise verkannt. Zwar ist man sich allerseits darüber einig, daß der Bundesrat nicht Stellvertreter, sondern Organ[7] ist. Damit steht jedoch in Widerspruch, daß einige dieser Autoren[8] dem Bundesrat

---

[4] Dieser Beschluß ist, da er die Kabinettsmitglieder erst zu Bundesratsorganwaltern macht, zwar Voraussetzung für die Vertretungsmacht, bewirkt sie aber letztlich nicht. Diese Wirkung beruht ausschließlich auf dem Rechtssatz.

[5] *Wolff*, Verwaltungsrecht II, S. 7; *v. Mangoldt-Klein*, Das Bonner Grundgesetz, II, S. 868; *Forsthoff*, Lehrbuch des Verwaltungsrechts, S. 377 ff.

[6] Das hängt damit zusammen, daß die Rechtsdogmatik, indem sie die positiven Verfassungsrechtsnormen erörtert, über keinen scharf umrissenen und zugleich allgemein anerkannten Organbegriff verfügt, unter den sie die verfassungsrechtlich geregelten Funktionseinheiten subsumieren könnte. Die Aufgabe, einen derartigen Organbegriff zu konzipieren, obliegt jedoch nicht ihr, sondern der allgemeinen Staatslehre.

[7] Unter den Autoren, die den Bundesrat als Organ bezeichnen, haben sich jedoch drei Gruppen gebildet. So wird der Bundesrat als Bundesorgan, als Länderorgan und als Mittelorgan zwischen Bund und Ländern angesehen. Als Bundesorgan bezeichnen ihn:

a) BVerfG JZ 58, 535 ff.; *Ellwein*, Regierungssystem, S. 249; *Eschenburg*, Staat und Gesellschaft in Deutschland, S. 614; *Giese-Schunck*, Grundgesetz f. d. Bundesrepublik Deutschland, Art. 50 II, 1; *Hamann*, Das Grundgesetz f. d. Bundesrepublik Deutschland, Art. 50, B, 1; *v. Mangoldt-Klein*, Das Bonner Grundgesetz, Bd. II, S. 1003; *Maunz*, Staatsrecht, S. 316; *Nymann*, Der westdeutsche Föderalismus, S. 139; *Prass*, Die Bundesorgane, S. 317 ff.; *Schäfer*, Der Bundesrat, S. 27; *Scupin*, BK, Art. 50, S. 4; *Schüle*, Die Informationspflicht der Bundesregierung, S. 448; *Stralenheim*, Die Zuständigkeiten des Bundes, S. 9; *Tradt*, Der Bundesrats- und Senatstypus, S. 124; *Voß*, Zur Systematik der Aufgaben des Bundesrats, S. 102; *Wöhler*, Aufgaben und staatsrechtl.. Stellung d. dt. Bundesrates, S. 162/163; *Zinn*, Der Bundesrat, in: DÖV 56, 210; vgl. ferner die bei *v. Mangoldt-Klein*, a.a.O., S. 1003, angegebene Literatur.

b) Als Länderorgan bezeichnen ihn: *Lechner*, Die Stellung der Länder im Bund, S. 172; *Neunreither*, Der Bundesrat zwischen Politik und Verwaltung, S. 18, anders jedoch S. 151.

c) Eine Mittelstellung zwischen Bund und Ländern zuerkennen dem Bundesrat: *Kaisen*, Bulletin des Presse- und Informationsamtes der Bundesregierung v. 12. 9. 59, S. 1678; *v. Mangoldt*, Das Bonner Grundgesetz, Art. 50, 2; *Nawiasky*, Die Grundgedanken, S. 57; *Seifert-Geeb*, Bundesrecht, S. 140 g; *Süsterhenn*, Senats- oder Bundesratssystem, S. 78; *Vonderbeck*, Der Bundesrat, S. 77.

[8] Vgl. Anm. 2 und 3.

neben seiner Organfunktion noch Stellvertretungsfunktion zuschreiben. So wird er teils nicht nur als Organ, sondern darüber hinaus noch als Ländervertretung qualifiziert. Hierbei wird davon ausgegangen, daß die Bundesratsmitglieder nicht Organwalter des Organs Bundesrat, sondern Stellvertreter ihrer Länder[9] oder Landesregierungen[10] im Organ Bundesrat seien. Man führt dadurch — wie schon zur Zeit des kaiserlichen Bundesrates und des Reichsrates der WRV — den Begriff eines von Stellvertretern verwalteten Organs in die Rechtslehre ein und bringt damit zwei heterogene Vertretungskategorien zusammen, die sich einander ausschließen[11]. Wenn der Bundesrat schon Organ ist und überdies nach Ansicht jener Autoren noch Ländervertretung sein soll, so könnte diese Vertretung mangels rechtsgeschäftlicher Bevollmächtigung nicht auf Grund von Stellvertretung, sondern allenfalls kraft organschaftlicher Zuschreibung erfolgen, indem die Willensakte der Bundesratsmitglieder in ihrer Eigenschaft als Organwalter über das Organ Bundesrat den Ländern als Gesamtheit oder ohne dessen Vermittlung jedem Lande einzeln zugeschrieben würden. Wenn auch der Terminus Ländervertretung einer gewissen politischen Plastizität nicht entbehrt, so trägt er doch nicht zur rechtlichen Erklärung des Bundesrates bei. Das Institut der Stellvertretung hat aus der rechtlichen Betrachtung des Bundesrates und seiner Mitglieder vollkommen auszuscheiden.

B. Der Bundesrat – Länder- oder Bundesorgan? oder die Frage nach der Modalität der Zuschreibungsbeziehungen

War die Frage nach dem Zuschreibungsgrund, nach der Legitimation der Zuschreibung relativ einfach zu beantworten, so bereitet die Feststellung des Zuordnungsadressaten, desjenigen also, dem das Bundesratsorganwalterverhalten rechtstechnisch endgültig zugeordnet wird, erheblich größere Schwierigkeiten. Das beruht vor allem auf der Stellung des Bundesrates zwischen Bund und Ländern. Während eine zweite Kammer[12] im Einheitsstaat schon begrifflich nur zu *einer* juristischen Person, nämlich dem Einheitsstaat selbst, in Rechtsbeziehungen treten kann, können den Bundesrat Organverhältnisse mit den einzelnen Ländern, dem Bund und möglicherweise der Gesamtheit der Länder verbinden. Die sich daraus

---

[9] So *Nawiasky*, Grundgedanken, S. 57; *Pfitzner*, Der Bundesrat, S. 14; *Schlochauer*, Öffentliches Recht, S. 72; *Strickrodt*, Das Bundesratsmandat — gebunden oder frei, S. 322.

[10] So *Hamann*, Das Grundgesetz f. d. Bundesrepublik Deutschland, Art. 51, 2; *Vonderbeck*, Der Bundesrat, S. 77; *Wöhler*, a.a.O., S. 160, 166; *Zinn*, Das Bundesratsprinzip heute, S. 12.

[11] Vgl. S. 92 ff.

[12] Vgl. zur Frage, inwieweit der Bundesrat als zweite Kammer angesehen werden kann: *Vonderbeck*, Der Bundesrat, S. 11 ff., 106 ff.

ergebende Zwitterstellung des Bundesrates zwischen dem Ganzen und seinen Teilen verursacht einen komplizierteren und vielschichtigeren Verlauf der Zuschreibung als beim entsprechenden Institut im Einheitsstaat. Hinzu kommt die repräsentative Zuordnung, die von jener säuberlich zu trennen ist.

Dieser komplexe Tatbestand von Zuschreibungsbeziehungen hat denn auch in einer höchst verschiedenartigen Beurteilung seitens der Staatsrechtslehre seinen Niederschlag gefunden. Entsprechend der Einordnung des Reichsrates[13] der WRV wird der Bundesrat überwiegend als Bundesorgan, von einer Minderheit als Länderorgan und von einer weiteren, relativ stark vertretenen Ansicht als beides zugleich begriffen[14]. Jede dieser drei Ansichten knüpft an grundverschiedene Sachverhalte an und muß daher notwendigerweise zu unterschiedlichen Beurteilungen gelangen. Die herrschende Meinung geht von der Funktion aus. Da der Bundesrat Bundesfunktionen wahrnehme, so argumentiert sie im wesentlichen, könne er auch nur ein Organ des Bundes sein[15]. Einen gänzlich andersartigen Ansatzpunkt halten die beiden anderen Meinungen für maßgeblich. Während die eine den Bundesrat ausschließlich nach seiner Struktur, d. h. nach Art und Herkunft seiner Mitglieder und folgerichtig als Länderorgan charakterisiert[16], läßt die andere, die Mittelmeinung, beide Argumente gelten. Da der Bundesrat einerseits Bundesaufgaben erfülle, andererseits als Organ von den Ländern eingerichtet werde, nehme er eine Mittelstellung zwischen Bund und Ländern ein, sei sowohl ein Bundes- als auch ein Länderorgan[17].

Aus dieser unterschiedlichen Wertung geht eines mit aller Deutlichkeit hervor: Rein begrifflich kann man die rechtstechnisch endgültige Zuordnungssubjektivität[18] sowohl an die Struktur als auch an die Funktion eines

---

[13] Vgl. S. 102.

[14] Vgl. S. 115 Anm. 7. Obwohl die Vorstellung einer auf landsmannschaftlicher Gruppierung beruhenden Gesamtheit der Länder stark im Rückzug begriffen ist, der Bundesstaat also in immer ausgeprägterer Weise unitarische und zentralistische Formen annimmt (desgl. *Hesse*, Der unitarische Bundesstaat, S. 14 ff.; *Neunreither*, Der Bundesrat zwischen Politik und Verwaltung, S. 114 ff.), hat sich diese Anschauung, die von der Vorstellung einer Gesamtheit der Länder als eigenständiger und mit Organen versehbarer Größe ausgeht, bis heute hin durchsetzen können.

[15] So *Scupin*, BK, Art. 50 II, 1 u. 2; *v. Mangoldt-Klein*, a.a.O., S. 1003; *Eschenburg*, a.a.O., S. 614; *Zinn*, a.a.O., S. 210; *Maunz-Dürig*, a.a.O., Art. 50, Rdnr. 1. Die übrigen, der h. M. zuzurechnenden Autoren enthalten sich einer Begründung.

[16] Vgl. S. 115, Anm. 7.

[17] Vgl. S. 115, Anm. 7.

[18] Solche (rechtstechnisch endgültige) Zuordnungssubjektivität hat jede juristische Person, der die Handlungen ihrer Organe rechtstechnisch endgültig, d. h. nicht nur vorläufig zugeordnet werden. Nur rechtstechnisch vorläufige Zuordnungssubjektivität haben dagegen alle Organe und Organteile.

Organs knüpfen. Entweder ordnet man es derjenigen juristischen Person zu, die es einrichtet, errichtet oder bildet[19] oder derjenigen, deren Funktionen es wahrnimmt. Diese zweifache Möglichkeit der Zuordnung zeigt sich besonders deutlich im Grenzgebiet von Staats- und Selbstverwaltungssphäre. So läßt sich z. B. das Organ Oberstadtdirektor auch bei Wahrnehmung staatlicher Aufgaben gemäß § 108 Abs. I GO NRW entweder als Staats- oder gemeindliches Selbstverwaltungsorgan charakterisieren, je nachdem, welches Kriterium des Organbegriffs man für maßgeblich erklärt. Hält man die von der Gemeinde kraft ihrer Organeinrichtungsgewalt[20] bewirkte Struktur[21] des Organs für entscheidend, ist der Gemeindedirektor gemeindliches Selbstverwaltungsorgan. Knüpft man dagegen an die Kontrollmomente enthaltenden Tätigkeiten unter seinen Funktionen an, so ist er Staatsorgan.

Diejenige Auffassung, die bei der Bestimmung des Zuordnungsadressaten eines Organs dessen Struktur für maßgeblich ansieht, ist zwar theoretisch durchführbar, entspricht aber nicht dem Anliegen, das durch die Verwendung des Organbegriffs in der Rechtswissenschaft verwirklicht werden soll. Wie auch heute noch, so war das Organ von Anbeginn an ein konstruktives Mittel, um die *Willens-* und *Handlungsfähigkeit* menschlicher Verbände zu erklären und denkbar zu machen. Man war sich daher darüber einig, daß die neue Kategorie Organ der juristischen Person angehörte, deren Aufgaben es wahrnahm und nicht derjenigen, die es bildete, errichtete oder einrichtete, d. h. mit Organwaltern ausstattete.

Dieses rechtsgeschichtlich gewachsene funktionale Zuordnungskriterium des Organbegriffs hat sich bis heute in der Rechtslehre behauptet[22]. Da man nur mit seiner Hilfe die Funktionsausübung für rechtlich organisierte Personenmehrheiten zu erklären vermag, besteht keine Veranlassung, eine Kehrtwendung zu vollziehen und das Organ der juristischen Person zuzuordnen, die es bildet oder einrichtet, zumal auf diesem Wege eine zweckmäßigere — und das ist der entscheidende Gesichtspunkt für die systematische Erfassung des Verhältnisses zwischen Verband und Organ — Ein- und Zuordnung der Organe nicht zu erreichen ist.

---

[19] Zur Bedeutung dieser Begriffe vgl. *Wolff*, Verwaltungsrecht II, S. 96, 99, 102.

[20] Darunter versteht man die Zuständigkeit der Gemeinde, das durch Landesgesetz (GO NRW) abstrakt gebildete Organ Gemeindedirektor mit persönlichen und sachlichen Mitteln zu versehen.

[21] Die Struktur des Organs Gemeindedirektor ist insofern durch die Gemeinde bewirkt, als auch bei der Wahrnehmung staatlicher Funktionen der Organwalter Gemeindebamter ist und von der Gemeinde bestellt wird.

[22] Vgl. *Wolff*, Verwaltungsrecht II, S. 43: „Organ im normativen Sinne ist ein ... institutionelles Subjekt von Zuständigkeiten *zur transitorischen Wahrnehmung der Eigenzuständigkeiten* einer iuristischen Person." *Nawiasky*, Rechtslehre, S. 188.

Der Bundesrat ist demnach — jedenfalls solange man vom *zweigliedrigen* Bundesstaat ausgeht — ausschließlich Bundesorgan[23]. Denn überhaupt nur Funktionen des Bundes können begrifflich wahrgenommen werden. Da nämlich lediglich der Bund, nicht aber die Länder in ihrer Gesamtheit juristische Personen sind oder eine eigenständige, mit Organen ausstattbare Größe darstellen, können auch nur jener, nicht aber diese zusammen Zuordnungsadressat irgendwelcher Organakte sein.

Etwas anderes ergäbe sich nur dann, wenn man den *dreigliedrigen* Bundesstaatsbegriff[24] zugrunde legte, in dem die Gesamtheit der Länder eine eigenständige, mit Organen versehbare Einheit neben dem Bund darstellt. In diesem Falle könnte der Bundesrat — der Konstruktion zufolge — sowohl die in Art. 50 GG festgelegten Legislativ- und Exekutivbefugnisse des Bundes als auch die Mitwirkungsrechte der Gesamtheit der Länder wahrnehmen. Die Möglichkeit einer solchen organschaftlichen Vertretung der Gesamtheit der Länder hängt daher letztlich von der Konstruktion des Bundesstaates selbst ab.

Bevor jedoch diese Frage nach dem rechtstechnisch endgültigen Zuordnungsadressaten aufgeworfen wird, gilt es darüber Aufschluß zu bekommen, wie im einzelnen die Zurechnung und Zuordnung verläuft. Denn auch bei Kenntnis des endgültigen Zuordnungsadressaten bleibt immer noch unklar, inwieweit jeweils zugerechnet oder zugeordnet wird, ob das vermittelt oder unvermittelt geschieht, ob sich die transitorischen Zurechnungspunkte Bundesratsmitglieder als Organe oder Organteile erweisen. Diese Fragen können nur durch eine strukturelle Analyse der diesen Zurechnungs- bzw. Zuordnungsbeziehungen zugrunde liegenden Aufbauelemente (Organe, Organteile) geklärt werden. Denn von der Beschaffenheit einer Struktur, d. h. der Art der Teile und ihrem Verhältnis zueinander hängt es ab, welchen Lauf die sie verbindenden Zuschreibungsbeziehungen im einzelnen nehmen. Konkret gewendet kommt es darauf an, wie im einzelnen zugeschrieben wird, d. h. ob die Bundesratsmitglieder Walter kollegialer Landesvertretungsorgane[25] oder nur Teile der sie entsendenden Landesregierungen sind und schließlich in welcher Stellung sie sich gegenüber dem Bundesrat selbst und dem Bund oder gegebenenfalls der Gesamtheit der Länder, denen letztlich zugeordnet wird, befinden.

[23] Das ergibt auch eindeutig Art. 50 GG.

[24] Zu diesem Begriff vgl. S. 214 ff.

[25] Durch diesen Begriff „Landes*vertretungs*organ" soll zum Ausdruck gebracht werden, daß es Aufgabe dieses Organs ist, das Land nach außen hin, d. h. gegenüber dem Bund, zu vertreten.

I. Die Frage nach der Rechtsqualität der Bundesratsmitglieder als rechtstechnisch vorläufiger Zurechnungsadressaten (strukturelle Gesichtspunkte)

Will man den Bundesrat einer Strukturanalyse im vorstehenden Sinne unterziehen, wird man zweckmäßigweise beim kleinsten Element, dem Bundesratsmitglied, anzusetzen haben. Nur eine genaue Kenntnis seiner Stellung im System der Vertretung befähigt dazu, seine rechtlichen Beziehungen zum Bundesrat, zum Bund und evtl. zur Gesamtheit der Länder einerseits und zu den Landesregierungen und den einzelnen Ländern andererseits zu erkennen.

Auf Grund wirklichkeitswissenschaftlicher Analyse hatte sich zunächst gezeigt, daß die Bundesratsmitglieder einer Repräsentation unfähig sind. Infolge absoluter Weisungsgebundenheit fehlt ihnen jede Möglichkeit, jenes — alle Repräsentation kennzeichnende — polare Verhältnis zum Repräsentierten zu finden, das allererst zu repräsentativer Initiative und Willensbildung befähigt. Mangels solcher Qualifikation kommt ihnen — wie zuvor dargelegt — die Bedeutung von Individuen zu, die lediglich fremden Willen übermitteln und damit Botenfunktion ausüben.

Dieser sozialen Stellung der Bundesratsmitglieder entspricht bei rechtlicher Betrachtung — jedenfalls hinsichtlich ihrer Stellung im Bundesrat — ein Organwalterverhältnis. Ihrer durch organisatorische Rechtssätze begründeten Vertretungsmacht zufolge sind sie Walter des kollegialen Organs Bundesrat.

Mit dieser Einordnung ist zwar das Verhältnis zum Bundesrat, nicht aber das zum Absendestaat gekennzeichnet. Da die Bundesratsmitglieder ihre Länder nach außen hin, d. h. gegenüber dem Bund vertreten, indem sie die von den Landesregierungen gebildeten Beschlüsse übermitteln, nehmen sie Funktionen für ihre Absendestaaten, d. h. Landesaufgaben[26] wahr. Denn gem. Art. 50 GG sind es gerade die Rechte und Pflichten der *Länder* zur Mitwirkung bei der Gesetzgebung und Verwaltung, die die Bundesratsmitglieder transitorisch verwalten. Also bestimmt insoweit das GG in Art. 50 zwar, daß Landesaufgaben, nicht aber wie, d. h. in welchem organisationsrechtlichen Gewande, sie wahrzunehmen sind. Es fragt sich daher, in welcher institutionellen Form die Länder ihre „*Landes*vertretungsfunktionen" durch die Bundesratsmitglieder ausüben, ob diese also lediglich als Teil des Organs Landesregierung oder aber als Walter von relativ verselbständigten Funktionseinheiten, d. h. von kollegialen Landesvertretungsorganen, tätig werden.

---

[26] Desgl. *v. Mangoldt-Klein*, a.a.O., S. 1025; *Giese-Schunck*, a.a.O., Art. 51 II, 2; *Schäfer*, a.a.O., S. 35/36.

Der Begriff des Organteils soll hierbei als Sammelbezeichnung für die Ämter und deren Zusammenfassung in Abteilungen fungieren[27]. Dabei soll unter einem Amt der auf *einen* Menschen bezogene und institutionalisierte Komplex von Zuständigkeiten verstanden werden, der in der Regel nur Teil eines Organs ist[28]. Aus dieser Begriffsbildung ergibt sich bereits das Bestreben, nicht alle für den Staat tätigen Funktionseinheiten gleichmäßig als Organe zu bezeichnen, sondern diejenigen aus dem Organbegriff auszuscheiden, die lediglich an der Funktionswahrnehmung einer anderen Einheit teilnehmen. Es wird kein System der Organe selbst erstrebt; vielmehr kommt es darauf an, die bloßen Gehilfenstellen, die Vorbereitungs- und Unterstützungseinheiten von den relativ eigenständigen mehr oder weniger notwendigen, d. h. strukturimmanenten Funktionseinheiten zu trennen[29]. Jenen soll der Name Amt und Abteilung, diesen die Bezeichnung Organ vorbehalten bleiben.

Je nachdem, wie man die Grenzlinie zwischen ihnen zieht, wie man also den Begriff des Amtes und der Abteilung vom Organbegriff absetzt, sind die Bundesratsmitglieder neben ihrer Organwalterstellung im Bundesrat entweder nur Abteilungen der sie entsendenden Landesregierungen oder Walter eigener kollegialer Landesvertretungsorgane. Wie das Verhältnis zwischen Bundesratsmitgliedern und Ländern ausgestaltet ist, d. h. wie die Zuschreibung im einzelnen verläuft, ergibt sich zwar aus der Verfassung. Denn die Zurechnungsregel enthält immer der Rechtssatz[30]. Doch gibt er keine Auskunft darüber, wie die durch Zuschreibung verkünpften Einheiten beschaffen und strukturiert sind und worin ihre Charakteristika liegen. Klarheit hierüber kann nur durch ein nahtloses System von Vertretungsbegriffen, insbesondere durch einen scharf vom Organbegriff abgegrenzten Amts- bzw. Abteilungsbegriff erzielt werden.

1. Die Bundesratsmitglieder — Walter von Organen oder Organteilen (Ämtern bzw. Abteilungen)?

a) Zum Begriff des Organteils

Seit der Organbegriff in der Rechtswissenschaft verwandt wurde, glaubte man, die Fülle und Mannigfaltigkeit organisationsrechtlicher Funktionseinheiten im Begriff des Organs auffangen zu können. Zwar

---

27 *Wolff*, Verwaltungsrecht II, S. 46.

28 *Wolff*, a.a.O., S. 27. Mit „in der Regel" ist schon angedeutet, daß das so sein kann, aber nicht so zu sein braucht. Es gibt auch einige einzigartige Staats- und Verwaltungsämter, die zugleich Organe sind (vgl. etwa die Ämter des Bundespräs., Bundeskanzlers, Gemeindedirektors).

29 *Wolff*, Organschaft II, S. 240.

30 *Kelsen*, Hauptprobleme, S. 463; *Wolff*, a.a.O., S. 292.

war der Begriff des Amtes[31] schon immer bekannt. Doch wurden seit Otto v. Gierke Organ und Amt als Synonyme gebraucht[32]. Erst in neuerer Zeit beginnt sich eine Differenzierung durchzusetzen. Das Amt wird als Untereinheit des Organs definiert[33]. Trotz dieser zu Unterscheidungszwecken und zur Erzielung höherer begrifflicher Prägnanz wünschenswerten Fortentwicklung werden aber zunächst noch keine Abgrenzungskriterien aufgezeigt[34].

aa) Die bisherigen Abgrenzungsversuche

Um eine Unterscheidung zwischen Amt und Organ bemüht sich erstmals[35] Peters. Seiner Ansicht nach sind alle diejenigen Funktionseinheiten als Ämter zu bezeichnen, „die nur unselbständige Teile von Organen sind und deren Tätigkeit wegen ihrer Unselbständigkeit die Wirkung unmittelbarer Willensbildung für die juristische Person nicht zukommt“[36]. Diese Definition enthält zwei Grundgedanken. Soweit sie für die Organschaft eine gewisse Unmittelbarkeit in der Willensbildung für erforderlich ansieht, enthält sie einen richtigen Ansatzpunkt, auf den bei der Erarbeitung der eigenen Abgrenzung noch näher einzugehen sein wird. Soweit sie dagegen alle unselbständigen Teile von Organen als Ämter bezeichnet, spricht sie zwar das den Abgrenzungsversuchen zwischen Amt und Organ zugrunde liegende Anliegen der Trennung bloßer Gehilfenstellen von relativ verselbständigten Funktionseinheiten aus, stellt aber selbst kein

---

[31] Zum Begriff des Amtes: *Krüger*, Staatslehre, S. 253 ff., 255 Anm. 9; *Bornhak*, Geschichte des preußischen Verwaltungsrechts, I, S. 126, 127, 130, 131; ders., Preußische Staats- und Rechtsgeschichte, S. 52 ff.; *Lotz*, Geschichte des Deutsen Beamtentums, S. 50 ff.; *Presting*, Beamter und Amt, S. 345 ff.; *Steffen*, Amt oder Abteilung, S. 208 ff.

[32] *O. Mayer*, Deutsches Verwaltungsrecht, II, S. 143; *Stier-Somlo*, „Amt und Ämterrecht“, S. 121; *Rheinbaben*, „Amt“, S. 103; *Laband*, Staatsrecht I, S. 342. (Das ergibt sich mittelbar daraus, daß Laband Behörde und Organ identifiziert und gleichzeitig Behörde und Amt als Synonyme ansieht.) *G. Jellinek*, System, S. 177; *Schulze*, Das Preußische Staatsrecht, S. 246; *Merk*, Deutsches Verwaltungsrecht, S. 426; *Huber*, Wirtschaftsverwaltungsrecht II, S. 488; anders jedoch in: I, S. 86, wo er von Organen spricht, die Ämter *haben; Krüger*, a.a.O., S. 263/64.

[33] So *W. Jellinek; v. Turegg-Kraus*, Lehrbuch des Verwaltungsrechts, S. 215; *Giese*, Allgemeines Verwaltungsrecht, S. 39, 41; *Harseim*, „Amt“, S. 38.

[34] Vgl. die in Anm. 32 auf S. 122 genannten Autoren.

[35] Zwar keine Abgrenzung zwischen Amt und Organ, aber den Versuch, den Organbegriff ausschließlich denjenigen Funktionseinheiten zuzuweisen, deren Beschlüsse nicht nur intern wirken, sondern bereits rechtsverbindliche Willensakte darstellen, haben *Bernatzik* (Die juristische Persönlichkeit der Behörden, S. 110) und *Oertmann* (Komm. zu § 21 BGB, Ziff. 7) unternommen. Diese Ansicht ist jedoch schon deshalb abzulehnen, weil dann sämtliche Legislativorgane — des Bundes, der Länder und der Gemeinden — keine Organe mehr wären und gerade auch ihnen der Begriff des Organs vorbehalten bleiben soll (vgl. S. 71/72).

[36] *Peters*, Lehrbuch der Verwaltung, S. 116.

ausreichend genaues Unterscheidungsmerkmal zur Verfügung. Wie schillernd und unpräzise der Begriff der Unselbständigkeit in Wahrheit ist, zeigt bereits ein Blick auf die Verfassungsorgane. So würden, wollte man das Petersche Merkmal zugrunde legen, infolge mehr oder weniger starker Weisungsgebundenheit[37] eine Reihe der bedeutendsten staatsrechtlichen Erscheinungen, denen ja gerade der Begriff des Organs vorbehalten werden soll, zu Ämtern degradiert. Man müßte z. B. den einzelnen Bundesminister, auch soweit er in „eigener Zuständigkeit", d. h. nicht im Rahmen des Kabinetts handelt, deshalb als Amts- und nicht als Organwalter eines einzigartigen Staatsorgans ansehen, weil er sich ständig an die jeweils vom Bundeskanzler erteilten Richtlinien zu halten hat. Das Gegenargument, die Bundesminister seien trotz dieser Richtlinien relativ frei, beweist nur die geringe Prägnanz dieses Abgrenzungsmerkmals und wirft ein bezeichnendes Licht auf seine Abhängigkeit von Gutdünken und Ermessen des jeweiligen Betrachters und damit seine Unpraktikabilität. Es wären ferner, folgte man der Unterscheidung von Peters, die obersten Landesbehörden, soweit sie in Bundesauftragsangelegenheiten tätig würden, sowie die ihnen gegenüber weisungsgebundenen Regierungspräsidenten — beide infolge ihrer Weisungsunterworfenheit[38] und damit Unselbständigkeit — grundsätzlich ebenfalls dem Amtsbegriff zuzurechnen. Schließlich müßten auch die Bundesratsmitglieder ihrer unfreien Stellung zufolge als Amtswalter, d. h. als Untereinheiten oder Teile ihrer Landesregierungen und nicht als Walter von relativ verselbständigten Landesvertretungsorganen angesehen werden.

Diese Beispiele lassen erkennen, daß Funktionseinheiten, die wegen ihrer ursprünglichen und notwendigen Existenz gerade als Organe bezeichnet werden sollen, zu Ämtern, d. h. zu Untereinheiten von Organen gemacht werden. Diese dem Systemziel, der Trennung reiner Gehilfenstellen von ursprünglichen und relativ verselbständigten Funktionseinheiten, zuwiderlaufenden Ergebnisse sowie die Unsicherheit in der Abgrenzung zeigen, daß das von Peters eigentlich auf das Verwaltungsrecht bezogene Abgrenzungsmerkmal der Unselbständigkeit jedenfalls im Staatsrecht zu unbefriedigenden Ergebnissen führt.

Die bisher exakteste Abgrenzung zwischen Amt und Organ hat Wolff[39] konzipiert. Nach seiner Abgrenzungstheorie ist eine staatliche Funktionseinheit dann Organteil, d. h. Amt oder Abteilung, wenn ihre Tätigkeit der juristischen Person nur vermittelt zugerechnet wird, d. h. wenn es sich

---

[37] Daß eine Funktionseinheit infolge Weisungsgebundenheit nicht ihre Organeigenschaft verliert, anerkennt auch *Wolff* (Verwaltungsrecht II, S. 47). Zutreffend weist er darauf hin, daß sie dadurch zwar ihre Selbständigkeit, nicht aber die ihre Organschaft begründende Eigenständigkeit verlieren.

[38] Art. 85 Abs. 3 GG.

[39] *Wolff*, Verwaltungsrecht II, S. 46.

um bloße Teilnahme an der Zuständigkeitswahrnehmung eines Organs handelt. Wird irgendein Verhalten dagegen unvermittelt auf die juristische Person bezogen, handelt es sich um Organschaft.

Die Wolffsche Abgrenzungstheorie klärt also nicht, wann und unter welchen Voraussetzungen vermittelt oder unvermittelt zuzurechnen ist, sondern knüpft an die kraft der Rechtsordnung erfolgende Zurechnung entweder Organschaft oder Organteilseigenschaft, je nachdem, was der Rechtssatz gebietet: vermittelte oder unvermittelte Zuschreibung. Sie gibt also keine Zurechnungsregel, dafür aber ein System der Zurechnungsfolgen.

Die Wolffsche Abgrenzungstheorie, die vornehmlich auf das *Verwaltungs*organisationsrecht zugeschnitten ist[40], könnte ohne weiteres auch in das Staatsorganisationsrecht übernommen werden, wenn sie sowohl den Bundesrat als auch die übrigen Bundesverfassungsorgane im oben definierten Sinne von den bei- und nachgeordneten Funktionseinheiten abzugrenzen vermöchte. Denn es ist das Wesen einer Theorie, daß sie nicht nur für den Einzelfall gilt, sondern darüber hinaus gerade in der Lage ist, alle gleichgearteten staatsrechtlichen Phänomene einheitlich zu erklären, d. h. auf ein (Ober-) Merkmal zurückzuführen, so daß die einzelnen zu deutenden Phänomene als dessen Ableitung erscheinen[41]. Diese Subsumtion, d. h. das Zurückführen auf ein Allgemeingültigkeit beanspruchendes Kriterium, ist jedoch nur durchführbar, wenn — worüber die fragliche Abgrenzungstheorie nichts aussagt — zunächst geklärt ist, in welchem Verhältnis die einzuordnenden Funktionseinheiten überhaupt zur juristischen Person stehen, d. h. ob ihr Verhalten vermittelt oder unvermittelt zugerechnet wird. Um diese Erkenntnis, die nur im Wege einer Interpretation der diese Zurechnungsmodalitäten regelnden Rechtssätze zu erzielen ist, in repräsentativer Weise zu gewinnen, ist es unumgänglich, eine Reihe staatlicher Funktionseinheiten auf die Art und Weise ihrer Zurechnung hin zu untersuchen. Erst im Anschluß hieran kann dann geprüft werden, ob dieses empirische *staats*organisationsrechtliche Material die Wolffsche Theorie bestätigt, d. h. ob die festgestellten, Organ- oder Organteilseigenschaft ergebenden Zurechnungsmodalitäten mit dem hier verfolgten und auch Wolffs Systematisierungsziel der Trennung reiner Gehilfenstellen von ursprünglichen und relativ verselbständigten Funktionseinheiten übereinstimmen.

Das Verhältnis zwischen den Bundesratsmitgliedern und dem Bundesrat einerseits und den Ländern und ihren Regierungen andererseits und damit die jeweilige Zuschreibungsmodalität ist in knappster Form in den Art. 50 und 51 GG festgelegt. Hiernach sind es zunächst die *Länder*, die im

---

[40] So ausdrücklich *Wolff*, a.a.O., S. 11.

[41] *Wagner*, Die Theorie in der Rechtswissenschaft, S. 460.

Bundesrat handelnd in Erscheinung treten. Das bedeutet jedoch nur soviel, daß es die Länder als juristische Personen sind, denen das Verhalten der jeweils entsandten Bundesratsmitglieder rechtstechnisch *endgültig* zugeordnet wird. Art. 50 bezeichnet nur den rechtstechnisch letzten Zuordnungsadressaten, sagt aber nichts darüber aus, wer den Landeswillen zu bilden und wer ihn zur Ausführung zu bringen hat. Da die Vertretung der Länder nach außen hin sowohl nach der einheitlichen Vorstellung der Landesverfassungen[42] als auch nach dem Grundgesetz[43] den Landesregierungen bzw. den Ministerpräsidenten vorbehalten ist[44], müssen diese Stellen auch dazu befugt sein, ihre Länder gegenüber dem Bund im Bundesrat zu vertreten. Dieses sich aus dem parlamentarischen Regierungssystem ergebende Prinzip umfassendster Vertretungsbefugnis der Landesregierungen nach außen hin wird jedoch durch das gestaffelte Stimmführungsprinzip im Bundesrat insofern durchkreuzt, als die Landesregierungen zwar zur Bildung, aber gemäß Art. 51 GG nicht zur Ausführung ihres Willens befugt sind. Daher bedürfen sie zur Übermittlung ihres Willens der Vertretung. Da sie aus rechtlichen Gründen im Bundesrat selbst zu handeln verhindert sind, treten an ihre Stelle die Bundesratsmitglieder. Diese nehmen Funktionen wahr, die dem Grundgedanken des parlamentarischen Regierungssystems zufolge eigentlich den Landesregierungen zuständen. Jene handeln für diese. Immer steht also eine Funktionseinheit für die andere. Daher liegt auch dem Verhältnis zwischen Bundesratsmitgliedern und Landesregierungen die Grundfigur der Vertretung zugrunde. Daraus folgt, daß das Verhalten der Bundesratsmitglieder zunächst, d. h. rechtstechnisch vorläufig, der Landesregierung und erst vermittelt durch diese dem Land als juristischer Person zuzuschreiben ist[45].

Um die Wolffsche Abgrenzungstheorie zwecks Übernahme in das Staatsorganisationsrecht nicht einer zufälligen, sondern repräsentativen Kontrolle unterziehen zu können, seien noch einige andere Funktionseinheiten aus dem Staatsorganisationsrecht auf die Modalität ihrer Zuschreibung hin überprüft. Gemäß § 7 GeschO BT regelt der Bundestagspräsident die Geschäfte des Bundestages. Damit nimmt er Funktionen wahr, die letztlich dem Bundestag als Kollegium selbst zustehen und die

---

[42] Art. 50 VF B-W.; 47 III VF BAY.; 43 I VF BLN.; 57 VF NRW. usw.

[43] Das ergibt sich bereits daraus, daß Art. 51 Abs. I GG den Landesregierungen die Bestellung und Abberufung der Bundesratsmitglieder überträgt und das Grundgesetz überdies die Landesregierung als das den Bundesratsmitgliedern gegenüber weisungsbefugte Organ ansieht.

[44] Desgl. *Maunz-Dürig*, Grundgesetz, Art. 51, Rdnr. 17.

[45] Eine vermittelte Vertretung, d. h. eine Untervertretung, nehmen auch an: *Hamann*, *Vonderbeck*, *Wöhler* und *Zinn* (Nachweise auf S. 116 Anm. 10). Dabei wird jedoch von der unzutreffenden Annahme ausgegangen, die Bundesratsmitglieder seien Stellvertreter und nicht Organwalter.

dieser kraft seines Selbstorganisationsrechts[46] lediglich auf bestimmte Untereinheiten verteilt hat. Er vertritt daher den Bundestag. Sein Verhalten wird folglich zunächst dem Staatsorgan Bundestag und über dieses erst der Bundesrepublik Deutschland als juristischer Person zugeschrieben.

Genau so verhält es sich mit dem gemäß Art. 77 Abs. II GG gebildeten Vermittlungsausschuß. Auch er ist nicht ein drittes, unabhängig neben Bundestag und Bundesrat stehendes parlamentarisches Organ[47], sondern „eine gemeinsame ständige Einrichtung der beiden gesetzgebenden Körperschaften"[48], so daß sein Verhalten allererst den beiden Legislativorganen zugerechnet und erst über sie dem Bund zugeordnet wird.

Derselbe Sachverhalt vermittelter Zuordnung läßt sich bei den Senaten der oberen Bundesgerichte[49] sowie beim Bundesverfassungsgericht nachweisen. So ist die Bundesverfassungsrechtsprechung gemäß § 13 BVerfGG dem Staatsorgan Bundesverfassungsgericht zugewiesen. Diese Aufgaben werden dann lediglich durch die gemäß § 2 BVerfGG gebildeten Senate wahrgenommen. Ihre Funktionswahrnehmung ist nur vorläufiger Natur und wird daher, vermittelt durch das Bundesverfassungsgericht, dem Bund zugeordnet[50].

Diese Beispiele aus dem Staatsorganisationsrecht zeigen, daß eine dem Rechtssatz Rechnung tragende Systematisierung vom Tatbestand *vermittelter* Zuschreibung auszugehen hat. Folgerte man — in Einklang mit der Wolffschen Abgrenzungstheorie — aus dieser Zurechnungsmodalität, daß sowohl der Bundestagspräsident als auch der Vermittlungsausschuß sowie die Senate des Bundesverfassungsgerichts nur Ämter bzw. Abteilungen wären, so würde die Grundvorstellung, das Systematisierungsziel, den Amts- bzw. Abteilungsbegriff weniger ursprünglichen und uneigenständigen Einheiten zu reservieren, in ihr Gegenteil verkehrt. Aus

---

[46] *v. Mangoldt-Klein*, Das Bonner Grundgesetz, II, S. 908; *Maunz-Dürig*, a.a.O., Art. 40 Rdnr. 1.

[47] *v. Mangoldt-Klein*, a.a.O., S. 1760.

[48] *Lechner-Hülshoff*, zit. nach *v. Mangoldt-Klein*, a.a.O., S. 1761.

[49] Vgl. z. B. § 133 GVG: Hiernach ist zunächst einmal das Staatsorgan Bundesgerichtshof zuständig. Die primäre Zuständigkeit wird dann auf Senate verteilt, deren Verhalten dem Bundesgerichtshof transitorisch zugerechnet wird.

[50] Das erkennt wohl auch *Wolff*, Verwaltungsrecht II, S. 47, an, wenn er die Kammern und Senate der Gerichte grundsätzlich — infolge vermittelter Zurechnung — als Organteile ansieht. Diese — wie sich später zeigen wird — unzutreffende Organteilsqualifikation der vorstehenden Funktionseinheiten versucht Wolff dadurch zu umgehen, daß er ihnen hinsichtlich bestimmter Zuständigkeiten Organeigenschaft zubilligt. Demgegenüber ist darauf hinzuweisen, daß die Zuständigkeiten der Kammern und Senate nicht so grundverschieden sind, daß eine zweifache Qualifikation — einmal als Organteil und zum anderen als Organ — gerechtfertigt wäre.

diesem Grunde ist die Anwendbarkeit der von Wolff — ausdrücklich für das Verwaltungsorganisationsrecht — konzipierten Abgrenzungstheorie im *Staats*organisationsrecht zu verneinen.

bb) Die eigene Abgrenzung

Die Suche nach einem neuen Abgrenzungskriterium wird erleichtert, wenn man sich zunächst einmal klarmacht, welchem Bereiche der Funktionseinheit möglicherweise ein neues Merkmal entnommen werden kann. Die Wolffsche Abgrenzungstheorie hatte ihr unterscheidendes Kriterium aus dem Verhältnis abgeleitet, in dem Funktionseinheit und juristische Person zueinander stehen. Da aus diesem Verhältnis, wie zuvor gezeigt wurde, eine generelles, d. h. für alle Staatsorgane geltendes Unterscheidungsmerkmal, nicht zu gewinnen ist, verbleibt als Quelle potentieller Abgrenzungskriterien nur noch die Funktionseinheit als solche. Hierbei lassen sich zweierlei verschiedene Wege gehen: ein inhaltlicher und ein formaler. Die erste Betrachtungsweise betrifft die Funktionen, genauer: ihren Inhalt, die zweite die Art und Weise, in der eine Funktion auf eine Funktionseinheit bezogen ist.

Eine inhaltliche Unterscheidung hat daher an die Aufgabensubstanz einer Funktionseinheit anzuknüpfen. Die elementarste Unterteilung erfolgt durch Scheidung in Leitungs- und Ausführungsfunktion. Leitung ist durch initiierende Willensbildung und Lenkung gekennzeichnet, kurz durch: Initiative, Planung, Anordnung und Beobachtung[51]. Ausführung bedeutet hingegen in ihrer extremsten Ausbildung eine rein arbeitstechnische Verrichtung entsprechend einem von der Leitung erteilten Auftrag. Während also leitende Funktion darin besteht zu bestimmen, daß etwas getan wird, liegt das Wesentliche der Ausführungsfunktion darin, dieses Etwas zu tun.

Der Versuch, diese Funktionszweiteilung in der normativierten Wirklichkeit nachzuweisen, zeigt bereits, daß man es hier mit einer Aufgabenwahrnehmung zu tun hat, die viel zu differenziert und vielschichtig ist, als daß sie sich in dieses antithetische System pressen ließe. Das zeigt bereits ein Blick auf die in einem unmittelbaren Zusammenhang mit den Verfassungsorganen stehenden Gremien, also beispielsweise den ständigen Beirat des Bundesrates, das Bundeskanzleramt, das Bundespräsidialamt sowie die Abteilungen und Unterabteilungen der Ministerien — Funktionseinheiten also, die dem hier verfolgten Systematisierungsziel zufolge typische uneigenständige Aufgabenwalter sind. Es läßt sich unschwer erkennen, daß alle diese Gremien eine weit weniger leitende Funktion ausüben als die Verfassungsorgane selbst. Ihre Aufgabe besteht

---

[51] Vgl. hierzu und zum folgenden: *Meyer*, Verwaltungsorganisation, S. 80 ff.

im wesentlichen darin, unterstützend, Material sammelnd, vorbereitend und beratend auf diejenigen Verfassungsorgane einzuwirken, denen sie angegliedert sind. So hat z. B. der ständige Beirat des Bundesrates das Präsidium gemäß § 26 Abs. III GeschO BR bei der Durchführung seiner Verwaltungsgeschäfte zu beraten und zu unterstützen. Ähnlich ausgerichtet sind das Bundeskanzler- und das Bundespräsidialamt. Es hieße jedoch, den Blick vor der differenzierten Art dieser Tätigkeiten verschließen, wollte man annehmen, daß diese den Verfassungsorganen unmittelbar nachgeordneten Stellen nur ausführende Funktion wahrnähmen, während sich die Verfassungsorgane selbst ausschließlich leitend betätigten. Eine solch einfache Zweiteilung der Funktionen erweist sich als unzulässige, weil entstellende Vergröberung. Denn unschwer ist zu erkennen, daß jede Ausführungsfunktion immer noch mit Leitungsreservaten ausgestattet ist. So läßt sich in jeder Hierarchie, sei es diejenige der Verfassungsorgane und der ihnen unmittelbar nachgeordneten Stellen oder diejenige der Länder und Gemeinden, eine von oben nach unten verlaufende, kontinuierliche Abnahme der Leitungsfunktion und Zunahme der Ausführungsfunktion feststellen. Problematisch ist daher nur der Umfang des der Leitungsfunktion jeweils verbleibenden Ausführungsreservats und umgekehrt. Das zeigt insbesondere ein Blick auf die Tätigkeit der Bundesminister sowie der Staatssekretäre, der Abteilungsleiter und Unterabteilungsleiter. Alle üben sicherlich leitende Tätigkeit aus, nur mit der schon erwähnten Besonderheit, daß die Leitungsfunktion vom Minister bis zum Unterabteilungsleiter ständig abnimmt, aber nie gänzlich erlischt. Es ist also äußerst schwierig, wenn nicht unmöglich, im Wege der Funktionseinteilung ein halbwegs genaues und damit praktikables Abgrenzungskriterium zu finden.

Da mit Hilfe materieller Kriterien eine auch nur annähernd genaue Abgrenzung von Organ und Organteil nicht zu erreichen ist, muß versucht werden, diesem Ziel durch Verwendung formaler Kriterien näher zu kommen. Anhand der Wolffschen Abgrenzungstheorie hatte sich bereits gezeigt, daß eine formale Differenzierung von Funktionseinheiten aus der Modalität ihrer Zuschreibungsverhältnisse zur juristischen Person nicht herzuleiten war. Als Ansatzpunkt verbleibt also nur der Aufgabenwalter als solcher. Dabei ist allerdings nicht an den Inhalt der wahrgenommenen Funktion, sondern an die Art und Weise anzuknüpfen, wie eine Funktion einem Aufgabenwalter zugeordnet, d. h. wie ein Zuständigkeitskomplex auf ein institutionelles Subjekt bezogen ist. Zwar geschieht dies regelmäßig durch organisatorische Rechtssätze[52] oder auf Grund derjenigen

---

[52] Das beruht darauf, daß man unter Zuständigkeit die Bezogenheit von Rechten und Pflichten auf ein institutionelles Subjekt zu verstehen hat (*Wolff*, Verwaltungsrecht II, S. 13) und Rechte und Pflichten durch Rechtssätze erzeugt werden.

Befugnisse, die sich aus der Organisationsgewalt[53] ergeben. Doch kann eine Funktion entweder mehr unter dem Gesichtspunkt der *Arbeitsteilung*[54] oder mehr aus Gründen *ursprünglicher und strukturimmanenter* Funktionserledigung zugeordnet werden. Unter dieser Art von Funktionszuordnung ist diejenige Verteilung von Funktionen zu verstehen, die ohne Rücksicht auf das Prinzip der Arbeitsteilung erfolgt und daher nur den unbedingt notwendigen, d. h. einen Mindestbestand an personellem Einsatz erfordert, unter jener diejenige Verteilung von Funktionen, die ihren Charakter aus der Erwägung empfangen, daß jeder komplexe Arbeitsvorgang zügig und zweckmäßig nur erledigt werden kann, wenn eine geschlossene Arbeitsleistung in eine Reihe unselbständiger Teilarbeiten zerlegt wird. Die Teilung der Arbeit kann dabei nach funktionellen und strukturellen Gesichtspunkten geregelt werden. Immer aber ist sie quantitativer oder qualitativer Natur. Um ein quantitatives Zusammenwirken von Funktionsträgern handelt es sich dann, wenn ein bestimmter Typ von Arbeit auf eine Anzahl von Organisationseinheiten so aufgeteilt ist, daß alle dieselbe Art von Aufgaben wahrnehmen. Qualitativen Charakter besitzt Arbeitsdifferenzierung, wenn jede an einem geschlossenen Arbeitsvorgang beteiligte Person eine verschiedene Funktion wahrnimmt.

Es existieren nun im Staatsorganisationsrecht Funktionseinheiten, die dieser arbeitsteiligen Funktionswahrnehmung entsprechen und solche, denen die Rechtsordnung ohne Rücksicht auf das so verstandene Prinzip der Arbeitsteilung Funktionen zugeordnet hat. Ihnen sind lediglich bestimmte, aus der Verfassung eines Gemeinwesens notwendig sich ergebende Aufgaben zur Erfüllung zugewiesen. Immer handelt es sich hierbei um Funktionen, die, soll der Staat wie ursprünglich konzipiert — z. B. als Monarchie, Demokratie, als Bundesstaat mit Senats- oder Bundesratsprinzip, mit oder ohne mittlere Verwaltungsstufe usw. — funktionieren, unbedingt versehen werden müssen. Die Art und Weise des Funktionierens oder besser: der Arbeitsführung dieser ursprünglichen Funktionseinheiten steht grundsätzlich dahin. Verfassung und Gesetze legen meist nur das „Was", nicht aber das „Wie" fest. Es wird ein Zuständigkeitskomplex begründet, nicht aber geregelt, wie, d. h. mit Hilfe welcher Organisation die Aufgaben zu erfüllen sind. Einfache Gesetze und insbesondere die Verfassung umschreiben nur das Prinzip, indem sie einem per-

[53] Aus der Organisationsgewalt fließt die Zuständigkeit zur Bildung, Errichtung und Einrichtung sowie zur Änderung und Aufhebung von Organen und Organteilen (*Wolff*, a.a.O., S. 117).

[54] Das Merkmal der Arbeitsteilung wird bereits bei *Kelsen* (Reine Rechtslehre, S. 157 ff.) benutzt, um das Rechtsorgan (vgl. zum Begriff S. 84 ff.) vom Staatsorgan im heutigen Sinne abzugrenzen. Es klingt auch bei *Wolff* (Verwaltungsrecht II, S. 47) an, wenn er feststellt: „Gremien oder andere Ämterkomplexe dagegen, die bei nur einem Organ eingerichtet sind, das sie lediglich zu beraten oder für das sie zu handeln haben, sind in der Regel bloße Organteile."

sonellen Mindestbestand[55] Funktionen übertragen, ohne gleichzeitig die Gesamtheit derjenigen Funktionseinheiten[56] zu bilden und einzurichten, die letztlich an der Erledigung der dem personellen Mindestbestand zugewiesenen Aufgaben mitwirken. In der Regel bleibt es dann diesen prinzipiell benannten Aufgabenwaltern selbst überlassen, kraft ihrer Organisationsgewalt diejenigen Untereinheiten zu schaffen, deren sie zur Bewältigung ihrer Aufgaben bedürfen.

Diese Untereinheiten empfangen im Gegensatz zu jenen ihren Charakter aus dem Prinzip der Arbeitsteilung[57]. Sie haben meist diejenigen Aufgaben in untergeordneter Weise mit zu erledigen oder vorzubereiten, die die als ursprünglich bezeichneten Funktionsträger infolge Arbeitsüberlastung nicht allein zu erfüllen vermögen. Ihre Existenz ist nichts Primäres, sondern etwas aus der Notwendigkeit quantitativer und qualitativer Arbeitsteilung Abgeleitetes. Sie sind mehr oder weniger stark ausgeprägte Hilfsorganisationen. Ihre Funktion steht im Verhältnis zu den primären und ursprünglichen Funktionen in einer Mittel-Zweck-Relation. Während diese unmittelbar zweckorientiert, sind es jene nur mittelbar[58]. Sie sind aber nichtsdestoweniger notwendig, um die Tätigkeit der ursprünglichen Aufgabenträger in Gang zu halten. Solche Funktionseinheiten, die also nicht aus sich selbst heraus, sondern nur in Verbindung mit den ihnen übergeordneten organisatorischen Einheiten zu verstehen sind, werden als Organteile angesehen. Diese wiederum können in Ämter als kleinste staatliche Funktionseinheiten und Abteilungen als deren Zusammenfassungen unterteilt werden. Funktionseinheiten dagegen, die — ihrer Bedeutsamkeit zufolge meist in Verfassung und Gesetz geregelt — mit einem personellen Mindestbestand ursprüngliche und strukturimmanente Aufgaben erledigen und in dem vorstehend definierten Sinne nicht arbeitsteilig funktionieren, heißen Staatsorgane.

Staatsorganteil (Amt oder Abteilung) im normativen Sinne ist daher ein institutionelles Subjekt von Wahrnehmungszuständigkeiten, dem — im Gegensatz zum Staatsorgan — keine ursprünglichen, aus der Verfassung eines Gemeinwesens notwendig sich ergebenden, sondern solche Aufgaben zugewiesen sind, die lediglich infolge der Notwendigkeit der Arbeitsteilung anfallen.

Um die Arbeitsweise der hier entwickelten Theorie zu veranschaulichen und diese in ihrer Allgemeingültigkeit zu erweisen, sei sie vorweg an

---

[55] Z. B. dem Bundeskanzler und dem Bundespräsidenten.

[56] Z. B. das Bundeskanzleramt und das Bundespräsidialamt.

[57] Mit Recht weist daher *Forsthoff* (Lehrbuch des Verwaltungsrechts, S. 383/384) darauf hin, daß sich die Verwaltung — und gerade verwaltende Tätigkeiten üben diese Untereinheiten aus — nicht in der Erzeugung von Willensakten erschöpft, sondern darüber hinaus einen *Arbeitsvorgang* großen Stils darstellt.

[58] *Mayntz*, Soziologie der Organisation, S. 103.

einigen staatsrechtlichen Funktionseinheiten demonstriert. So kann z. B. der ständige Beirat des Bundesrates nur als Organteil, d. h. als Abteilung des Organs Bundesrat angesehen werden, weil ihm keine Funktion ursprünglich, d. h. auf Grund eines grundgesetzlich oder sonst gesetzlich festgelegten Prinzips, zugeordnet ist. Seine Existenz verdankt er vielmehr der Tatsache, daß Präsident und Präsidium ihre Aufgabe nicht ohne Unterstützung eines zusätzlichen Gremiums Herr zu werden vermögen. Sie bedürfen infolge der Fülle der anfallenden Arbeit eines Beirates, der sie berät und „bei der Vorbereitung der Sitzungen und der Führung der Verwaltungsgeschäfte“[59] unterstützt. Der ständige Beirat ist also ein Kollegium, das seinen Charakter ausschließlich aus dem in der Rechtsordnung, nämlich in § 26 Abs. 3 GeschO BR zum Ausdruck kommenden Prinzip der Arbeitsteilung empfängt.

Entsprechend verhalten sich Bundeskanzler und Bundeskanzleramt zueinander. Der Bundeskanzler ist diejenige Funktionseinheit, der es obliegt, das Kabinett zu bilden und die Richtlinien der Politik zu bestimmen. Er ist der leitende Staatsmann in der Bundesrepublik[60]. Diese Funktion ist ihm ursprünglich übertragen. Denn es entspricht dem Willen und der Struktur der Verfassung, daß in der Bundesrepublik nur eine Person und nicht etwa ein Kollegium die Richtlinien der Politik bestimmt. Die rechtliche Stellung des Bundeskanzlers beruht mithin auf einer ursprünglichen und grundlegenden Idee von der Struktur eines Gemeinwesens, die hier in den organisatorischen Vorschriften des Grundgesetzes zum Ausdruck kommt; sie ist nicht das Ergebnis einer der Zweckmäßigkeit folgenden Arbeitsteilung. Der Bundeskanzler ist daher Staatsorgan[61].

Das Bundeskanzleramt hingegen nimmt keine ursprüngliche Funktion wahr. Es ist nicht durch die Verfassung, sondern vom Bundeskanzler kraft seiner aus der Richtlinienkompetenz fließenden Organisationsbefugnis kreiert[62]. Es funktioniert nicht nur als Kabinettssekretariat, sondern in erster Linie als Arbeitsstab, der den Bundeskanzler bei der Planung und der Bestimmung der Richtlinien zu unterstützen hat[63]. Der Rechtsordnung zufolge ist es eine typisch arbeitsteilig funktionierende Hilfs- und Stabsorganisation mit Entlastungsfunktion. Diejenige Arbeit, die dem Bundes-

---

[59] Vgl. § 26 Abs. 3 GeschO BR.

[60] *Böckenförde*, Organisationsgewalt, S. 140.

[61] Desgl. *Wolff*, Verwaltungsrecht II, S. 60.

[62] *Böckenförde*, a.a.O., S. 143.

[63] Die Zuständigkeit des Bundeskanzleramtes wird amtlich wie folgt umschrieben: „Das Bundeskanzleramt hat den Bundeskanzler über die laufenden Fragen der allgemeinen Politik und die Arbeit der Bundesministerien zu unterrichten. Es hat die Entscheidungen des Bundeskanzlers vorzubereiten und auf ihre Durchführung zu achten. Aufgabe des Bundeskanzleramtes ist es auch, die Arbeit der Bundesministerien zu koordinieren.“ (Bundeshaushaltsplan 1962, Vorwort zum Einzelplan 04.)

kanzler durch die Verfassung zugewiesen ist und die er im Prinzip auch allein zu erledigen vermag, ist infolge ihrer Fülle geteilt und — soweit sie nicht in der Fällung von bedeutsamen Entscheidungen besteht — aus Zweckmäßigkeits-, nämlich Arbeitsteilungsgründen, dem Bundeskanzleramt zugewiesen worden. Seinem arbeitsteiligen Charakter entsprechend kann es daher nur als Abteilung (Organteil) des Staatsorgans Bundeskanzler bezeichnet werden.

Die Anwendung des zunächst abstrakt gewonnenen Abgrenzungsmerkmals zwischen Organ und Organteil berechtigt daher zu der Schlußfolgerung, daß mit seiner Hilfe gerade im Bereich des Staatsrechts eine befriedigende Abgrenzung zwischen den Staatsorganen und ihren Hilfsstellen, den Ämtern und Abteilungen, ermöglicht wird.

b) Die Bundesratsmitglieder als Organwalter

Auf Grund der vorstehend erarbeiteten Abgrenzung von Staatsorgan und Staatsorganteil läßt sich der organisationsrechtliche Standort des Bundesrates und seiner Mitglieder ohne weiteres festlegen. So ist die Tatsache, daß jedes Bundesland entsprechend seiner Bevölkerungszahl zwischen drei und fünf Kabinettsmitglieder in den Bundesrat entsendet, nicht etwa damit zu begründen, daß ein Kollegium von drei bis fünf Personen die im Bundesrat anfallende Arbeit besser zu bewältigen vermöchte als ein oder zwei Mitglieder. Die so festgelegte Mitgliederzahl beruht nicht auf der Notwendigkeit quantitativer Arbeitsteilung, sondern ist Ausdruck des in der Verfassung niedergelegten Bundesratsprinzips, dem allein die gestaffelte Stimmführung der Gliedstaaten entspricht. Aus diesem Grunde muß sowohl der Bundesrat als auch diejenige Funktionseinheit, die das Land nach außen hin, dem Bund oder der Gesamtheit der Länder gegenüber vertritt, Staatsorgan sein. Die Bundesratsmitglieder sind daher nicht nur im Bundesrat, sondern auch bei der Ausübung der ihnen übertragenen Landesvertretungsfunktionen Walter von Organen (Landesvertretungsorganen) und nicht nur Amtswalter. Hinsichtlich des Bundesrates konnte diese Einordnung von vornherein schon deshalb nicht sonderlich zweifelhaft sein, weil überhaupt keine Funktionseinheit ersichtlich ist, deren Teil der Bundesrat hätte sein können. Demgegenüber hätten die jeweils von einem Land entsandten Bundesratsmitglieder zumindest arbeitsteilig funktionierende Unterabteilung ihrer jeweiligen Landesregierung und insoweit ausschließlich Amtswalter sein können.

Da die Bundesratsmitglieder eines jeden Bundeslandes sowohl im Bundesrat als auch in demjenigen Organ, das ein Land nach außen hin vertritt, handeln, stehen sie in einer doppelten Organwalterstellung[64]. Ein-

---

[64] Desgl. *v. Mangoldt-Klein,* Das Bonner Grundgesetz, II, S. 1025; *Praß,* Die Bundesorgane, S. 321; *Schäfer,* Der Bundesrat, S. 35/36; *Giese-Schunck,* GG für die BRD, Art. 51 II, 2.

mal verwalten sie zusammen mit allen übrigen Bundesratsorganwaltern das Organ Bundesrat. Da sie ihre Länder bei der Ausübung der diesen gemäß Art. 50 übertragenen Funktionen überdies organschaftlich vertreten[65], also institutionalisierte Landesfunktionen wahrnehmen, verwalten sie daneben noch ein kollegiales Landesvertretungsorgan, das je nach Bevölkerungszahl von drei, vier oder fünf Organwaltern getragen wird. Jeder Übermittlungsakt der von einem Land entsandten Bundesratsorganwalter wird also einerseits — zusammen mit den Willensäußerungen der übrigen Bundesratsorganwalter — dem Bundesrat und andererseits dem kollegialen Landesvertretungsorgan zugerechnet. Ein Organwalterakt betätigt also immer jeweils zwei Organe, die in Personalunion stehen. Da das kollegiale Landesvertretungsorgan jedoch den repräsentativen Willen der Landesregierung nur übermittelt[66], diese also organschaftlich vertritt[67], wird sein Verhalten dem Staatsorgan Landesregierung *zugerechnet*, d. h. als ihr eigenes Verhalten angesehen[68]. Da aber die Landesregierung selbst nicht Endpunkt rechtlicher Zuordnung ist, sondern ihrerseits als Landesstaatsorgan die Eigenzuständigkeiten des Landes wiederum nur vorläufig wahrnimmt, werden die ihr *zugerechneten* Tatbestände letztlich, d. h. rechtstechnisch endgültig, dem Land als juristischer Person *zugeordnet*. Es sind also zwei Zuschreibungsbeziehungen zu trennen. Einerseits werden die von den Bundesratsorganteilen im Organ Bundesrat und gleichzeitig im Landesvertretungsorgan gesetzten rechtsfolgebegründenden Tatbestände der Landesregierung *zugerechnet*, d. h. als ihr *eigenes* Verhalten angesehen, und andererseits werden die Rechtsfolgen des so gewonnenen Verhaltens der Landesregierung dem Land *zugeordnet*[69], d. h. es wird nicht der rechtsfolgebegründende Tatbestand selbst, sondern lediglich dessen Rechtsfolgen auf das Land bezogen. Es findet also eine vermittelnde organschaftliche Vertretung des Landes statt. Diese Konstruktion mittel-

---

[65] Vgl. Art. 51 Abs. I GG.

[66] Vgl. S. 108.

[67] Vgl. S. 124/125.

[68] Derselbe Gedanke soll wohl mit der Wendung zum Ausdruck gebracht werden, „die einzelnen Gliedstaaten (handelten) durch ihr oberstes Exekutivorgan auch im Bundesganzen" (*Scupin*, BK, Art. 51 Erl. II, 1). Ferner *v. Mangoldt-Klein*, a.a.O., Vorbem. vor Art. 50, S. 1005: „... ist der Bundesrat ... das Bundesorgan, in dem die Länder repräsentiert durch ihre Regierungen, unmittelbar zu Wort kommen." Ebenso *Eschenburg*, Staat und Gesellschaft, S. 615, und *Schäfer*, a.a.O., S. 29. Andererseits wird nicht ausdrücklich hervorgehoben, daß das Handeln der Bundesratsorganwalter, soweit sie nicht als Stellvertreter ihrer Länder oder Landesregierungen, sondern als Organwalter angesehen werden, den Ländern nur vermittelt, durch die Landesregierungen, zuzuordnen ist. Es wird vielmehr lediglich festgestellt, daß die Bundesratsmitglieder auch in einer Organbeziehung zu den Ländern ständen, so: *v. Mangoldt-Klein*, a.a.O., S. 1025; *Schäfer*, a.a.O., S. 35, 36; *Giese-Schunck*, a.a.O., Art. 51 II, 2; *Süsterhenn*, Senats- oder Bundesratssystem, S. 78; *Zinn*, Der Bundesrat, S. 210.

[69] Vgl. Art. 50 GG: „... die Länder ..."

barer Zuschreibung folgt, wie oben gezeigt wurde[70], aus der zwischen Bundesrats- und Landesregierungsorganwaltern bestehenden, *Zurechnung* erheischenden Willenseinheit und andererseits aus der repräsentativ-organschaftlichen Zweiheit und damit *Zuordnung* implizierenden Beziehung zwischen Landesregierung und Land.

2. Die Rechts- und Pflichtsubjektivität der Bundesratsorganwalter

Die Feststellung, daß die Bundesratsmitglieder in einem doppelten Organwalterverhältnis stehen, kennzeichnet lediglich ihren Standort in der Struktur des Bundesstaates. Durch die Bezeichnung Organ wird in die Struktur staatlicher Funktionseinheiten nur elementarste Ordnung gebracht. Die Tatsache, daß die Bundesratsmitglieder nicht Stellvertreter und nicht Amts- bzw. Abteilungs-, sondern Organwalter sind, besagt noch nichts über den *Inhalt* dieser Struktur, über die sie ausfüllenden Rechte und Pflichten. Erst die genaue Kenntnis der Rechts- und Pflichtsubjektivität, d. h. der Rechtsinhaber- und Rechtswalterschaft der Bundesratsorganwalter kann ein vollständiges Bild ihrer Rechtsstellung und damit derjenigen des Bundesrates zwischen Bund und Ländern vermitteln. Unter Rechts- und Pflichtsubjektivität versteht man die Fähigkeit eines Menschen, Zuordnungssubjekt eines oder mehrerer Rechtssätze zu sein. Diese Zuordnung kann in rechtstechnisch endgültiger Weise erfolgen. Dann ist die das Organ verwaltende natürliche Person, d. h. der öffentlich-rechtliche Bedienstete, Träger dieser Rechte und Pflichten, d. h. sie ist Endpunkt rechtstechnischer Zuordnung[71]. Rechte und Pflichten können der natürlichen Person aber auch in ihrer Eigenschaft als Amtsinhaber zugeordnet sein. In diesem Fall erscheint sie, da sie die Eigenzuständigkeiten einer juristischen Person nur transitorisch wahrnimmt, also fremde Rechte und Pflichten verwirklicht, lediglich als Durchgangspunkt rechtlicher Zuschreibung[72].

Entsprechend dieser theoretischen Unterteilung sind die die Bundesratsorganwalterfunktionen ausübenden Landesminister erstens Pflicht- und Rechtssubjekte hinsichtlich der Rechte und Pflichten konstituierenden Normen, die sie in ihrer Rechtsstellung als Walter kollegialer Organe betreffen. Diese Rechte und Pflichten berechtigen und verpflichten sie, ihre Amtsfunktionen zu versehen. Hinzu treten die Pflichten, den Weisungen der Landesregierungen Folge zu leisten. Zweitens sind die Landesminister als Amtsinhaber transitorische Rechts- und Pflichtsubjekte hinsichtlich der Rechtsnormen, die die im Bundesrat abstrakt und institutionell zusam-

---

[70] Vgl. S. 108.

[71] *Wolff*, Verwaltungsrecht I, S. 159; ***Kelsen***, Hauptprobleme, S. 519.

[72] *Wolff*, a.a.O., S. 159; ders., Organschaft II, S. 264; ***Kelsen***, a.a.O., S. 527, 706.

mengefaßten Mitwirkungsrechte der Länder sowie die Gesetzgebungs- und Verwaltungszuständigkeiten des Bundes begründen.

a) Die Bundesratsorganwalter als Endpunkte rechtlicher Zuschreibung

Die in den Bundesrat entsandten Landesminister haben also neben ihrer zweifachen Organwalterschaft noch eine weitere Doppelstellung inne, jenachdem, zu welcher Kategorie von Rechtssätzen man sie in Beziehung setzt. Während sie hinsichtlich der im Bundesrat zusammengefaßten Zuständigkeiten nur als Walter fremder Rechte, als Durchgangspunkte erscheinen, sind sie im Verhältnis zu den Rechtssätzen, die sie persönlich als öffentlich-rechtliche Bedienstete betreffen, Endpunkte rechtlicher Zuordnung, d. h. Rechtsträger. Die sich aus diesen Rechtssätzen ergebenden Rechte und Pflichten stehen den in den Bundesrat entsandten Landesministern als öffentlich-rechtlich Bediensteten zu, weil und soweit sie Walter eines kollegialen Landesvertretungsorgans sowie des Bundesrates sind. Außer den Rechten auf Aufwandsentschädigung, Repräsentationsgeldern usw. fallen hierunter vor allem die Rechte auf Besorgung der im Organ Bundesrat apersonal zusammengefaßten Mitwirkungsrechte der Länder, kurz: die Rechte zum Amt[73]. Kraft dieser Rechte haben sie erst die Macht des Amtes, d. h. die Macht zur Wahrnehmung der auf das Amt bezogenen Berechtigungen und Verpflichtungen im Sinne eines rechtlichen Könnens oder Müssens[74].

Das Recht zum Amt eines ordentlichen oder „stellvertretenden" Bundesratsmitgliedes entsteht mit dem die Ernennung aussprechenden Beschluß der Landesregierung[75]. Dieser Beschluß wirkt aber nur dann rechtsbegründend, wenn zwischen dem Ernannten und dem betreffenden Land ein öffentlich-rechtliches Dienstverhältnis in Form eines Ministerverhältnisses (Grundverhältnis) besteht[76] und außerdem ein zweites Grundverhältnis zur Entstehung gelangt[77], wonach die Organfunktionen eines ordentlichen Bundesratsorganwalters zu besorgen sind, d. h. das öffentlich-rechtliche Dienstverhältnis eines Ministers auf die Besorgung der Organfunktionen eines ordentlichen Bundesratsorganwalters ausgedehnt

[73] *Wolff*, Organschaft II, S. 264; *Kelsen*, Hauptprobleme, S. 529.

[74] *Wolff*, Verwaltungsrecht II, S. 14.

[75] *v. Mangoldt-Klein*, a.a.O., Art. 51, S. 1024; *Schäfer*, a.a.O., S. 35; *Maunz-Dürig*, Grundgesetz, Art. 51, Rdnr. 10.

[76] *Scupin*, BK, Art. 51 II, 2; *v. Mangoldt-Klein*, a.a.O., Art. 51, S. 1020; *Hamann*, Das Grundgesetz, Art. 51; *Maunz-Dürig*, Grundgesetz, Art. 51 Rdnr. 7 und 8.

[77] Ähnlich *Heyland* bezüglich der Rechtsstellung der ordentlichen Reichsratsmitglieder (Rechtsstellung der Reichsratsmitglieder, S. 163/164).

wird[78]. Das zweite Grundverhältnis (Delegiertenverhältnis), sowie das Organwalterverhältnis fallen zwar, weil es sich um die Übertragung eines einzigartigen Amtes handelt[79], tatsächlich im Ernennungsbeschluß der Landesregierung zusammen, sind aber begrifflich zu trennen.

Dieses Recht der Bundesratsorganwalter zum Amt kann als subjektiv-öffentliches Recht[80] bezeichnet werden. Es verpflichtet das Land, der Bundesratsorganwalter zuständigkeitsgemäßes Verhalten gegen sich gelten zu lassen und sie, solange sie Bundesratsorganwalter sind, im Amt zu belassen. Gleichwohl folgt aus dieser Rechtsstellung kein Recht der Bundesratsorganwalter, *im Einzelfalle*[81] als Organwalter tätig zu werden. Sie haben keinen Anspruch darauf, jederzeit bestimmte oder gar beliebige Organakte zu setzen. Ihr Anspruch gegen das Land geht vielmehr dahin, als Inhaber eines einzigartigen Staatsamtes, d. h. als Walter ihrer Zuständigkeiten und damit als Zuordnungssubjekte der Organwaltung, anerkannt zu werden.

Das subjektiv-öffentliche Recht zum Amt trägt den Charakter eines Statusrechts; denn es entspringt einer vom Staat verliehenen, erweiterten rechtlichen Handlungsfähigkeit, nämlich der Fähigkeit, als Bundesratsorganwalter das Einflußrecht des Landes im Bundesrat geltend zu machen. Es ist also Ausfluß bzw. Inhalt eines den Bundesratsorganwaltern verliehenen besonderen Zustandes, des von Jellinek sogenannten aktiven Status[82]. Dieser Status beinhaltet ein Haben, eine Rechtsmacht[83]. Denn auf

---

[78] Dieses Grundverhältnis beinhaltet außerdem noch die üblichen Fürsorge-, Schutz- und Vermögensrechte sowie die entsprechenden Pflichten.

[79] *Wolff*, Verwaltungsrecht II, S. 33; *O. Mayer*, Deutsches Verwaltungsrecht (1924), S. 375, II. Bd.

[80] Ebenso für entsprechende Staatsämter: *O. Mayer*, a.a.O., S. 374; *Peters*, Lehrbuch der Verwaltung, S. 147; *W. Jellinek*, Verwaltungsrecht, S. 207, hinsichtlich des Rechtes des Beamten „auf Dienststellung", da der Beamte normalerweise kein Recht zu einem bestimmten (einzigartigen), sondern nur zu irgendeinem, gradmäßig bestimmten Amt hat. Ferner *Laband*, Staatsrecht I, S. 486, und *Wolff*, Verwaltungsrecht II, S. 34; *G. Jellinek*, System, S. 178, 180; *Helfritz*, Die Vertretung, S. 46; *Preuss*, Stellvertretung oder Organschaft, S. 460. Zum Begriff des subjektiv-öffentlichen Rechts: *G. Jellinek*, System, S. 51, 81 ff., 233 ff.; *Nawiasky*, Rechtslehre, S. 156; *Maunz-Dürig*, a.a.O., Art. 19 Rdnr. 33—37; *Wolff*, Verwaltungsrecht I, S. 233; *Forsthoff*, Lehrbuch des Verwaltungsrechts, I, S. 171, mit umfangreichen Literaturhinweisen; *Klein*, Tragweite der Generalklausel in Art. 19 IV des Bonner Grundgesetzes, S. 112 ff.

[81] Desgl. dazu § 42 der Geschäftsordnung der LReg. von Rheinland-Pfalz, Abs. I: „Der Ministerpräsident teilt dem Präsidenten des Bundesrates die von der Landesregierung bestellten Mitglieder des Bundesrates und seiner Ausschüsse und jeden Wechsel in der Person mit. Abs. II: Der Ministerrat bestimmt *jeweils*, welche Mitglieder die Sitzungen des Bundesrates wahrnehmen." Hieraus folgt, daß auch das zum Bundesratsorganwalter ernannte Kabinettsmitglied nicht berechtigt ist, die ihm generell übertragenen Organfunktionen in jedem Einzelfall wahrzunehmen. Ebenso ferner: *G. Jellinek*, System, S. 179; *Helfritz*, Die Vertretung, S. 42, 44; *Wolff*, Organschaft II, S. 270; *Friedrichs*, a.a.O., S. 547.

[82] *G. Jellinek*, System, S. 139, 86; *Preuss*, Über Organpersönlichkeit, S. 129; *Wolff*, a.a.O., S. 267.

Grund des Statusrechts haben die Bundesratsorganwalter allererst die Macht des Amtes oder die Amtsgewalt[84], d. h. die Möglichkeit, ihre Wahrnehmungszuständigkeiten zu betätigen, inne.

Auch die zum Begriff des subjektiv-öffentlichen Rechts gehörige feste Machtstellung[85] ist den Bundesratsorganwaltern sowohl von Bundesverfassungs wegen[86] als auch nach geltendem Landesrecht[87] überall gewährleistet. Zwar können die Bundesratsorganwalter, da sie alle Mitglieder von Länderkabinetten sind und überdies alle Länder nach dem parlamentarischen Regierungsprinzip organisiert sind, jederzeit durch Mißtrauensvoten seitens der Landtage ihrer Ministerposten und damit der ihnen als Bundesratsorganwaltern übertragenen Organfunktionen entbunden werden. Doch würde dieses Recht der Landtage der Annahme eines subjektiv-öffentlichen Rechts nur dann entgegenstehen, wenn diese etwa berechtigt wären, die Bundesratsmitglieder unter Beibehaltung des öffentlich-rechtlichen Dienstverhältnisses jederzeit in ein anderes Amt zu versetzen. Eine derartige unbegrenzte und willkürliche Dispositionsbefugnis der Landtage, die ihnen nach geltendem Recht versagt ist, wäre mit dem Erfordernis eines festen Machtverhältnisses unvereinbar. Demgegenüber verträgt sich die jederzeit mögliche Abberufbarkeit der Bundesratsmitglieder von ihren Gesamtfunktionen als solche jedenfalls solange mit dem Begriff des subjektiv-öffentlichen Rechts, als sie in einem rechtlich geordneten Verfahren durchgeführt werden muß. Diese Voraussetzungen sind in allen Ländern durch die Verfassungen und die Geschäftsordnungen der Landtage gewährleistet[88]. Dasselbe gilt für das den Landesregierungen grundgesetzlich eingeräumte Recht, die zu Bundesratsorganwaltern ernannten

---

[83] *Kelsen*, Rechtslehre, S. 139, 153; *Wolff*, a.a.O., S. 268; *Erman-Westermann*, Handkomm., § 27 Anm. I: „Bestellung zum Vorstand ist die Berufung in das Amt, durch sie entsteht für den Bestellten die Vertretungs*macht*."

[84] *Krüger*, Staatslehre, S. 260 ff.

[85] Vgl. statt aller: *W. Jellinek*, Verwaltungsrecht, S. 201, mit fast erschöpfenden Literaturangaben (S. 189/190).

[86] Ebenso *Maunz-Dürig*, a.a.O., Art. 51 Rdnr. 5: „Daraus (daß nämlich nicht die Länder, sondern die Bundesratsorganwalter die wahren Mitglieder des Bundesrates sind) folgt in Übereinstimmung mit den speziellen Vorschriften des Art. 51 I, S. 1 und des Art. 52 IV, daß die Länder, wenn sie einmal eines ihrer Regierungsmitglieder in den Bundesrat entsandt haben, daran bis zur förmlichen Abberufung gebunden sind."

[87] Vgl. S. 137 Anm. 88, S. 138 Anm. 89.

[88] Ein rechtlich geordnetes Verfahren hinsichtlich des auf Grund eines Mißtrauensvotums erfolgenden Rücktritts eines Ministers schreiben alle Verfassungen und teilweise die Geschäftsordnungen der Landesregierungen vor: Art. 54, 56 VF B-W. und Art. 54 GeschO LReg B-W.; Art. 45, 51 VF Bay.; Art. 42 VF Bln.; Art. 43 GeschO LReg Bln; Art. 110 VF Bre.; Art. 35 VF Hbg.; Art. 114 VF Hes.; Art. 23 VF Nds.; Art. 44 GeschO LReg Nds.; Art. 61 VF NRW; Art. 99 VF Rh-Pf.; Art. 71 GeschO LReg Rh-Pf.; Art. 30 VF S-H.; Art. 31 GeschO LReg S-H.

Kabinettsmitglieder jederzeit unter Aufrechterhaltung des Ministerverhältnisses von ihren Organfunktionen zu entbinden[89].

Die Richtigkeit des hier vertretenen Standpunktes erweist ein Vergleich mit den privatrechtlichen Gebrauchsüberlassungsverträgen. Auch hier ist der Vermieter wie der Verleiher befugt, die Nutzungsrechte des Mieters wie des Entleihers bei Vorliegen der gesetzlichen Voraussetzungen jederzeit durch fristlose Kündigung zum Erlöschen zu bringen[90]. Und dennoch spricht niemand, soweit erkennbar, diesen Rechtspositionen des Vermieters oder des Verleihers deshalb den Charakter eines subjektiven Rechtes ab[91].

Dem Recht zum Amt entspricht eine Pflicht zum Amt, d. h. die Pflicht der Bundesratsorganwalter, ihre Ämter auszuüben. Sie entsteht ebenso wie das Recht zum Amt durch den die Ernennung aussprechenden Beschluß der Landesregierung, jedoch mit dem Unterschied, daß es zur Begründung dieser Pflicht der Zustimmung des Ernannten bedarf[92]. Wenn auch Recht und Pflicht zum Amt zusammen die Rechtsstellung des Bundesratsorganwalters begründen und sich seine Zustimmung daher äußerlich auf den einheitlichen, Recht *und* Pflicht begründenden Ernennungsakt (Beschluß) als solchen bezieht, so ist doch begrifflich seine Zustimmung nur zur Entstehung der Pflicht erforderlich[93].

Diese Pflicht zum Amt ist gegenüber der juristischen Person Land in dreifacher Hinsicht von Bedeutung: Erstens ist der einzelne Bundesratsorganwalter verpflichtet, die auf Grund seiner Handlungen im Bundesrat erfolgende Zuordnung zum Land, d. h. die Fremdwirkung seines Verhaltens zu dulden. Zweitens ist er gehalten, die ihm übertragenen Organfunktionen gewissenhaft zu erfüllen. Er ist zwar berechtigt, nach außen hin von seinen Kompetenzen vollen Gebrauch zu machen. Nach innen, der

---

[89] Das Verfahren der Ernennung und Abberufung von Bundesratsmitgliedern ist in den Geschäftsordnungen der Landesregierungen derart geregelt, daß die Befugnis hierzu jeweils dem Gesamtkabinett übertragen ist. Auch haben die Kabinette darüber zu befinden, welche der zu Bundesratsorganwaltern ernannten Kabinettsmitglieder jeweils an den Sitzungen des Bundesrates teilnehmen (vgl. S. 137 Anm. 88) und Art. 31 u. 42 GeschO LReg Rh-Pf; § 5 GeschO Sen. Hbg.; Art. 14 I b GeschO LReg Nds.; Art. 10, 17 GeschO Sen. Bln.; Art. 26, 35 GeschO LReg Sl.

[90] Vgl. die §§ 554, 554 a, 605 BGB.

[91] *Nawiasky*, Staatslehre I, S. 56.

[92] Eine Zustimmung für erforderlich halten: *Wolff*, Organschaft II, S. 67 Anm. 1 und 269; *Giese*, Allgemeines Verwaltungsrecht, S. 40; *O. Mayer*, Deutsches Verwaltungsrecht (1924), II, S. 151; *Friedrichs*, „Beamtenrecht", S. 546; *Köhler*, Grundlehren, S. 101; *Soergel-Siebert*, Bürgerl. Gesetzbuch, I, § 27 Anm. 3; *Erman-Westermann*, Handkomm., § 27 Anm. 1; *Enneccerus-Nipperdey*, AT des BGB, I, S. 659. A. A.: *Staudinger-Coing*, Komm. zum BGB, § 27 Anm. 10; *v. Tuhr*, Der AT des Dt. Bürgerl. Rechts, I, S. 529; *Lehmann*, AT des BGB, S. 159.

[93] *Erman-Westermann*, a.a.O., § 27; *Wolff*, Organschaft II, S. 267 Anm. 1.

juristischen Person gegenüber, ist er jedoch — wie auch jeder Stellvertreter und Geschäftsbesorger — verpflichtet, seine Handlungsweise an dem von den zuständigen Landesorganen festgelegten Interesse des Landes zu orientieren, d. h. die von den Landesregierungen erteilten Instruktionen unbedingt zu befolgen[94]. Schließlich hat er, soweit weder das Kabinett als Ganzes noch der Ministerpräsident von seiner Richtlinieninstruktionskompetenz Gebrauch gemacht hat, seine Stimme bei den Verhandlungen des Bundesrates so abzugeben, daß sie jederzeit mit der grundsätzlich von der Landesregierung festgelegten Politik übereinstimmt. Das folgt ohne weiteres aus seiner Rechtsstellung als Mitglied der Landesregierung, wonach er verpflichtet ist, seine Politik mit den Beschlüssen des Kabinetts und den vom Ministerpräsidenten festgelegten Richtlinien in Einklang zu halten[95].

Diesen Rechten und Pflichten der Bundesratsorganwalter gegenüber den Ländern entsprechen ihre Berechtigungen und Verpflichtungen gegenüber dem Bund. Sie sind insbesondere berechtigt, die im Organ Bundesrat zusammengefaßten Legislativ- und Exekutivbefugnisse des *Bundes* wahrzunehmen und verpflichtet, sie gewissenhaft zu erfüllen.

b) Die Bundesorganwalter als Durchgangspunkte rechtlicher Zuschreibung

Während die Rechte und Pflichten zum Amt den Bundesratsorganwaltern rechtstechnisch endgültig zustehen, sie also Endpunkte rechtlicher Zuordnung sind, sind die Berechtigungen und Verpflichtungen der juristischen Personen, die Mitwirkungsrechte und Pflichten der Länder also, nur apersonal auf den Bundesrat sowie die kollegialen Landesvertretungsorgane als institutionelle Subjekte bezogen. Betraf die erste Gruppe von Rechten und Pflichten die Bundesratsorganwalter unmittelbar in ihrer Organwalterstellung, so stehen ihnen die Mitwirkungsrechte der Länder erst mittelbar durch den Bundesrat und die von ihnen verwalteten kollegialen Landesvertretungsorgane zu. Nur weil und soweit die Mitwirkungsrechte und Pflichten der Länder zwecks Wahrnehmung im Organ Bundesrat und in den Landesvertretungsorganen institutionalisiert sind, stehen sie den Bundesratsorganwaltern zu. Diese sind also nicht Träger der Rechte und

---

[94] Vgl. S. 104 Anm. 12 und S. 108 Anm. 32.

[95] Vgl. dazu die folgenden Bestimmungen der Landesverfassungen: Art. 49 II VF B-W.; Art. 47 II VF Bay.; Art. 43 II VF Bln.; Art. 102 VF Hes.; Art. 28 II, 2 VF Nds.; Art. 55 I u. II VF NRW.; Art. 104 VF Rh-Pf.; Art. 93 VF Sl.; Art. 24 I u. II, VF SH.

Die Verfassungen von Baden-Württemberg und Niedersachsen bestimmen ausdrücklich, daß die Gesamtkabinette über die Bundesratsstimmen entscheiden. Vgl. auch *Scupin*, BK, Art. 51 II, 1 und II, 5 und für die WRV *Heyland*, a.a.O., S. 253.

Pflichten, sondern nur ihre Walter, also lediglich Durchgangspunkte[96] rechtlicher Zuschreibung. Die im Bundesrat und in den kollegialen Landesvertretungsorganen institutionell begründeten Zuständigkeiten[97] sind ihnen nur zwecks Wahrnehmung der Rechte und Pflichten der Länder bei der Teilnahme an der Gesetzgebung und Verwaltung und Regierung des Bundes verliehen.

Was den Inhalt der Einflußrechte der Länder betrifft, so ist ihnen im wesentlichen die Befugnis verliehen, durch Teilnahme an den Sitzungen des Bundesrates und seiner Ausschüsse[98], durch Abstimmungen[99] und Beschickung der Ausschüsse[100] an der Gesetzgebung, Verwaltung und Regierung des Bundes mitzuarbeiten. In all diesen Mitwirkungsrechten treten zwar rechtlich vorläufig die Bundesratsorganwalter, rechtlich endgültig aber — infolge organschaftlicher Zuordnung — ausschließlich die Länder als juristische Personen in Erscheinung.

Darüber hinaus sind die Bundesratsorganwalter aber auch im Verhältnis zum Bund insoweit Durchgangspunkte rechtlicher Zuschreibung, als sie die apersonal im Organ Bundesrat zusammengefaßten Gesetzgebungs-, Regierungs- und Verwaltungszuständigkeiten des Bundes wahrzunehmen haben.

3. Folgerungen

Erst nach dieser Analyse der eigenartigen Struktur des Bundesrates und seiner Organbeziehungen zu Bund und Ländern kann die Frage nach dem rechtstechnisch endgültigen Zuordnungsadressaten — zumindest im Sinne eines negativen Ausschlusses — einwandfrei beantwortet werden. Ja erst auf Grund dieser Strukturanalyse wird deutlich, warum diese Frage letztlich aufgeworfen wurde. Anhand der Betrachtung der Bundesratsstruktur ist nämlich deutlich geworden, daß der Bundesrat als kollegiales Staats-

[96] *Kelsen*, Hauptprobleme, S. 527/528, 706/707; *Wolff*, Organschaft II, S. 264, 272.

[97] Die rechtliche Einordnung dieser Zuständigkeit (zur Wahrnehmung fremder Angelegenheiten) ist bestritten. Als Berechtigung, als Rechtsmacht, als rechtliches Können zur Verfolgung fremder Rechte und Pflichten wird sie verstanden von *Forsthoff*, Verwaltungsrecht I, S. 395; *Kelsen*, Rechtslehre, S. 151 ff., insbesondere S. 152/153, der jedoch auch das subjektive Recht ebenso wie die Zuständigkeit oder Kompetenz als Rechtsmacht begreift; *Wolff*, Verwaltungsrecht II, S. 14.

Als subjektives Recht wird sie begriffen von *Nawiasky*, Rechtslehre, S. 163; *Preuss*, Über Organpersönlichkeit, S. 509; unklar *Gierke*, Genossenschaftstheorie, S. 85, und *Haenel*, Studien zum Deutschen Staatsrecht, II, S. 224. *G. Jellinek*, System, S. 227, bezeichnet die Zuständigkeit dagegen als objektives Recht.

[98] § 10 GeschO BR.

[99] §§ 3, 6, 12 GeschO BR.

[100] § 15 II GeschO BR.

organ nicht jedes Land einzeln, d. h. die Länder in ihrer *Vielheit* vertritt und daher auch nicht Länderorgan in *diesem Sinne* sein kann. Das ergibt sich, wie zuvor gezeigt, daraus, daß Zuschreibungsbeziehungen sowie Rechts- und Pflichtverhältnisse nur zwischen jeweils drei bis fünf Bundesratsorganwaltern und dem sie delegierenden Land und nicht zwischen dem Bundesrat als Kollegialorgan und jedem einzelnen Land bestehen.

Dagegen werden die kollegialen Organakte, d. h. die *Legislativ- und Exekutivbeschlüsse* sämtlicher Bundesratsorganwalter, zunächst vorläufig dem Organ Bundesrat zugerechnet und erst von hier aus dem Bunde (Art. 50 GG) zugeordnet.

II. Die Frage nach dem rechtstechnisch endgültigen Zuordnungsadressaten der Bundesratsorganwalterfunktionen (funktionelle Gesichtspunkte)

1. Die Abhängigkeit organschaftlicher Zuordnung von der Konstruktion des Bundesstaates

Wenn der Bundesrat auch insoweit unzweifelhaft Bundesorgan ist, als er die in Art. 50 GG bezeichneten Legislativ- und Exekutivbefugnisse des Bundes wahrnimmt, so wäre er doch außerdem noch als Länderorgan anzusprechen, wenn er die Mitwirkungsrechte aller Länder zusammen, d. h. der Länder als *eigenständigem* Gemeinwesen, an der Gesetzgebung und Verwaltung des Bundes geltend machte. Diese Vorstellung des Bundesrates als eines gemeinschaftlichen Organs der Länder, als eines Organs zur Ausübung des allen Ländern gemeinsam zustehenden Einflußrechtes gegenüber dem Bunde, die seit jeher in der Rechtslehre vertreten wird[101], hätte jedoch ihre Daseinsberechtigung nur dann, wenn sich eine solche Konzeption sowohl rechtstheoretisch als auch soziologisch nachweisen ließe.

Über die Frage nach der Existenz und Struktur der in der Bundesrepublik als eines Bundesstaates[102] denkbaren Gebilde, mithin auch eines einheitlichen, neben dem Bunde stehenden Ländergemeinwesens kann man Klarheit nur durch eine — wenn auch in diesem Rahmen gedrängte — Besinnung auf die Konstruktion des Bundesstaates überhaupt finden.

Das Gebilde des Bundesstaates kann von zweierlei Richtung her angegangen werden: Man kann sich ihm konstruktiv-rational und in einer

---

[101] Vgl. S. 100, 102.

[102] Auf die Frage, ob die Bundesrepublik in Wahrheit Bundesstaat oder schon entgegen Art. 20 Abs. I GG dezentralisierter Einheitsstaat (so *Usteri*, Theorie des Bundesstaates, S. 334/335) ist, kann in diesem Zusammenhang nicht näher eingegangen werden.

mehr der Wirklichkeit verbundenen Art und Weise nähern. Folgt man der ersten Betrachtungsweise, läßt sich der Bundesstaat dreigliedrig konstruieren, folgt man der zweiten, so ergibt sich eine Zweigliedrigkeit. Legt man zunächst den zweigliedrigen Bundesstaatsbegriff zugrunde, so gibt es nur zwei Größen: die Gliedstaaten in ihrer *Vielheit* und den sie alle umschließenden Bund, der selbst wiederum Staat ist. Da der Bundesrat als Kollegialorgan nicht die Aufgaben eines jeden einzelnen Gliedstaates ausübt, kann er in diesem Bundesstaat begrifflich nur Funktionen des Bundes erfüllen und damit auch nur Bundesorgan sein. Geht man dagegen vom dreigliedrigen Bundesstaat aus, könnte der Bundesrat *darüber hinaus* auch die Angelegenheiten der *Gesamtheit* der Länder erfüllen, indem er — und nicht wie im zweigliedrigen Bundesstaat die jeweils von einem Land entsandten Bundesratsorganwalter — das der Ländergesamtheit[103] in Art. 50 GG garantierte Mitwirkungsrecht realisierte. Denn hier stellt die Summe aller Länder zusammen mit dem Zentralstaat kein — wie im zweigliedrigen Bundesstaat — organisches Gesamtgefüge dar, sondern bildet als eigenständige Größe neben dem Zentralstaat (Bund) ein selbständiges Glied des Gesamtstaates. Der Bundesstaat besteht demnach aus drei verschiedenen staatlichen Kategorien: aus Ländergesamtheit, Bund und Gesamtstaat. „Dabei wird der Bund, wie die *beiden* anderen Faktoren, als *eigenständig* und als ein vom Gesamtstaat zu unterscheidendes *Staatswesen* gedacht. Länder und Bund werden gleichermaßen als Glieder des Gesamtstaates vorgestellt, die, so scheint es, unter der Glocke des Gesamtstaates gleichgeordnet nebeneinander ‚wesen'[104]." Neben dem Bund (Zentralstaat) stellen daher auch die Länder in ihrer Gesamtheit eine weitere Größe dar, die ihre eigenen Angelegenheiten, darunter insbesondere die in Art. 50 bezeichneten Mitwirkungsrechte, durch eigene Organe zu erfüllen vermögen. Folgte man daher dem dreigliedrigen Bundesstaatsbegriff, könnte der Bundesrat sowohl Bundes- als auch Länderorgan sein, indem er die Legislativ- und Exekutivbefugnisse des Bundes und die Mitwirkungsrechte der Länder in ihrer Gesamtheit wahrnähme.

2. Zwei- oder dreigliedriger Bundesstaatsbegriff?

Den dreigliedrigen Bundesstaatsbegriff hat zuerst Hans Kelsen[105] vom Boden eines normlogischen Positivismus her entwickelt[106]. Da Kelsen den

---

[103] Art. 50 GG ist insoweit mehrdeutig. Aus ihm läßt sich nicht entnehmen, ob die Worte „die Länder" im Sinne eines zwei- (Länder in ihrer Vielheit) oder dreigliedrigen (Ländergesamtheit) Bundesstaatsbegriffs auszulegen sind.

[104] *Kaiser*, Die Erfüllung der völkerrechtlichen Verträge des Bundes durch die Länder, S. 531.

[105] Zum Bundesstaatsbegriff Kelsens: *Ermacora*, Das Wesen und die Grundformen der Zentralisation und Dezentralisation, S. 101 ff.; *Usteri*, Theorie des Bundesstaates, S. 218 ff.; *W. Schmidt*, Der bundesstaatliche Aufbau der Bundesrepublik Deutschland, S. 44/45.

[106] Dem dreigliedrigen Bundesstaatsbegriff folgen neben Kelsen und

Staat mit der Rechtsordnung identifiziert[107], stellt sich ihm der Bundesstaat als dezentralisierte Rechtsordnung[108] dar. Eine Gesamtverfassung delegiert zwei Arten von Teilordnungen: „Eine Teilordnung mit räumlicher Geltung für das Gesamtgebiet (Teilordnung, weil nur für einen sachlichen Teilbereich kompetent) und mehrere Teilordnungen mit räumlicher Geltung nur für Teilgebiete. Die erstere Teilordnung ist der sogenannte Oberstaat, ... die anderen sind die Glied- oder Einzelstaaten[109]." Diese ergeben neben dem Oberstaat ein relativ eigenständiges Gebilde[110], so daß „im Bundesstaate *zwei* Souveränitäten, *zwei* souveräne *Gemeinwesen:* der Oberstaat und die Gliedstaaten nebeneinander stehen"[111]. Beide sind der Kelsenschen Grundauffassung der Identität von Staat und Recht zufolge nur innerhalb ihres Zuständigkeitsbereiches existent[112] und stehen sich gleichgeordnet[113] gegenüber. Die Organe, die für den Gesamt- und Oberstaat handeln, sind miteinander identisch[114].

Dieses System von ungewöhnlicher Klarheit und Übersichtlichkeit hat seine Daseinsberechtigung nur in der dünnen Sphäre reiner Normativität. Wie später anhand der Lehre Nawiaskys noch zu zeigen sein wird, findet es jedoch weder eine Entsprechung in der Wirklichkeit noch in irgendeiner Bundesstaatsverfassung. Wenn auch aus diesem Grunde der Lehre Kelsens im Ergebnis nicht gefolgt werden kann, so lassen sich hieraus doch keine Schlüsse auf die Qualifikation seiner Konstruktion selbst ziehen. Der äußerst konstruktiv und scharf gefaßten sowie in sich schlüssigen Konzeption Kelsens kann nur vom Ansatz her begegnet werden. Es muß daher einer grundlegenden methodologischen Untersuchung vorbehalten bleiben, die methodischen, reine Normativität implizierenden Prämissen der Kelsenschen Rechtslehre selbst zu widerlegen, um von hier aus fundierte Argumente gegen den dreigliedrigen Bundesstaatsbegriff vortragen zu können.

Aber selbst wenn man die ausschließlich normative Betrachtungsweise als richtig zugrunde legte, wäre der Schluß auf eine Dreigliedrigkeit des Bundesstaates nicht zwingend. Sie ist nämlich von Kelsen ausschließlich „um der axiomatischen Gleichordnung von Bund und Ländern willen"[115]

Nawiasky: *Klein*, in: v. Mangoldt-Klein, a.a.O., Art. 20, S. 588; *Maunz*, Deutsches Staatsrecht, S. 170; unklar *Wernicke*, BK, Art. 20 II, 1.

[107] Vgl. S. 61.

[108] *Kelsen*, Die Bundesexekution, S. 130.

[109] *Kelsen*, a.a.O., S. 131.

[110] An anderer Stelle (a.a.O., S. 220) bezeichnet *Kelsen* die Gliedstaaten als „verbundene Staaten".

[111] *Kelsen*, Staatslehre, S. 199.

[112] *Kelsen*, Die Bundesexekution, S. 138.

[113] *Kelsen*, a.a.O., S. 131.

[114] *Kelsen*, a.a.O., S. 131/132; ders., Staatslehre, S. 200.

[115] *Kaiser*, a.a.O., S. 533.

konzipiert. Der Bundesstaat läßt sich als dezentralisierte Rechtsordnung ebenso folgerichtig zweigliedrig konstruieren.

In jüngerer Zeit ist es vor allem Nawiasky gewesen, der den Begriff des dreigliedrigen Bundesstaates eingehenden Untersuchungen unterzogen hat. Er unterscheidet genau wie Kelsen den Zentralstaat, die ihm gleichgeordnete und eigenständige „Verbindung mehrerer Einzelstaaten" und den beide „überhöhenden" Gesamtstaat[116]. Das Problematische dieser Bundesstaatskonzeption liegt nicht nur in der Vorstellung einer eigenständigen, mit Organen versehbaren Gliedstaatengesamtheit, sondern auch vor allem im Verhältnis von Zentral- und Gesamtstaat. Beide stimmen hinsichtlich Staatsvolk, Staatsgebiet und Staatsorganisation völlig überein. Dieselben Organe handeln sowohl für den einen als auch den anderen Staat[117]. Die somit äußerlich verhüllte, der Sache nach aber vorhandene Differenzierung zwischen Gesamtstaats- und Zentralgewalt zeigt sich allein in der Reservierung einiger Kompetenzen für den Gesamtstaat. „Insbesondere kann hierher gerechnet werden die Abgrenzung der Zuständigkeit zwischen dem Zentralstaat und den Gliedstaaten, die Regelung ihrer gegenseitigen Rechte und Pflichten, die Feststellung der rechtlichen Grundlage des ganzen Staatsaufbaues im Sinne der Staatsfundamentalnorm, die Schaffung und Änderung der Bundesverfassung[118]."

Das Wesen des Gesamtstaates macht also ein bestimmter Zuständigkeitsbereich aus[119]. Nawiasky retiriert damit auf die bereits früher von Kelsen vollzogene Identifikation von Staat und Rechtsordnung und gibt damit seine eigene zutreffende Ausgangsdefinition des Staates, wonach dieser nicht nur innerhalb, sondern auch außerhalb und oberhalb des Rechtssystems steht, auf[120]. Die von ihm sonst mit Nachdruck vertretene Nichtidentifikation von Staat und Recht[121] wird zugunsten einer Unterscheidbarkeit von Gesamt- und Zentralstaat und damit der Denkbarmachung des dreigliedrigen Bundesstaates verdrängt.

Soweit Nawiasky seinen „Gesamtstaat" mit der Rechtsordnung identifiziert und dadurch überhaupt erst die Grundlage für eine Unterscheidung zwischen Gesamt- und Zentralstaat und das damit verbundene Delegations- und Überordnungsverhältnis zwischen beiden schafft, müssen gegen

---

[116] *Nawiasky*, Staatslehre III, S. 161.

[117] *Nawiasky*, a.a.O., S. 160.

[118] *Nawiasky*, a.a.O., S. 159.

[119] *Nawiasky*, a.a.O., S. 159; *W. Schmidt*, Bund und Länder im demokratischen Bundesstaat, S. 273, 274.

[120] *Nawiasky*, a.a.O., S. 3.

[121] „Für die Gegebenheit, die Positivität einer bestimmten Rechtsordnung (ist vielmehr) der Zusammenhang mit einem sozialen Element unentbehrlich. Rein *normativ* kann man nur das *Postulat* eines Staates begründen, dessen Effektivität damit nicht bewirkt ist" (*Nawiasky*, a.a.O., S. 2).

ihn dieselben Argumente geltend gemacht werden wie gegen die Auffassung Kelsens. Abgesehen davon, daß jene nur im Normativen durchführbare[122] Differenzierung durch das System selbst nicht erfordert wird, erscheint die kategorische Nichtbeachtung eines dem Gesamtstaate als Rechtsbegriff zugehörigen sozialen Substrates als unhaltbar[123] — das um so mehr, als die beiden übrigen Staatsbegriffe, der Zentralstaat und die Gesamtheit der Länder auf wirklichen Grundlagen aufruhen. Berücksichtigt man daher die von Nawiasky auch sonst ganz allgemein postulierte Verbindung von normativem Staatsbegriff und sozialem Substrat, so handelt es sich beim Gesamtstaat um ein Gedankengebilde „ohne irgend eine Entsprechung in der wirklichen Welt"[124]. Hängt aber der Gesamtstaat selbst in der Luft, so ist auch die Vorstellung einer relativ verselbständigten, neben dem Zentralstaat stehenden und nicht mit ihm genossenschaftlich zusammengefügten Verbindung aller Einzelstaaten nicht mehr vollziehbar. Sie entbehrt jeden tatsächlichen Befundes[125].

Im schärfsten Gegensatz zu dieser formal-konstruktiven[126], vom Rechtspositivismus geprägten, „simplifizierenden"[127] und mechanisch aufgebauten Bundesstaatskonzeption steht die organisch-genossenschaftliche Auffassung Otto v. Gierkes. Ihm zufolge beruht der Bundesstaat nicht auf einem Dreisatz, sondern auf dem *Dualismus* politischer Existenz. Die Staatsgewalt als solche ist im Bundesstaat genau so beschaffen wie im Einheitsstaate. Nur sind Subjekt dieser einheitlichen Staatsgewalt nicht eine Person, sondern die Gliedstaaten und der Gesamtstaat „in ihrer organischen Verbundenheit"[128]. „Der Gesamtstaat und die Einzelstaaten in ihrer Zusammengehörigkeit bilden das Subjekt, welches sonst in einer einzigen Persönlichkeit besteht. Diese organische Gemeinschaft ist nicht eine neue staatliche Person über ihren Komponenten[129]." Vielmehr stellen sich die Partnerstaaten als genossenschaftlich zusammengefügte Gemeinwesen, „als die keiner höheren Person eingegliederten Mitträger der nur zur Ausübung unter sie verteilten einheitlichen staatlichen Sphäre"[130] dar.

---

[122] Desgl. *W. Schmidt,* Der bundesstaatliche Aufbau, S. 46 ff.; *Hesse,* Der unitarische Bundesstaat, S. 6.

[123] Desgl. *W. Schmidt,* a.a.O., S. 273.

[124] *Kaiser,* a.a.O., S. 535; ebenso *Scheuner,* Struktur und Aufgabe des Bundesstaates in der Gegenwart, S. 642 ff., der den dreigliedrigen Bundesstaatsbegriff als eine unrealistische Konstruktion bezeichnet.

[125] *Kaiser,* a.a.O., S. 535.

[126] Desgl. *Scupin,* Deutscher Bundesstaat und Gleichheitssatz, S. 599.

[127] *Kaiser,* a.a.O., S. 531.

[128] *Gierke,* Labands Staatsrecht und die deutsche Rechtswissenschaft, S. 72.

[129] *Gierke,* a.a.O., S. 72.

[130] *Gierke,* a.a.O., S. 73/74.

Diese von Gierke aus der deutschen Genossenschaft entwickelte und an der Wirklichkeit[131] orientierte Konzeption macht den Bundesstaat in einer mit der Wirklichkeit zu vereinbarenden Weise denkbar. Sie macht deutlich, daß „der Gesamtstaat nicht etwas vom Bundesstaat Verschiedenes, sondern der Bundesstaat selbst“[132] ist, dem die Länder als Teile eingegliedert sind. Ein Tertium, sei es der Gesamtstaat oder die Gesamtheit der Länder, fehlt also.

Die Auffassung Gierkes gibt auch die positive Rechtslage im deutschen Bundesstaat treffend wieder[133]. Denn so wenig die Dreigliedrigkeit theoretisch nachweisbar ist, so wenig läßt sie sich durch Normen begründen. Weder im völkerrechtlichen Verkehr[134] noch in irgendeiner Bundesstaatsverfassung[135] noch im Grundgesetz[136] lassen sich Anhaltspunkte für die Annahme eines dreigliedrigen Aufbaues des Bundesstaates finden. Das Grundgesetz kennt zwar die Termini: Bundesrepublik Deutschland, Bund und Länder, verwendet sie aber in einer dem dreigliedrigen Begriff sowohl entsprechenden als auch widersprechenden Weise. So ist beispielsweise in Art. 24 und 59, dort also, wo der Grundgesetzgeber den Gesamtstaat im Auge hat und es demnach „Bundesrepublik“ heißen müßte, vom Bunde die Rede[137]. Während dieser „Fehler“ in Art. 20 Abs. I vermieden wird, heißt es in den für den Aufbau des Bundesstaates entscheidenden

---

[131] *Gierke*, Althusius, S. 362: „Gleichwohl wird, wenn anders unsere Staatslehre gesund und fruchtbar bleibt, der Bundesstaatsbegriff jedem Ansturm trotzen. Denn er entspricht der Wirklichkeit.“

[132] *Haenel*, Studien zum Deutschen Staatsrechte, Erste Studie, S. 66. In ihm hatte der zweigliedrige Bundesstaatsbegriff schon vor Gierke seinen stärksten Verfechter gefunden. Die von Haenel und Gierke konzipierte Bundesstaatskonzeption hat dann *Anschütz* (HdbDStR I, S. 295) aufgenommen und in einer bis heute gültigen Weise definiert: „Der Bundesstaat ist ein Gesamtstaat, körperschaftlich zusammengefügt aus einfachen Staaten, die einerseits ihm unterworfen, andererseits beteiligt sind bei der Bildung seines Willens.“ Diesen Standpunkt teilt auch die heute herrschende Lehre: *v. Mangoldt-Klein*, a.a.O., Art. 20, S. 588; *Kaiser*, a.a.O., S. 530 ff., 535; *Wernicke*, BK, Art. 20, II, 1 b, der ohne weitere Erörterung den Begriff von Anschütz übernimmt. *Schäfer*, Wie steht es um unsere bundesstaatliche Ordnung?, S. 1283.

Obwohl das BVerfG im Konkordatsurteil (BVerfGE 6, 309 ff.) Wendungen gebraucht, die sich dem dreigliedrigen Bundesstaatsbegriff stark nähern, vertritt das Gericht doch gerade in späteren — aber auch früheren (BVerfGE 1, 14; 1, 117, 119; 1, 299, 315) — Entscheidungen den zweigliedrigen Bundesstaatsbegriff (vgl. z. B. BVerfGE 8, 140; BVerfG NJW 61, 1453, 1455). Eingehend zur einschlägigen Rechtsprechung des BVerfG: *W. Schmidt*, Der bundesstaatliche Aufbau der BRD, S. 53 ff.

[133] Ebenso *Scupin*, a.a.O., S. 599.

[134] *Mosler*, Die völkerrechtliche Wirkung bundesstaatlicher Verfassungen, S. 162 ff.

[135] *Kaiser*, a.a.O., S. 534 Anm. 40, verweist insoweit auf *Imboden*, Bundesrecht bricht kantonales Recht (1940), S. 38 Anm. 68, und *Usteri*, a.a.O., S. 219.

[136] Desgl. *v. Mangoldt-Klein*, a.a.O., Art. 20, S. 588/89; *Maunz*, Deutsches Staatsrecht, S. 170; *Kaiser*, a.a.O., S. 533.

[137] Desgl. *v. Mangoldt-Klein*, a.a.O., S. 589; *Schäfer*, a.a.O., S. 1282.

Vorschriften der Art. 36 Abs. II und 79 Abs. III GG, der Bund gliedere sich in Länder. Der damit zum Ausdruck gebrachte Dualismus spricht eindeutig gegen den drei- und für den zweigliedrigen Bundesstaatsbegriff[138].

Die zweigliedrige Konstruktion wird auch noch durch folgende Erwägungen gestützt. Jede bundesstaatliche Verfassung hat — insbesondere in neuerer Zeit — eine mehr und mehr sich ausprägende Tendenz zur zentralen Erledigung fast aller wichtigen Aufgaben[139]. Dieses jedem Bundesstaat innewohnende Charakteristikum findet seine Grenze jedoch in der Idee des Föderalismus selbst. Die Gliederung des Bundes in Länder ist unantastbar. Das gewährleistet ausdrücklich Art. 79 GG. Eine bis zu dieser Grenze erfolgende zulässige Änderung des Grundgesetzes und eine möglicherweise damit verbundene Zentralisierung von Aufgaben ist ausschließlich den hierfür zuständigen *Bundes*organen vorbehalten. Dieser grundsätzlichen Regelung widerspräche es, wollte man es außerdem noch den Ländern in ihrer Gesamtheit gestatten, rechtserhebliche Akte auf „Bundesebene" zu setzen und dadurch eine Zentralisation auf Umwegen herbeizuführen. Diese Regelung enthält daher einen klaren Hinweis darauf, daß das Grundgesetz die dem dreigliedrigen Bundesstaatsbegriff eigentümliche Vorstellung einer handlungsfähigen Ländergesamtheit nicht kennt[140].

Mit diesem Ergebnis stimmt auch die rechtsgeschichtliche Entwicklung überein. Hatte sich noch 1867 der Norddeutsche und 1870 der Deutsche Bund durch völkerrechtlichen Vertrag konstituiert, so sind der Weimarer Staat und — abgesehen von der gem. Art. 144 GG erforderlichen Zustimmung von zwei Dritteln der deutschen Länder — auch die Bundesrepublik durch eine zentrale verfassunggebende Versammlung ins Leben gerufen worden: dort ein echtes Bündnis, hier ein einheitlicher Gesamtakt. In folgerichtiger Weiterführung dieses Gedankens interpretierte man daher auch den kaiserlichen Bundesrat als das Organ der verbündeten Regierungen[141], mithin der Gesamtheit der Länder. Diese noch im Kaiserreich lebendige Vorstellung einer vereinigten Ländergesamtheit hat sich zwar teilweise noch in die Weimarer Zeit hinüber zu retten vermocht[142], spielt aber heute keine Rolle mehr[143].

---

[138] So auch *v. Mangoldt-Klein*, a.a.O., S. 589; *Hesse*, Der unitarische Bundesstaat, S. 6.

[139] Desgl. *Hesse*, a.a.O., S. 14 ff.; *Neunreither*, Der Bundesrat zwischen Politik und Verwaltung, S. 114 ff., 115, 123; *Haegert*, Organe der Länder auf Bundesebene?, S. 1137 ff., 1139.

[140] Ähnlich *Haegert*, a.a.O., S. 1139.

[141] Vgl. S. 100/101.

[142] Vgl. S. 102.

[143] Vgl. *Haegert*, a.a.O., S. 1139.

3. Ergebnis

Für den dreigliedrigen Bundesstaatsbegriff und die hierdurch implizierte Annahme einer eigenständigen Ländergemeinschaft lassen sich nach alledem weder rechtstheoretisch noch soziologisch noch positiv-rechtlich irgendwelche Anhaltspunkte finden. Es gibt nur den Bund und die Länder in ihrer Vielheit. Jener „stellt das Ganze dar, in ihm wir das Ganze zu der Institution, die den Namen Bundesrepublik Deutschland führt"[144]. Das Ganze ist nicht ohne die Teile, die Länder, die für jenes mitkonstruktiv sind, zu denken.

Da es mithin nur *eine* zentrale Organisation, nämlich den Bund, gibt und der Bundesrat nicht die Funktionen eines jeden einzelnen Landes wahrnimmt, weil, wie zuvor gezeigt, insoweit keine Zuschreibungsbeziehungen bestehen, kann der Bundesrat nur Bundesfunktionen versehen und sein Verhalten daher auch nur dem Bund zugeschrieben werden. Der Bundesrat als Kollegialorgan ist daher ausschließlich Bundesorgan.

C. Der Bundesrat als Repräsentativorgan

Die vorstehende Untersuchung hat ergeben, daß der Bundesrat die Länder repräsentiert und den Bund organschaftlich vertritt. Zieht man diese zunächst getrennt gewonnenen Erkenntnisse in einem Begriff zusammen, so ist der Bundesrat ein Repräsentativorgan und — da er bereits gebildeten Regierungswillen nur noch verlautbart — ein sekundäres Repräsentativorgan im weiteren Sinne.

Dieser Begriff des Repräsentativorgans fügt der Charakterisierung des Bundesrates als eines Repräsentanten und Organs keine neue Aussage hinzu. Er zieht lediglich dessen wirklichkeitsbezogenen (soziologischen) und normativen (juristischen) Aspekt in einem Begriff zusammen. Er bezeichnet gegenüber dem sich im Bundesrat vollziehenden Zusammenspiel von Repräsentation und Organschaft kein Tertium, sondern beleuchtet vielmehr nur *ein und denselben* Gegenstand von zwei Seiten. Dadurch gewinnt man einen Einblick in das Wesen des Bundesrates als eines föderativen Organs, den der juristische Begriff für sich allein genommen und umgekehrt nicht zu gewähren vermag.

---

[144] *Kaiser*, a.a.O., S. 535.

Literaturverzeichnis

Amphoux, Jean: Le chancelier fédéral dans le régime constitutionnel de la république fédéral d'Allemagne, Aix-en Provence 1960

Anschütz, Gerhard: Die Verfassung des Deutschen Reiches vom 11. August 1919, unveränderter photomech. Nachdruck d. 14. Aufl., erschienen 1933 in Berlin, Darmstadt 1960

— Das System der rechtlichen Beziehungen zwischen Reich und Ländern, in: HdbDStR I, Tübingen 1930, S. 295 ff.

Apelt, Willibalt: Geschichte der Weimarer Verfassung, München 1946

Arndt, Adolf: Verfassung des Deutschen Reiches vom 11. August 1919, Kommentar, Berlin, Leipzig 1919

— Das Staatsrecht des Deutschen Reiches, Berlin 1901

— (junior): Rezension von Leibholz' „Das Wesen der Repräsentation und der Gestaltwandel der Demokratie im 20. Jahrhundert", in: NJW 1962, 2. Aufl., Berlin 1960, S. 857

Badura, Peter: Die Methoden der Neueren Allgemeinen Staatslehre, Erlangen 1959

Bernatzik, Edmund: Die juristische Persönlichkeit der Behörden, Freiburg i. Br. 1890

Bernsdorf, Wilhelm: „Gruppe", in: WBSoz, Stuttgart 1955, S. 193 ff.

Bernsdorf, Wilhelm: „Führer", in: WBSoz, Stuttgart 1955, S. 142 ff.

Beyerle, Konrad: Die Verfassung des Deutschen Reiches, München 1919

Beyme, Klaus v.: Repräsentatives und parlamentarisches Regierungssystem — eine begriffsgeschichtliche Analyse, in: Politische Vierteljahrsschrift, 6. Jg., Heft 2, Juni 1965

Bilfinger, Carl: Der Einfluß der Einzelstaaten auf die Bildung der Reichsgewalt, Tübingen 1923

— Der Reichsrat, in: HdbdStR I, Tübingen 1930, S. 545 ff.

Bluntschli, Johann C.: Allgemeines Staatsrecht, 2. Theil, 5. Aufl., II. Bd., Stuttgart 1876

Böckenförde, Ernst W.: Die deutsche verfassungsgeschichtliche Forschung im 19. Jahrhundert, Berlin 1961

— Die Organisationsgewalt im Bereich der Regierung, Berlin 1964

— Gesetz und gesetzgebende Gewalt, Berlin 1958

Böhm, Max Hildebert: „Volk", in: WBSoz, Stuttgart 1955, S. 608 ff.

Bornhak, Conrad: Preußische Staats- und Rechtsgeschichte, Berlin 1903

— Allgemeine Staatslehre, Berlin 1896

— Geschichte des preußischen Verwaltungsrechts, I, Berlin 1884

Brecher, Fritz: Subjekt und Verband, Prolegomena zu einer Lehre von den Personenzusammenschlüssen, in: Festschrift für Alfred Hueck, München, Berlin 1959, S. 233 ff.

Brecht, Arnold: Politische Theorie, Tübingen 1961

Brentano, Heinrich v.: Der Bundestag und der Bundesrat, in: DÖV 1949, S. 270 ff.

Brunner, Otto: Land und Herrschaft, 4. Aufl., Wien, Wiesbaden 1959

Bühler, Ottmar: Die Reichsverfassung vom 11. August 1919, Kommentar, 2. Aufl., Leipzig, Berlin 1927

Burdeau, Georges: Traité de Science Politique, Tome IV, Paris 1952

Carré de Malberg, R.: Contribution à la Théorie générale de l'Etat, Tome deuxième, Paris 1922

Cohn, Jonas: Theorie der Dialektik, Formlehre der Philosophie, Leipzig 1923

Colm, Gerhard: „Masse“, in: HWBSoz, Stuttgart 1931, S. 353 ff., unveränderter Nachdruck: Stuttgart 1959

Conrad, Hermann: „v. Gierke“, in: Staatslexikon, III, 6. Aufl., Freiburg 1959, S. 966 ff.

Dabin, Jean: Der Staat oder Untersuchungen über das Politische, Neuwied u. Berlin 1964

Dagtoglou, Prodromos: Kollegialorgane und Kollegialakte der Verwaltung, Stuttgart 1960

— Völkerrecht I, Stuttgart 1958

Dahm, Georg: Deutsches Recht, 2. Aufl., Stuttgart 1963

Dahms, Kurt: Über die Führung, München/Basel 1963

Dennewitz-Schneider: Bonner Kommentar, Art. 38

Doemming, Klaus B. v.: Entstehungsgeschichte der Artikel des Grundgesetzes, Art. 50—53, in: JböR, Bd. 1, n. F., 1951

Dreher, Eduard: Das parlamentarische System des Bonner Grundgesetzes im Vergleich zur Weimarer Verfassung, in: NJW 1950, 130 ff.

Dürig, Günter: Der Bundesrat, in: Politische Bildung, Heft 41, 1953, S. 299 ff.

Duverger, Maurice: Esquisse d'une Théorie de la répresentation politique, in: Etudes en l'honneur d'Achille Mestre, Paris 1956

— Die politischen Parteien, Tübingen 1959

— La VIe République et le régime présidentiel, Paris 1961

Dux, Günter: Bundesrat und Bundesaufsicht, in: Schriften zum öffentlichen Recht, IX, Berlin 1963

Eisler, Rudolf: Wörterbuch der philosophischen Begriffe, I. Bd., 4. Aufl., Berlin 1927

Ellwein, Thomas: Das Erbe der Monarchie in der deutschen Staatskrise, München 1954

— Das Regierungssystem der Bundesrepublik Deutschland, 2. Aufl., Köln und Opladen 1965

Engisch: Einführung in das iuristische Denken, 3. Aufl., Stuttgart 1964

Enneccerus-Nipperdey: Allgemeiner Teil des Bürgerlichen Rechts, I. Bd., 15. Aufl., Tübingen 1959

Erhard, Hans: Aufgabe und Bewährung des Bundesrates, in: Presseveröffentlichungen über den Bundesrat, Nr. 126, v. 10. 3. 1961, S. 19 ff.

Ermacora, Felix: Das Wesen und die Grundformen der Zentralisation und Dezentralisation, in: Österreichische Zeitschrift für öffentliches Recht, Bd. V, 1952/53, S. 101 ff.

Erman, Walter: Handkommentar zum Bürgerlichen Gesetzbuch, I. Bd., 3. Aufl., Münster/Westf. 1962

Eschenburg, Theodor: Staat und Gesellschaft in Deutschland, 1. Aufl., Stuttgart 1956

Esser, Josef: Einführung in die Grundbegriffe des Rechts und des Staates, Wien 1949

Evers, Hans Ulrich: Von der repräsentativen zur parteienstaatlichen Demokratie, Rezension von Leibholz' „Das Wesen der Repräsentation und der Gestaltwandel der Demokratie im 20. Jahrhundert", in: ZfP, 2. Aufl., Bd. VIII, Berlin 1960/61, S. 78 ff.

— Das Problem der zweiten Kammer, Rezension von „H. A. Schwarz-Liebermann v. Wahlendorf, Struktur und Funktion der sogenannten Zweiten Kammer, Tübingen 1958", in: ZfP, Bd. VII n. F., 1960, S. 87 ff.

— Die Reine Rechtslehre als individualistisches System, Rezension von „Hans Kelsen, Reine Rechtslehre, Wien 1960", in: ZfP, Bd. IX n. F., 1962, S. 62 ff.

Feber, Arnold: Der deutsche Bundesrat in rechtsvergleichender Darstellung mit den entsprechenden Organen des österreichischen und schweizerischen Rechts, Diss. Freiburg i. Br. 1957

Feldmann-Geisel: Deutsches Verfassungsrecht des Bundes und der Länder, Stuttgart 1954

Fels, J.: Begriff und Wesen der Nation, Münster 1927

Fijalkowski, Jürgen: Die Wendung zum Führerstaat, Köln, Opladen 1958

Flechtheim, Ossip K.: Bund und Länder in der Sicht der Parteien, in: ZfP, IV n. F., 1957, S. 116 ff.

Fleiner, Fritz: Schweizerisches Bundesstaatsrecht, Tübingen 1923

Flöter, Hans Hinrich: Der Rechte und der Falsche Carl Schmitt, in: ZfP, IV n. F., 1959, S. 384 ff.

Flume, Werner: Allgemeiner Teil des Bürgerlichen Rechts, II. Bd., Das Rechtsgeschäft, Berlin, Heidelberg, New York 1965

Forsthoff, Ernst: Lehrbuch des Verwaltungsrechts, I. Bd., München und Berlin 1961

— Deutsche Verfassungsgeschichte der Neuzeit, 2. Aufl., Stuttgart 1961

Fraenkel, Ernst: Diktatur des Parlaments, in: ZfP, I n. F., 1954, S. 99 ff.

— Die repräsentative und plebiszitäre Komponente im demokratischen Verfassungsstaat, in: Recht und Staat, Heft 219/220, Tübingen 1958

Frantz, Constantin: Die Naturlehre des Staates als Grundlage aller Staatswissenschaft, Leipzig und Heidelberg 1870

Friedrich, Carl.-J.: Constitutional Government and Democracy, Boston, New York 1941

— Der Verfassungsstaat der Neuzeit, Berlin, Göttingen, Heidelberg 1953

Friesenhahn, Ernst: Parlament und Regierung im modernen Staat, in: VVdStRL, Heft 16, 1958

Fundis, Willy: Der Einfluß der Länder auf die Gesetzgebung des Bundes, Diss. Bonn 1958

Füßlein, Rudolf Werner: Die Bundesorgane und ihre funktionellen Zusammenhänge, in: Der Kommunaldienst, 1949, S. 6 ff.

Gadamer, H. G.: Wahrheit und Methode, Tübingen 1960.

Garzón Valdés, Ernesto: Über das Verhältnis zwischen dem rechtlichen Sollen und dem Sein, in: ARSP, Beiheft Nr. 41, n. F., Nr. 4, 1965

Geiger, Theodor: Führen und Folgen, Weltgeist-Bücher, Berlin

— „Führung", in: HWBSoz, S. 136 ff., erstmals erschienen Stuttgart 1931, unveränderter Nachdruck Stuttgart 1959

Gerber, Carl Friedr. v.: Grundzüge eines Systems des deutschen Staatsrechts, 2. Aufl., Leipzig 1869

— Über öffentliche Rechte, unveränderter Abdruck der 1852 erschienenen 1. Aufl., Tübingen 1913

Gerber, Emil: Der staatstheoretische Begriff der Repräsentation in Deutschland zwischen Wiener Kongreß und Märzrevolution (Diss. jur. Bonn 1929), Neunkirchen/Saar 1929

Gierke, Otto v.: Das Deutsche Genossenschaftsrecht, I. Bd., unveränderter photomech. Nachdruck der 1. Ausgabe, Darmstadt 1954

— Die Genossenschaftstheorie und die deutsche Rechtsprechung, Berlin 1887

— Deutsches Privatrecht, I. Bd., Leipzig 1895

— Johannes Althusius und die Entwicklung der naturrechtlichen Staatstheorien, 5. Ausgabe, Aalen 1958

— Das Wesen der menschlichen Verbände, Sonderausgabe, Darmstadt MCMLIV

— Labands Staatsrecht und die Deutsche Rechtswissenschaft, unveränderter photomech. Nachdruck, Darmstadt 1961

— Die Grundbegriffe des Staatsrechts und die neuesten Staatsrechtstheorien, Tübingen 1915

Giese, Friedrich: Staatsrecht, Wiesbaden 1956

— Allgemeines Verwaltungsrecht, 3. Aufl., Tübingen 1952

— Deutsches Staatsrecht, Berlin und Wien 1930

— Die Grundrechte, in: Abhandlg. aus dem Staats-, Verwaltungs- und Völkerrecht, I, 2, Tübingen 1905

Giese-Schunk: Grundgesetz für die Bundesrepublik Deutschland, Kommentar, Frankfurt/M. 1965

Gilbert, Charles A.: Operative Doctrines of Representation, in: The American Political Science Revue, Volume LV II, 1963, S. 604 ff.

Glum, Friedrich: Der deutsche und französische Reichswirtschaftsrat, Berlin und Leipzig 1929

— Der Reichswirtschaftsrat, in: HdbStR, I. Bd., Tübingen 1930

Gneist, Rudolf: Englische Verfassungsgeschichte, Berlin 1882

Grimm, Jacob und Wilhelm *Grimm:* Deutsches Wörterbuch, VII. Bd., Leipzig 1889

Guilleaume, Emil: Regierungslehre, in: Der Staat, IV. Bd., Heft 2, 1965, S. 177 ff.

Haenel, Albert: Deutsches Staatsrecht, I. Bd., in: Systematisches Handbuch der Deutschen Rechtswissenschaft, 5. Abt., Erster Teil, Leipzig 1892

— Studien zum Deutschen Staatsrechte, Erste Studie, Leipzig 1873

Häfelin, Ulrich: Die Rechtspersönlichkeit des Staates, Erster Teil: Dogmengeschichtliche Darstellung, Tübingen 1959

Hagemann: Zum Begriff des Amtes im Beamtenrecht, in: ZfB, 1960, S. 137 ff.

Haller, Carl-Ludwig v.: Handbuch der allgemeinen Staatenkunde, Winterthur 1808

Hamann, Andreas: Das Grundgesetz für die Bundesrepublik Deutschland vom 28. Mai 1949, Kommentar, 2. Aufl., Neuwied, Berlin 1956

Harseim: „Amt", in: WBDV, I. Bd., Freiburg i. Br., Leipzig 1894, S. 38 ff.

Hartmann, Nicolai: Grundzüge einer Metaphysik der Erkenntnis, 2. Aufl., Berlin und Leipzig 1925

Hartung, Fritz: Deutsche Verfassungsgeschichte vom 15. Jahrhundert bis zur Gegenwart, 6. Aufl., Stuttgart 1954

Hatschek, Julius: Deutsches und preußisches Staatsrecht, I. Bd., Berlin 1922

Hatz, Helmut: Rechtssprache und juristischer Begriff, in: res publica, Beiträge zum öffentlichen Recht, Heft 10, Stuttgart 1963

Hegel, Georg Wilh. Friedr.: Philosophie des Geistes und Rechtsphilosophie, Teil 1, in: Die Herdflamme, 11. Bd., Hegelschriften zur Gesellschaftsphilosophie, Jena 1927

Heiß, Robert: Wesen und Formen der Dialektik, Köln, Berlin 1959

Helfritz, Hans: Allgemeines Staatsrecht, 5. Aufl., Berlin 1949

— Die Vertretung der Städte und Landgemeinden nach außen in dem Gemeinderecht der östlichen Provinzen Preußens — Ein Beitrag zur Organlehre, Berlin 1916

Heller, Hermann: Staatslehre, 2. Aufl., Leiden 1961

— Die Souveränität, Berlin 1927

Henkel, Heinrich: Einführung in die Rechtsphilosophie, München und Berlin 1964

Hennis, Wilhelm: Amtsgedanke und Demokratiebegriff, in: Staatsverfassung und Kirchenordnung, Festgabe für Rudolf Smend, Tübingen 1962, S. 51 ff.

Henrich, Walter: Theorie des Staatsgebietes, entwickelt aus der Lehre von der lokalen Kompetenz der Staatsperson, Wien, Leipzig 1922

Henrichs, Wilhelm: „Amt", in: Staatslexikon, I. Bd., Freiburg 1957

Herrfahrdt, Heinrich: Das Problem der berufsständischen Vertretung von der Französischen Revolution bis zur Gegenwart, Stuttgart und Berlin 1921

Hertwig, Oskar: Der Staat als Organismus, Jena 1922

Herzfeld, Hans: Die moderne Welt 1789—1945, 1. Teil: Die Epoche der Bürgerlichen Nationalstaaten 1789—1890, 2. Aufl., Braunschweig 1957

Hesse, Konrad: Der unitarische Bundesstaat, Karlsruhe 1962

v. d. Heydte-Sacherl: Soziologie der Deutschen Parteien, München 1955

Heyland, Carl: Zur Lehre von der staatsrechtlichen Stellung der Reichsratsmitglieder nach dem deutschen Reichs- und Landesstaatsrecht, Stuttgart 1927

Hintze, Otto: Weltgeschichtliche Bedingungen der Repräsentativverfassung, in: Staat und Verfassung, Gesammelte Abhandlungen, Leipzig 1941, S. 130 ff.

Hippel, Ernst v.: Allgemeine Staatslehre, Berlin und Frankfurt a. M. 1963

Hofmann, Hasso: Legitimität gegen Legalität, in: Politica, Bd. 19, Neuwied und Berlin 1964

Hofstätter, Peter R.: Gruppendynamik, Hamburg 1957

Höhn, Reinhard: Otto von Gierke's Staatslehre und unsere Zeit, Hamburg 1936

Hölder, Eduard: Natürliche und juristische Personen, Leipzig 1905

Huber, Ernst-Rudolf: Wirtschaftsverwaltungsrecht, Bd. II, Tübingen 1954

— Die Selbstverwaltung der Wirtschaft, Stuttgart 1958

— Deutsche Verfassungsgeschichte seit 1789, Bd. I: Reform und Restauration 1789—1830

Ipsen, Hans Peter: Über das Grundgesetz, Hamburg 1950

Jellinek, Georg: Allgemeine Staatslehre, 3. Aufl., unveränderter Nachdruck des 5. Neudrucks der 3. Aufl., Darmstadt 1959

— System der subjektiven öffentlichen Rechte, photomech. Nachdruck der 2. Aufl., Tübingen 1905, Darmstadt 1963

Jellinek, Walter: Verwaltungsrecht, unveränderter Nachdruck der 3. Aufl. von 1931, Offenburg 1948

— Die Rechtsformen des Staatsdienstes — Begriff und rechtliche Natur des Beamtenverhältnisses, in: HdbDStR, II, Tübingen 1930, S. 20 ff.

Jerusalem, Franz-W.: Soziologie des Rechts, I. Bd., Jena 1925

— Die Staatslehre Hans Kelsens, in: ZgesStW, 80. Jg., 1925/26, S. 664 ff.

Jöckel, Wilhelm: Hans Kelsens rechtstheoretische Methode, Tübingen 1930

Jordan, Silvester: Versuche über allgemeines Staatsrecht, Marburg 1828

Kaisen, Wilhelm: Mittelorgan zwischen Bund und Ländern, in: Bulletin des Presse- und Informationsamtes der Bundesregierung, Nr. 168 v. 12. 9. 1959, S. 1677/78

Kaiser, Joseph: Die Repräsentation organisierter Interessen, Berlin 1956

— Die Dialektik der Repräsentation, in: Festschrift für Carl Schmitt, Berlin 1959, S. 71 ff.

Kaufmann, Erich: Über den Begriff des Organismus in der Staatslehre des 19. Jahrhunderts, in: Kaufmann, Erich, Rechtsidee und Recht, Ges. Schriften, Bd. III, Göttingen 1960, S. 46 ff.

— Carl Schmitt und seine Schule, Offener Brief an Ernst Forsthoff (1958), in: Kaufmann, Erich, Rechtsidee und Recht, Ges. Schriften, Bd. III, Göttingen 1960

Kelsen, Hans: Reine Rechtslehre, 2. Aufl., Wien 1960

— Das Problem der Souveränität und die Theorie des Völkerrechts, Beitrag zu einer Reinen Rechtslehre, 2. Aufl., Tübingen 1928

— Die Bundesexekution, in: Festgabe für Fritz Fleiner, Tübingen 1927

— Allgemeine Staatslehre, Berlin 1925

— Hauptprobleme der Staatsrechtslehre, unveränderter Neudruck der 2. um eine Vorrede vermehrten Aufl., Tübingen 1923, Aalen 1960

— Der soziologische und der juristische Staatsbegriff, Tübingen 1922

Kern, Ernst: Zur Praxis der Bundesratsarbeit, in: DÖV 1951, S. 260 ff.

Kimmel, Hans: Die Aktualität Kelsens, in: ARSP, XLVII/3 (1961), S. 289 ff.

Klein, Friedrich: Tragweite der Generalklausel in Art. 19 Abs. IV des Bonner Grundgesetzes, in: VVdDStRL, Heft 8, 1950, S. 67 ff.

Klüber, Johann Ludwig: Öffentliches Recht des Teutschen Bundes und der Bundesstaaten, 2. Aufl., Frankfurt a. M. 1822

Koellreutter, Otto: Deutsches Staatsrecht, Stuttgart und Köln 1953

— Grundriß der Allgemeinen Staatslehre, Tübingen 1933

— „Staat (Allgemeine Staatslehre)", in: HWBRwiss, Bd. V, Berlin und Leipzig 1928, S. 582 ff.

— „Öffentliches Recht", in: HWBRwiss, Bd. IV, Berlin und Leipzig 1927, S. 265 ff.

Köttgen, Arnold: Das anvertraute öffentliche Amt, in: Staatsverfassung und Kirchenordnung, Festgabe für Rudolf Smend, Tübingen 1962

Krabbe, H.: Die Lehre von der Rechtssouveränität, Groningen 1906

Kraft-Fuchs, Margit: Prinzipielle Bemerkungen zu Carl Schmitts Verfassungslehre, in: ZföffR, Bd. IX, 1930, S. 511 ff.

Krick, Alfred: Der Bundesrat als Schiedsrichter zwischen deutschen Bundesstaaten, Leipzig 1903

Krückmann: Einheit, Subjekt, Person, in: AcP, 114. Bd. (1916), S. 143 ff.

Krüger, Herbert: Allgemeine Staatslehre, Stuttgart 1964

Küchenhoff, Günther und Erich: Allgemeine Staatslehre, 5. Aufl., Stuttgart 1964

Kutscher, Hans: Verfassungsrechtliche Fragen aus der Praxis des Bundesrats, in: DÖV 1952, S. 710 ff.

Laband, Paul: Deutsches Reichsstaatsrecht, 7. Aufl., Tübingen 1919

— Das Staatsrecht des Deutschen Reiches, I. Bd., 4. Aufl., Tübingen und Leipzig 1901

— Rezension von „Giacomo Grasso: I Presupposti giuridici del diritto costituzionale e il rapporto fra lo stato e il cittadino", in: AöR, Bd. 14 (1899), S. 569 ff.

— Beiträge zur Dogmatik der Handelsgesellschaften, in: ZgesHR, Bd. 30 (1885), S. 469 ff.

Landshut, Siegfried: Der politische Begriff der Repräsentation, in: Hamburger Jahrbuch für Wirtschafts- und Gesellschaftspolitik, 9. Jahr, Tübingen 1964, S. 175 ff.

Larenz, Karl: Rechts- und Staatsphilosophie der Gegenwart, 2. Aufl., Berlin 1935

— Methodenlehre der Rechtswissenschaft, Berlin, Göttingen, Heidelberg 1960

Laun, Rudolf: Allgemeine Staatslehre im Grundriß, 8. Aufl., Schloß Bleckede a. d. Elbe 1961

Lechner, Hans: Zur Entwicklung der Rechtsstellung des Bundesrates, in: DÖV 1952, S. 417 ff.

Lehmann, Heinrich: Allgemeiner Teil des bürgerlichen Gesetzbuches, 11. Aufl., Berlin 1958

Leibholz, Gerhard: Das Wesen der Repräsentation und der Gestaltwandel der Demokratie im 20. Jahrhundert, 2., durch einen Vortrag erweiterte Aufl., Berlin 1960

— Zur Begriffsbildung im öffentlichen Recht (erstmals veröffentlicht in Bl. f. dt. Philosophie, Bd. V, 1931, S. 175 ff.), in: Strukturprobleme der modernen Demokratie, Karlsruhe 1958, S. 262 ff.

Lenhard, Hans: Das Bonner Grundgesetz und das Landesverfassungsrecht, Diss. Mainz 1953

Lenz, Friedrich: Werden und Wesen der öffentlichen Meinung, München 1956

Lenz, Georg: Politisches Staatsrecht, Hamburg (ohne Jahrgang)

Litt, Theodor: Individuum und Gemeinschaft, Grundlegung der Kulturphilosophie, Leipzig und Berlin 1924

Loening, Edgar: Die Repräsentativverfassung im 19. Jahrhundert, 1899

Loewenstein, Karl: Verfassungslehre, Tübingen 1959

— Volk und Parlament nach der Staatstheorie der Französischen Nationalversammlung von 1789, Neudruck der Ausgabe München 1922, Aalen 1964

Lohmann, Karl: Carl Schmitts Verfassungslehre, in: Die Schildgenossen, 9. Jahr, September/Oktober 1929, 5. Heft, S. 433 ff.

Lotz, Albert: Geschichte des deutschen Beamtentums, 2. Aufl., Berlin 1914

Luhmann, Niklas: Funktionen und Folgen formaler Organisation, Berlin 1964

Lympius: „Amt (öffentliches)", in: Handwörterbuch des preußischen Verwaltungsrechts, Bd. I, 3. Aufl., Berlin und Leipzig 1928, S. 30 ff.

MacIver, R. M.: Regierung im Kräftefeld der Gesellschaft, New York 1947, Deutsche Ausgabe: Frankfurt a. M. (ohne Jahrgang)

Mackensen, Lutz: Deutsches Wörterbuch, Baden-Baden 1962

Malberg, R. Carré de: Contribution à la Théorie Générale de l'Etat, Tome II, Paris 1922

Mangoldt, Hermann v.: Das Bonner Grundgesetz, Kommentar, Berlin und Frankfurt a. M. 1953

— Das Verhältnis von Regierung und Parlament, in: Beiträge zum öffentlichen Recht, Berlin und Tübingen 1950

v. Mangoldt-Klein: Das Bonner Grundgesetz, Kommentar, Bd. I und II, 2. Aufl., Berlin und Frankfurt a. M. 1957 und 1964

Mann, Golo: Propyläenweltgeschichte, Einl. zum VIII. Bd., Berlin, Frankfurt, Wien 1960

Mannheim, Karl: Mensch und Gesellschaft im Zeitalter des Umbaus, Darmstadt 1958

Marx/Engels: Manifest der kommunistischen Partei, Stuttgart 1953

Maunz, Theodor: Deutsches Staatsrecht, 14. Aufl., München und Berlin 1965

— Der Bundesrat in Vergangenheit und Gegenwart, in: Historisches Jahrbuch, 74. Jg., 1955, S. 546 ff.

Maunz-Dürig: Grundgesetz, Kommentar, München und Berlin 1964

Maurenbrecher, D. Romeo: Grundsätze des heutigen deutschen Staatsrechts, Frankfurt a. M. 1837

Mayer, Otto: Deutsches Verwaltungsrecht, II. Bd., 3. Aufl., München und Leipzig 1924

Mayntz, Renate: Soziologie der Organisation, Hamburg 1963

Meißner, Otto: Das Staatsrecht des Reiches und seiner Länder, 2. Aufl., Berlin 1923

Merk, Wilhelm: Deutsches Verwaltungsrecht, I. Bd., Berlin 1962

Merkl, Adolf: Allgemeines Verwaltungsrecht, Wien und Berlin 1927

Meyer, Franz: Der Begriff der Regierung im Rechtsstaat, Zürich 1948

Meyer, Poul: Die Verwaltungsorganisation, Göttingen 1962

Meyer-Anschütz: Lehrbuch des deutschen Staatsrechts, München und Leipzig 1914

Michels, Robert: Zur Soziologie des Parteiwesens in der modernen Demokratie, Neudruck der 2. Aufl., Stuttgart 1925

Mitteis, Heinrich: Der Staat des hohen Mittelalters, 5. Aufl., Weimar 1955

— Die Rechtsidee in der Geschichte, Weimar 1957

Mohl, Robert v.: Das deutsche Reichsstaatsrecht, Tübingen 1873

— Staatsrecht, Völkerrecht, Politik, I. Bd., Tübingen 1860

Mosca, Gaetano: Die herrschende Klasse, Grundlagen der politischen Wissenschaft, 4. Aufl., Bern 1950

Mosler, Hermann: Die völkerrechtliche Wirkung bundesstaatlicher Verfassungen, in: Festschrift für Richard Thoma, Tübingen 1950

Müller, Gebhard: Der Bundesrat und seine Bedeutung für die Länder, in: Staatsanzeiger für Baden-Württemberg, 5, 1956, Nr. 81/82

Münch, Fritz: Die neue Geschäftsordnung des Bundesrates, in: AÖR, Bd. 80, 1955/56, S. 240 ff.

Nawiasky, Hans: Allgemeine Staatslehre, 1. Teil: Grundlegung, Einsiedeln, Köln 1945 — 3. Teil: Staatsrechtslehre, Einsiedeln, Zürich, Köln 1956

— Die Grundgedanken des Grundgesetzes für die Bundesrepublik Deutschland, Stuttgart und Köln 1950

— Allgemeine Rechtslehre als System der rechtlichen Grundbegriffe, 2. Aufl., Einsiedeln, Zürich, Köln 1948

— Die Grundgedanken der Reichsverfassung, München und Leipzig 1920

Neunreither, Karlheinz: Der Bundesrat zwischen Politik und Verwaltung, Heidelberg 1959

Nymann, Olle: Der Westdeutsche Föderalismus, Studien zum Bonner Grundgesetz, Stockholm 1960

Oertmann, Paul: Bürgerliches Gesetzbuch, Allgemeiner Teil, Kommentar, 3. Aufl., Berlin 1927

Oertzen, Peter v.: Die Bedeutung C. F. v. Gerbers für die deutsche Staatsrechstlehre, in: Staatsverfassung und Kirchenordnung, Festgabe für Rudolf Smend, Tübingen 1962, S. 183 ff.

Ortega y Gasset, José: Der Aufstand der Massen, Stuttgart 1938

Palandt, Otto: Bürgerliches Gesetzbuch, Kommentar, 24. Aufl., München und Berlin 1965

Peters, Hans: Lehrbuch der Verwaltung, Berlin, Göttingen, Heidelberg 1949

— Die Gewaltentrennung in moderner Sicht, Köln und Opladen 1954

Pfitzner, Albert: Der Bundesrat, in: Schriftenreihe der Bundeszentrale für Heimatdienst, Heft 11, 8. Aufl., Bonn 1961

Poetzsch-Heffter: Handkommentar zur Reichsverfassung, 3. Aufl., Berlin 1928

Prass, Johannes: Die Bundesorgane, in: DV 1949, 317 ff.

Presting: Beamter und Amt, in: ZfB, 1957, 345 ff.

Preuß, Hugo: Über Organpersönlichkeit, in: Schmollers Jahrbuch, 26. Jg., 2. Heft, 1902, S. 103 ff.

— Stellvertretung oder Organschaft, in: DogmJ, 44. Bd., 1902, S. 429 ff.

— Gemeinde, Staat, Reich als Gebietskörperschaften, Neudruck der Ausgabe Berlin 1889, Aalen 1964

— Reich und Länder, Bruchstücke eines Kommentars zur Verfassung des Deutschen Reiches, hrsg. von Gerhard Anschütz, Berlin 1928

Puttkammer, Elinor v.: Föderative Elemente im deutschen Staatsrecht seit 1648, Göttingen 1955

Radbruch, Gustav: Rechtsphilosophie, 5. Aufl., Stuttgart 1956

— Parteienstaat und Volksgemeinschaft, in: Die Gesellschaft, 6. Jg., 1929, Bd. II, S. 97 ff.

Rasch, E.: Die Behörde, Begriff, Rechtsnatur, Errichtung, Einrichtung, in: Verwaltungs-Archiv, 1959, S. 1 ff.

Redslob, Robert: Die Staatstheorie der Französischen Nationalversammlung von 1789, Leipzig 1912

Rehm, Hermann: Allgemeine Staatslehre, Freiburg i. Br., Leipzig und Tübingen 1899

Reuß: Zur Geschichte der Repräsentativverfassung in Deutschland, in: AöR, 27. Bd., n. F., 1936, S. 1 ff.

Rheinbaben, v.: „Amt", in: WBDStuVR, I. Bd., Tübingen 1911, S. 102 ff

Rickert, Heinrich: Zur Lehre von der Definition, 3. Aufl., Tübingen 1929

Rieker, Karl: Die rechtliche Natur der modernen Volksvertretung, Leipzig 1893

Roffenstein, G.: Kelsens Staatsbegriff und die Soziologie, in: ZföffR, IV. Bd., 1925, S. 539 ff.

Rönne, Ludwig v.: Das Staatsrecht des Deutschen Reiches, I. Bd., 2. Aufl., Leipzig 1876

Rosendahl, Willfried: Das rechtliche Wesen des Zweikammersystems, Diss. Münster 1952

Rotteck, Carl v.: „Abgeordnete", in: Staatslexikon von Carl v. Rotteck und Carl Welcker, I. Bd., Altona 1845

— Ideen über Landstände, 1819

Rousseau, Jean J.: Oeuvres complètes, Tome troisième, Paris 1865

Rupp, Hans Heinrich: Grundfragen der heutigen Verwaltungsrechtslehre, Tübingen 1965

Sander, Fritz: Kelsens Rechtslehre, Tübingen 1923

— Staat und Recht, Prolegomena zu einer Theorie der Rechtserfahrung, Halbbd. 1 und 2, Leipzig und Wien 1922

Scupin, Hans-Ulrich: Bonner Kommentar, Art. 50—53

Scupin, Hans-Ulrich: Die Souveränität der Reichsstände und die Lehren des Johannes Althusius, in: Westfalen, Hefte für Geschichte, Kunst und Volkskunde, 40. Bd., Münster/Westf. 1962, S. 186 ff.

— Deutscher Bundesstaat und Gleichheitssatz, in: Festschrift für Hugelmann, Aalen 1959, S. 579 ff.

Seifert-Geeb: Bundesrecht I, A 10, Vorbem. zum 4. Abschnitt, zit. nach v. Mangoldt-Klein, Das Bonner Grundgesetz, II. Bd., 2. Aufl., Berlin und Frankfurt a. M. 1964, S. 999.

Seydel, Max v.: Bayrisches Staatsrecht, I. Bd.: Die Staatsverfassung nebst geschichtlicher Einleitung, Tübingen 1913

— Staatsrechtliche und politische Abhandlungen, Tübingen und Leipzig 1902

— Kommentar zur Verfassungsurkunde für das Deutsche Reich, 2. Aufl., Freiburg i. Br. und Leipzig 1897

Simon, Herbert A.: Das Verwaltungshandeln, Stuttgart 1955

Smend, Rudolf: Verfassung und Verfassungsrecht, München und Leipzig 1928

— Die politische Gewalt im Verfassungsstaat, in: Rudolf Smend, Staatsrechtliche Abhandlungen und andere Aufsätze, Berlin 1955

Soergel-Siebert: Bürgerliches Gesetzbuch, I. Bd., Stuttgart 1959

Somló, Felix: Juristische Grundlehre, Leipzig 1917

Süsterhenn, Adolf: Der Bundesrat — sein Wesen und seine Aufgabe, in: Das Parlament, Nr. 41, v. 12. 10. 1955, S. 10 ff.

— Senats- oder Bundesratssystem, zum Problem der Gewaltenteilung innerhalb der Legislative, in: Staats- und Verwaltungswissenschaftliche Beiträge, S. 73 ff.

Schäfer, Hans: Der Bundesrat, Köln, Berlin 1955

— Zehn Jahre Grundgesetz, in: DVBl. 1959, S. 341 ff.

— Wie steht es um die bundesstaatliche Ordnung?, in: NJW 1961, S. 1281 ff.

Scheuner, Ulrich: Struktur und Aufgabe des Bundesstaates in der Gegenwart, in: DÖV 1962, S. 641 ff.

— Das repräsentative Prinzip in der modernen Demokratie, in: Verfassungsrecht und Verfassungswirklichkeit, Festschrift für Hans Huber, Bern 1961, S. 222 ff.

— Grundfragen des modernen Staates, in: Recht, Staat, Wirtschaft, III. Bd., Düsseldorf 1951

Schlochauer, Hans Jürgen: Öffentliches Recht, Karlsruhe 1957

Schloßmann: Organ und Stellvertreter, in: DogmJ, 2. F., 8. Bd., S. 289 ff.

Schmidt, Richard: Allgemeine Staatslehre, I. Bd.: Die gemeinsamen Grundlagen des politischen Lebens, Leipzig 1901

Schmidt, Walter: Der bundesstaatliche Aufbau der Bundesrepublik Deutschland, Diss. jur. Frankfurt a. M. 1961

— Das Verhältnis von Bund und Ländern im demokratischen Bundesstaat des Grundgesetzes, in: AöR, 87. Bd., S. 253 ff.

Schmitt, Carl: Verfassungslehre, Berlin 1928, unveränderter Neudruck: 1954

— Hugo Preuß, Sein Staatsbegriff und seine Stellung in der deutschen Staatslehre, in: Recht und Staat, Heft 72, Tübingen 1930

— Römischer Katholizismus und politische Form, München 1925

Schmitt, Carl: Die geistesgeschichtliche Lage des heutigen Parlamentarismus, München und Leipzig 1923

Schneider, Hans: Fünf Jahre Grundgesetz, in: NJW 1954, S. 937 ff.

Schneider, Peter: Ausnahmezustand und Norm, Stuttgart 1957

Schnorr, Gerhard: Die Stellung der Ländervertretungen im System der deutschen Verfassungen seit 1815, in: AöR, 76. Bd., Heft 3, S. 259 ff.

Scholler, Heinz: Das Gewissen als Gestalt der Freiheit. Das Gewissen als Sinngehalt und Strukturprinzip im Verfassungsrecht, in: Schriftenreihe der Hochschule für politische Wissenschaften, München, n. F., Heft 2, Köln, Berlin, Bonn, München 1962

Schönke-Schrade: Einführung in die Rechtswissenschaft, Karlsruhe 1955

Schornstein, Hans-J.: Organpersönlichkeit und Organkompetenz, Bonn und Köln 1933

Schüle, Adolf: Die Informationspflicht der Bundesregierung gegenüber dem Bundesrat, in: Völkerrechtliche und staatsrechtliche Abhandlungen, Karl Bifinger zum 75. Geburtstag, Köln, Berlin 1954, S. 441 ff.

Schulze, Hermann: Das Preußische Staatsrecht, I. Bd., Leipzig 1872

Schwarz-Liebermann und H.-A. *v. Wahlendorff:* Struktur Und Funktion Der Sogenannten Zweiten Kammer, Tübingen 1958

Stammer, Otto: Das Eliteproblem in der Demokratie, in: Schmollers Jahrbuch, 71 Jg., Berlin 1951, S. 513 ff.

— Herrschaftsordnung und Gesellschaftsstruktur, in: Schmollers Jahrbuch, 71. Jg., Berlin 1951, S. 257 ff.

Steffen, Peter: Amt oder Abteilung, in: Die Selbstverwaltung, Organ des deutschen Landkreistages, 1956, S. 268 ff.

Stier-Somlo, Fritz: Der Reichstag, in: HdbDStR, Bd. I, Tübingen 1930, S. 381 ff.

— Reichsstaatsrecht, Bd. I und II, Berlin und Leipzig 1927

— Das Reichsrats- und Staatsratsproblem, in: Festgabe für Fritz Fleiner, Tübingen 1927, S. 254 ff.

— „Amt und Ämterrecht", in: HWBdRwiss, Bd. I, Berlin und Leipzig 1926

Stintzing-Landsberg, E.: Geschichte der deutschen Rechtswissenschaft, Geschichte der Wissenschaften in Deutschland, neuere Zeit, Bd. 18, 3. Abt., 2. Halbbd., München und Berlin 1910

Stobrawa, Gerhard: Polarität und Dialektik, in: Abhängigkeit und Selbständigkeit des sozialen Lebens, 1. Teil, Köln und Opladen 1951

Strickrodt, Georg: Das Bundesratsmandat — gebunden und frei, in: DÖV, 1949, S. 321 ff.

Tatarin-Tarnheyden, Edgar: Die Rechtsstellung der Abgeordneten; ihre Pflichten und Rechte, in: HdbDStR, I. Bd., Tübingen 1930, S. 413 ff.

Thudichum, Friedrich: Verfassungsrecht des Norddeutschen Bundes und des Deutschen Zollvereins, Tübingen 1870

Thul, Ewald: Die Denkform der Rechtsdogmatik, in: ARSP, Bd. 46, 1960, S. 241 ff.

Tommissen, Piet: Versuch einer Carl-Schmitt-Bibliographie, Düsseldorf 1953

Tradt, Erich: Der Bundesrats- und Senatstypus, Diss. Münster 1956

Triepel, Heinrich: Delegation und Mandat im öffentlichen Recht, Stuttgart und Berlin 1942

Tuhr, Andreas v.: Der Allgemeine Teil des Deutschen Bürgerlichen Rechts, I. Bd., Leipzig 1910

v. Turegg-Kraus: Lehrbuch des Verwaltungsrechts, Berlin 1962

Tütsch, Hans Emanuel: Die Repräsentation in der Demokratie, Diss. jur. Schwarzenbach-St. Gallen 1944

Viehweg, Theodor: Über den Zusammenhang zwischen Rechtsphilosophie, Rechtstheorie und Rechtsdogmatik, in: Estudios Juridico-Sociales, Homenaje al Professor Luis Legaz y Lacambra, Zaragoza 1960

— Zwei Rechtsdogmatiken, in: Philosophie und Recht, Festschrift für Emge, Wiesbaden 1960

Vierkandt, Alfred: „Gruppe", in: HWBSoz, S. 239 ff., erstmals erschienen Stuttgart 1931, Stuttgart 1959

Voegelin, Erich: Die Verfassungslehre von Carl Schmitt, in: ZföffR, Bd. 11 (1931), S. 89 ff.

— Reine Rechtslehre und Staatslehre, in: ZföffR, Bd. 4 (1925), S. 80 ff.

Vogels, Aloys: Die staatsrechtliche Stellung der Bundesratsbevollmächtigten, in: Abhandlungen aus dem Staats-, Verwaltungs- und Völkerrecht, VII, 5, Tübingen 1911

Vonderbeck, Hans Josef: Der Bundesrat — ein Teil des Parlaments der Bundesrepublik Deutschland?, Meisenheim a. Glan 1964

Voß, Harro: Zur Systematik der Aufgaben des Bundesrates, in: DVBl. 1965, S. 102 ff., 141 ff.

Vossler, Karl: Geist und Kultur in der Sprache, Heidelberg 1925

Wagner, Heinz: Die Theorie in der Rechtswissenschaft, in: Jus, 3. Jg., 1963, Heft 12, S. 457 ff.

Wagner-Oppenheimer: „Staat", in: HWBdStwiss, 7. Bd., 4. Aufl., Jena 1926

Waldecker, Ludwig: Allgemeine Staatslehre, Berlin 1927

Weber, Werner: Spannungen und Kräfte im westdeutschen Verfassungssystem, Stuttgart 1951

Wehrle-Eggers: Deutscher Wortschatz, Stuttgart 1961

Wenzel, Max: Juristische Grundprobleme, I. Bd., Berlin 1920

Wetter, Gustav: Sowjetideologie heute, 1, Dialektischer und historischer Materialismus, Hamburg 1962

Wöhler, Kurt: Aufgaben und staatsrechtliche Stellung des deutschen Bundesrates nach dem Grundgesetz vom 23. Mai 1949, Diss. Münster 1953

Wohlgemuth, Heinrich: Das Wesen des Politischen in der heutigen deutschen neoromantischen Staatslehre, Diss. jur. Erlangen 1932, Emmendingen 1933

Wolf, Erik: Große Rechtsdenker der deutschen Geistesgeschichte, 3. Aufl., Tübingen 1951

Wolff, Hans Julius: Verwaltungsrecht, I. Bd., 6. Aufl., München und Berlin 1965, II. Bd. 2. Aufl. München und Berlin 1967

— Organschaft und juristische Person I. Bd.: Juristische Person und Staatsperson, Berlin 1933, II. Bd.: Theorie der Vertretung, Berlin 1934

Wolff, Hans Julius: Rezension von Leibholz' „Das Wesen der Repräsentation, 2. Aufl., Berlin 1928", in: AfRuWPh, Bd. 24, 1930/31, S. 394 ff.

Zachariä, Heinrich A.: Deutsches Staats- und Bundesrecht, 1. und 2. Theil, 3. Aufl., Göttingen 1865

Zachariä, Karl Salomo: Vierzig Bücher vom Staate, 15.—19. Buch, 3. Theil: Verfassungslehre, Heidelberg 1839

Zinn, Georg-August: Das Bundesratsprinzip heute, hrsg. v. Sekretariat d. Bundesrates, Bonn 1964

— Der Bundesrat, Bemerkungen zum gleichnamigen Buch von Dr. H. Schäfer, in: DÖV 1956, S. 209 ff.

— Der Bund und die Länder, in: AöR, 75. Bd. (1949), S. 291 ff.

Zorn, Philipp: Die Entwicklung der Staatsrechtswissenschaft seit 1866, in: JböR, Bd. I (1907), S. 47 ff.